壹卷
**YE BOOK**

让思想流动起来

"经典与解释"论丛

刘小枫　主编

# 博丹与法兰西政治危机
## ——《易于认识历史的方法》绎读

朱琦　著

四川人民出版社

图书在版编目（CIP）数据

博丹与法兰西政治危机：《易于认识历史的方法》绎读 / 朱琦著. -- 成都：四川人民出版社，2022.12
ISBN 978-7-220-12972-8

Ⅰ.①博… Ⅱ.①朱… Ⅲ.①史学—研究 Ⅳ.①K0

中国版本图书馆CIP数据核字（2022）第234895号

国家社科基金项目《博丹文集的翻译注疏与研究》
（17XZX007）阶段性成果

"经典与解释"论丛　刘小枫　主编

BODAN YU FALANXI ZHENGZHI WEIJI: YIYU RENSHI LISHI DE FANGFA YIDU

## 博丹与法兰西政治危机：《易于认识历史的方法》绎读

朱琦　著

| 出版人 | 黄立新 |
|---|---|
| 策划统筹 | 封龙 |
| 责任编辑 | 封龙　冯珺 |
| 版式设计 | 戴雨虹 |
| 装帧设计 | 张科 |
| 责任印制 | 周奇 |
| 出版发行 | 四川人民出版社（成都市三色路238号） |
| 网址 | http://www.scpph.com |
| E-mail | scrmcbs@sina.com |
| 新浪微博 | @四川人民出版社 |
| 微信公众号 | 四川人民出版社 |
| 发行部业务电话 | （028）86361653　86361656 |
| 防盗版举报电话 | （028）86361661 |
| 照排 | 四川胜翔数码印务设计有限公司 |
| 印刷 | 成都东江印务有限公司 |
| 成品尺寸 | 130mm×210mm |
| 印张 | 16.5 |
| 字数 | 280千 |
| 版次 | 2022年12月第1版 |
| 印次 | 2022年12月第1次印刷 |
| 书号 | ISBN 978-7-220-12972-8 |
| 定价 | 86.00元 |

■版权所有·侵权必究

本书若出现印装质量问题，请与我社发行部联系调换
电话：（028）86361656

# 目 录

§ 引　言 / 001

§ **第一章　博丹其人** / 009
　第一节　从重镇到重镇 / 010
　第二节　法学家和政治家 / 030

§ **第二章　博丹的政治史学** / 046
　第一节　西欧政治危机与法学的系统化 / 046
　第二节　西方史学的发展与变革 / 065
　第三节　读史的方法 / 099

§ **第三章　博丹的个人—城邦—宇宙观** / 124
　第一节　地理与民族天性 / 125
　第二节　民族天性与治邦 / 143
　第三节　教育与民族天性 / 152

§ **第四章　博丹论国家主权 / 162**
　第一节　主权理论 / 164
　第二节　君主与法 / 186
　第三节　君主角色嬗变 / 205
　小　结 / 228

§ **第五章　博丹论君主制 / 230**
　第一节　君主国与君主 / 231
　第二节　最佳政体 / 248
　第三节　君位继承与君主教育 / 283

§ **第六章　博丹与法兰西危机 / 302**
　第一节　法兰西危机 / 303
　第二节　政治危机与绝对君权 / 325
　第三节　绝对君主制的覆灭 / 378

§ **第七章　国家危机与智识人 / 411**
　第一节　历史—自然秩序 / 412

第二节　普遍时间秩序与普遍史 / 436
第三节　国家与智识人 / 464

§ 部分主要参考文献 / 506

§ 跋 / 511

# 引 言

1429年5月,法兰西在英法战争中节节败退,国土被英格兰人及其盟友步步蚕食。自1428年10月奥尔良被围困已逾半年,兵临城下,城内守军却几近弹尽粮绝,眼看就要失守。在法兰西王太子的授意下,少女贞德手持王子宝剑横空出世,带领王军攻向奥尔良。世界历史上遂留下圣女贞德的千古之名。奥尔良之围被解,英法百年战争迎来转折点。此后,法兰西人民抗英情绪高涨,约三十年后,法兰西收回所有领土,百年战争结束。

中世纪晚期是西欧各王权国家的民族意识开始觉醒的时代。随着罗马教廷大一统的威权和能力下降,各国都希望能够摆脱教宗及其教阶制的控制,建立独立自主的民族国家。只需诉诸于政治常识便知,以民族为基础的王权国家要能立住脚站得稳,领土完整、经济自主和思想独立是必要条件。尤其是思想因素,不仅需要有相对统一的国家精神,而且要有克服分裂的精神因素。

法兰西在15世纪时的国土面貌并非如我们现在所见。那时王室控制的领域非常有限,大概南至纳尔榜,东至里昂,北至布卢瓦,西至拉罗歇尔。西边的波尔多尚不在王室控制范围,勃艮第富强且独立。经济方面,无法从贵族那里获得足够的钱财支撑自己的政治措施,一直是王室展不开手脚的大问题。

1461年,瓦卢瓦王朝的第六位国王路易十一即位。这位抱负伟大的君王一掌权即以雷霆手段对付不顺从的封建领主,企图兼并各方土地。为了挫败反对他的贵族同盟,路易十一采取了一切可以采取的手段,包括武力。他先后收回了阿朗松公爵领地、阿曼雅克伯爵领地、勃艮第公爵领地、皮卡尔迪、普罗旺斯伯爵领地等,为之后其子查理八世收归布列塔尼奠定了基础。布列塔尼并入王室后,现代法兰西版图开始成型,逐渐形成统一的王权国家,法兰西君主的实权也与日俱增。

从路易十一开始,法兰西王室"不再因征税而召开三级会议",[①]从某种意义上讲,王室收入有一定的保

---

① 吕一民:《法兰西的兴衰》,西安:三秦出版社,2005,第17页。

障因而相对更加独立于各大领主。虽然接下去的两任君主查理八世与路易十二因征战意大利耗费了不少财力，但好在国王的威权得以持续增长。再加上路易十二改革司法体系、为国民减税，百姓生活得到改善，对国王更加爱戴。

王位传至弗朗索瓦一世时，法兰西已经朝着绝对君主国高歌猛进。王室基本上解决了领土与经济问题。但国家真正独立的第三个要素，即达成相对的思想统一，并非易事。恰在此时，西欧大地又出现了新局面：宗教改革开始在各国蔓延。以宗教信仰为名，各国境内的宗教分裂势力、政治分裂势力与统治者的权力斗争越演越烈；另一方面，罗马天主教廷也一直不肯放弃对各国政务的管制，斗争变得越发错综复杂。

16世纪五、六十年代，法兰西境内主要有三大派势力：以吉斯家族为代表的较为极端的天主教势力，其后有以西班牙为主导的天主教神圣联盟撑腰，对王室决策有重要影响；以孔代家族、南部纳瓦拉王国和海军上将科里尼为代表的新教势力，聚集了很多贵族和第三等级人物，是新兴资产阶级的代表，手握着国家诸多实业资产，王室不敢小觑；天主教信徒中以掌玺大臣洛斯皮塔尔和巴黎高等法院为代表的政治家派希望调和双方，尽力保住国家的统一，大多数时候得到王室的支持。很明显，在前两派势力的撕扯下，国家面临分裂危机，第三派为了聚合国家在其间努力周旋。

事实上，任何一个国家在任何时候其内部都不可能是铁板一块，总有新生力量或异己要素产生，它可以成为促使国家改善的源头，也可以成为分裂势力的肇端。这一点，马克思唯物辩证法里的矛盾定律早已分析得非常清楚。既然异己要素并非偶发事件，国家统治者和政治家们需要考虑的便是如何建立能够容纳、吸纳或化解这些力量的长效机制，避免威胁到国家的安宁和统一。历史告诉我们，就算是曾经统一西欧的天主教拉丁帝国，内部各种小教派的滋生与摩擦也从未停止过；只是中世纪时期强大的教阶体系一直能吸纳或镇压它们，避免对体制造成太大危害。

显然，16世纪的法兰西在新教萌芽初期没有解决好这个问题，没有在分裂势力刚刚抬头时预见到其可能造成的后续危害。到博丹时代，分裂问题成为法兰西的首要政治危机。

作为政治家、法学家的博丹，思考的正是祖国面临的这场分裂危机：法兰西需要什么样的理论支撑和政治策略，才能度过危机？才能成长为真正独立的民族国家？博丹诉诸于王权，即希望代表不同利益的三方能在王权的统领下妥协和解。让王权高于教权和贵族权力的依据是什么？博丹告诉我们，是历史。《易于认识历史的方法》（*Method for the easy comprehension of History*，下文简称《方法》）便是在这种探索中结出的果实。它并非旨在指导史家写作历史，而是希望教政治家和法学家阅读历史、从历史中寻求资政治国途径的方法。从而我们可以说，博丹同修昔底德一样，"从政治历史的角度来看待历史"①，政治事务是历史写作的首要对象，立法治国是历史研读的首要目的。正如英国史家弗里曼所讲，"历史是过去的政治，政治是现在的历史"。离开政治的史学定会丧失价值与目的，最终陷入细枝末节的虚无。因此，我们可以把博丹对史学的态度视为施特劳斯定义的修昔底德式史学，即"政治史学"。本书第一章简单介绍博丹的生平，第二章将通过绎读《方法》第一至四章、梳理西方史学从修昔底德至博丹时代的发展，以明晰博丹政治史学的继承与发扬。

博丹诉诸于普遍历史，目的指向政治事务，为帮助法兰西扫除通向独立王国的重重阻碍。从普遍历史中，博丹发现王制是最好的政治，只有王制能够在国家紧急状态下迅速整合国家资源，做出统一反应。法兰西一直

---

① 莫米利亚诺：《现代史学的古典基础》，冯洁音译，上海：华东师范大学出版社，2009，第52页。

行王制，任何国家若是以一种政体形式延存了几百年甚至上千年，说明这种政体形式适合这个国家，有利于该国的存在和发展。法兰西正是如此。本书的第三至五章，通过解读《方法》第五、六章，厘清博丹的立法主权理论的来源与内容，阐述他的国家统治理论，了解他离开学院投身政治实务的远大抱负，以及他对祖国的深情厚望。法兰西如何才能成长？只有诉诸于自己的历史和祖制，坚守自己历时千年的王制经验，将宗教分歧问题置于国家统一问题之下，民才能生、国才能盛。本书第六章将结合法兰西在16世纪面临的政治危机，分析博丹的写作目的及其抱负，揭示他对时局的思考及其理论贡献。

作为为政治服务的史学，政治史学在博丹这里获得了发扬。史学与法学在博丹的立法主权中融合，共同为国家主权提供源泉和凭据，从而为国家主权独立和国家发展服务。作为学者的博丹却没有就此停下。他在《方法》第七至九章把自己的国家理论与宇宙论联系起来，构建出个人灵魂秩序——国家秩序——宇宙秩序的宏大体系，其中不仅囊括对宇宙起源、时间、自然法则等经典哲学问题的探讨，还包括对人的灵性问题的思考。由此，博丹将他的政治史学引向了更高的政治哲学，从而对应了他在《方法》开篇时划分的史学的三个分类。本书第七章讨论的便是博丹的这一上升。同时，作为智识人的博丹，对自己的智识人身份与政治人身份也有清晰的认识，并在理论和实践中展示出来。

小书以疏解博丹《方法》一书为线索，对照他的其他主要作品，结合博丹身处时代的混乱局面，展现作为16世纪的智识巨匠，博丹如何坚守自身的精神品质，承担起作为国家公民的重任，为国家面临的政治危机寻求应对之道。

所谓危机，概身在危局亦不乏机会；所谓变局，则既有向前发展的可能，也不得不警惕后退的陷阱。至于变化的轨迹究竟如何，有偶然因素的作用，更是身在其中的人的意志、行为和德性选择的必然结果。博丹看到的法兰西危局，是外有德意志地区各领主、西班牙、英格兰，以及罗马教廷的虎视眈眈，内有各派政治势力打着宗教信仰的名义构成的分裂势力；国家处于内忧外患之中，濒临四分五裂的边缘。博丹看到的契机，是法兰西王权仍在，传统习俗和礼法对人的约束力仍在起作用，不少国家政治人在为着拯救和重振法兰西荣耀竭尽所能，国家的传统资源还没被消失殆尽。若国家中政治人有智识人的学问和智慧，智识人有政治人的克制和审慎，做好充分准备，待天命垂青，出现集智识、胆魄与德性于一身的统治者，国家战胜外敌繁荣兴盛便指日可待。因此,他将主权理论献予王者,历史教育分享同好,这是作为政治人与智识人的博丹面对国家危机时的自律与他的思考成果。这是每个政治人、智识人、政治人暨智识人在面临国家政治危机或变局时应该做好的职分。

作者才疏学浅,遗漏误读之处,望读者能不吝赐教。

# 第一章 博丹其人

1559年,即将进入而立之年的**博丹**(Jean Bodin)已经在著名的法学重镇图卢兹完成了他的法学学业,希望能在这里开启他的职业生涯。博丹就读的图卢兹大学是法兰西法学理论研究者和实践从业者的第一摇篮,**教宗格里高利九世**(Pope Gregory IX)喻之为"世界上最好的大学"。图卢兹作为法学重镇、文化重镇,除了这所最好的大学,还有一所法学学校,且正在筹备另一所文科学校,校舍建设即将完工。

刚刚迈出校门的博丹,或许是留恋这个学术气息浓厚的城市,或许是对自己一直以来从事的兼职教学感到满意,将目光转向了即将竣工的这所学校。

## 第一节 从重镇到重镇

博丹一生中的大部分时间都奔走在法兰西的各个重要城市。

### 一、瓦尔德梅茵街

据说,博丹出生在安茹地区昂热市(Angers of Anjou),昂热是安茹地区首府,博丹的家位于瓦尔德梅茵街(Rue Valdemaine,见图1)。瓦尔德梅茵街不长,却是昂热市的贫富分界线,街背面是贫穷织工们的茅舍,破败不堪;街正面原是一个被遗弃的小礼拜堂废墟,但在博丹出生前后,安茹头面人物波耶特(Pierre Poyet)在此废墟上建立了著名的格朗酒店(hôtel des

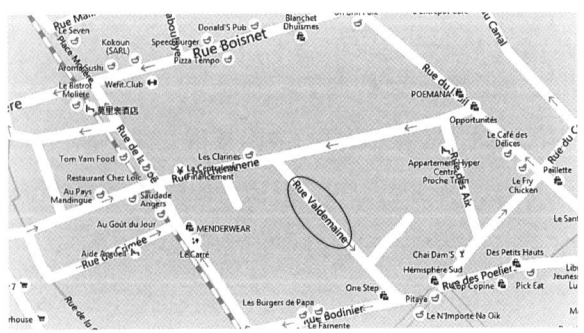

图1 瓦尔德梅茵街

Granges），此后这条街便日益繁荣。波耶特曾担任了好几届安茹省长，最终成为安茹辖区的中将（lieutenant-général），其幼弟纪尧姆·波耶特（Guillaume Poyet）后来成为弗朗索瓦一世的大臣。安茹另一显赫家族旗下的杰耶酒店（hôtel de La Jaille）也位于瓦尔德梅茵街。博丹家的房子，一面毗邻圣朱利安（Saint-Julien）客栈。在博丹时期，这间客栈的主人是茹尔丹（François Jourdain）的爷爷，茹尔丹后来在法兰西学院教希伯来语，法兰西学院教授希伯来语的教席只有两个，茹尔丹占其中之一；博丹家另一面毗邻的房产属于克利泽（Cerizay）家族，这个家族有安茹最出色的生意人和参议员，其家族成员之一曾任巴黎高院书记员、路易十一的秘书、由皇室任命的镇长。大概在博丹出生前五十年，安茹大学搬进了离瓦尔德梅茵街仅隔几条街的新校舍。

瓦尔德梅茵街往东北方400米是昂热的天主教堂，那里不仅是昂热人民宗教礼拜的中心，同时也是其政治和文化事务的中心。权贵们常常在此逗留，行为怪异、奇装异服的安茹大学学生在此穿梭。顺便提一下，安茹大学历史最悠久也最强的学科是教会法和市民法，神学、医学、艺术等学科不仅建立时间晚，而且在学校的地位远不如法学。大批皇家法庭人员在此地来来往往。16世纪是一个好诉讼的时代，从1350—1510期间，45%的天主教教士拥有高等学位，其中只有6%的教士拿的神学学位，其他人都拿的教会法（13%）、市民法（47%）学位或双学位（35%）。由此可知，教士是智识分子的中坚力量，法学是教士的普及学问。虽然安茹大学的学生很狂暴，常常在昂热市闹出各种动静，但是各大法学系却的确为法兰西培养了最杰出的法学家和最活跃的政治人。

在瓦尔德梅茵街这条著名的、具有历史影响力的街上，还居住着各种富裕商人。博丹的父亲纪尧姆·博丹（Guillaume Bodin）是其中之一，这个出色的裁缝娶了方东镇（village of Foudon）杜默泰绅士（sieur du Mothay）的女儿后，便在昂热这条著名的街面买了一栋带小院的房子，把临街的屋子作为裁缝铺，后面供自家居住。顺便提一下，博丹的祖父德拉沃绅士（sieur de La Vaux）是法学学士，安茹地区的辩护律师；叔父是本地神父，负责加尔默罗修会在安茹地区的救济事务。总之，博丹出身在一个富裕且多元的家族，长辈们要么在安茹地区教会和法学界位居要职，要么在商界摸爬滚打；其居住地贵胄、学者云集。另外，博丹的母亲是犹太人，据说她信犹太教，而且影响到博丹的信仰，但一直未发现确凿证据。博丹在其著作中显示出对犹太民族和相关知识的熟悉，很可能与其母亲有关。

博丹是幼子，上有四个姐姐，两个哥哥。商人纪尧姆完全有能力让自己的家庭过上舒适的生活，也有办法和各种社会关系让自己的孩子们接受良好的教育，尤其是资助他颇有学术天赋的小儿子走上职业学术生涯。纪尧姆不仅是裁缝，也从事纺织贸易。那时，皇室和地方政府针对贸易征收各种赋税，因此在博丹家族，税收、贸易、货币无疑是最频繁出现的餐桌话题。据统计，从1500到1592年，法兰西物价增长了十倍；从16世纪30年代到90年代初，由于粮食歉收，巴黎地区的食品市场价格逐年上涨，尤其是谷物价格。整个16世纪，欧洲的货币都严重贬值，法兰西货币图尔里佛中的白银含量不断降低，1541年时含量为50%，到1600年仅5%，而货币发行量却在不断增长。[①] 博丹在1568年出版过一本小册子《回应马勒斯特罗瓦先生的怪论》（*Response au Paradoxe de M. de Malestroit*），专门讨论当时西欧物价疯涨的原因，分析货币增加与价格上涨之间的关系。后来《国是六书》中所探讨的诸多经济问题就是对这些问题的详细阐述和深化。艾伦提到，这本小册子据说为后来的政治经济学奠定了基础，此前没有作者如此清晰地表述过各种经济过程的本质和重要性，也没有明确地将

---

① 参见朱明：《16世纪西欧"价格革命"新探》，《史学理论研究》2008年第4期。

其作为一个整体来研究。① 博丹在这方面的思考不能不说与他幼年时期的家庭氛围有极大关系。

与大多数同阶层的同龄人一样，博丹在大约12、13岁时作为见习修士加入天主教加尔默罗修会。加尔默罗修会声称，其创建者是希伯来先知以利亚，其圣阿尔伯特教规强调净化心灵的重要性，规定学徒和会员必须练习"沉思"，培养极高的灵性，以逐渐达成灵修目标——获得启示。修会也同样重视德性教育，引入很多优秀的文艺作品和教员。加尔默罗修会教员的重要来源之一是修会位于巴黎的一所致力于国际研究的分院，建立在欧洲顶尖级大学巴黎大学的北面。成为见习修士大概两年后，博丹被选中前往巴黎的这所分院继续接受教育，研习哲学。与博丹同行的还有一些已经发过愿的修士，他们将攻读其神学学位。然而，后来的事实证明，神学显然不是博丹的主要追求，至少不是青年期博丹的主要追求。

## 二、初探巴黎

1545年，嘉靖帝再次禁止葡萄牙船队进入宁波港；

---

① J. W. Allen, Jean Bodin, *In the Social and Political Ideas of Some Great Thinkers of the Sixteenth and Seventeenth Century*, 1967, P.43.

亨利八世在南海城检阅他引以为傲的舰队出海迎击法兰西海军，却最终目睹一场灾难。这一年，少年博丹第一次来到了巴黎。

此时，巴黎尚未成为法兰西首都，正朝着这一目标飞速发展。当时巴黎有常住人口近30万，是欧洲最繁华的城市之一。皇室权威和中央政权正在重振，卢浮宫和巴黎市政厅的重建设计在紧锣密鼓地进行之中，圣母桥（Pont Notre-Dame）的重建工作也如火如荼。时任君主**弗朗索瓦一世**（Francis I）及其整个统治班子越来越频繁地前往巴黎，每次待的时间也越来越长。于是，贵族们和官员们纷纷在巴黎购房安家，这吸引了越来越多的手工艺人和商人聚集此地，各种行业在巴黎纷纷兴盛起来。尤其是政治、文化、教育等行业都离不开的出版印刷业也在飞速发展，使得巴黎逐渐成为欧洲最领先的出版中心。

然而，巴黎的城市建设和管理却没有跟上其软实力的发展步伐，用现在的话讲，市容市貌相当糟糕：街道狭窄拥挤，家禽在街道上游荡，马匹时而飞奔而过，行走的危险系数不低；杀鸡宰羊都在街面上，污秽随地都是，时不时还有公开的极刑处决，街道上长期弥漫着挥之不去的臭气。这样的城市是流行病和瘟疫滋生的理想场所，康西厄格雷堡监狱在1548年爆发瘟疫，迫使巴黎高等法院不得不搬离原址。

城市越来越拥挤，贫穷人口越来越多。在这个到处发出叮叮当当声的建筑工地的地方，建筑工人的购买力在1500—1550年间却下降了50%。[①] 城市犯罪率高涨，盗窃、抢劫、谋杀时有发生。位于左岸的行刑地**莫贝赫广场**（Place Maubert）因此常年臭气不散、看客不断。著名的西塞罗主义学者**多勒**（Étienne Dolet, 1509—1546）就在此处被绞死、焚烧。多勒曾在图卢兹大学学习法学，是著名的人文主义学者、出版商，其著作《拉丁语评注》（*Commentarii linguae Latinae*）为拉丁学术研究做出了巨大贡献，但他因为出版异教图书而被捕，被誉为"第一位文艺复兴殉难者"。

即便博丹没目睹多勒的伏法，也很难对此事一无所知。因为加尔默罗修会在巴黎的分院就位于莫贝赫广场。

博丹生活和学习的地方——**加尔默街**（Rue des Carmes，见图2）曾是巴黎的学术中心。以修会为北端，加尔默街向西南方向延伸，街道虽然不长，却是各种教育必需品的供应处。其南端是因其宏伟图书馆而著称

---

[①] J. P. Babelon (1987), *Paris au XVIe siècle* (Paris: Association pour la Publication d'une Histoire de Paris), p. 300.

的纳瓦尔学院（Collège de Navarre），旁边还有地理学圣地圣芭芭拉学院（Collège de Sainte-Barbe）。那时，法兰西公学院（Le Collège de France）刚成立不久，没有固定的校舍，也没有物资供给，只有一腔热血致力于教学的先驱学者。这

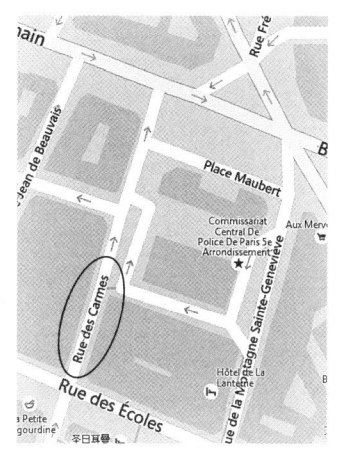

图2　加尔默街

些学者只能在他们可以找到的免费地方教学，教室随时可能改变。

本来，博丹的任务是跟着巴黎加尔默罗修会的哲学导师普雷沃（Guillaume Prévost）研习哲学。修会手册上规定，青年修士在进入神学研习前需要先学习一些人文学科，主要是贯穿在学术研究方法中的逻辑学、物理学和伦理学，当然还有哲学，尤其是14世纪学园派哲学家贝肯特赫（John Baconthorpe）的思想。他们要学习阿拉伯哲学家的各种论证和观点，尤其要熟知阿威罗伊的观点。加尔默罗修会主要研究和教授学园派哲学和神学教义，希望能限制其修士接触当时大学的各种新兴学说。后世研究者就提出，尽管博丹的学识体系庞大，横

跨众多学科，但影响他智识生活的最主要因素，似乎是《旧约》和意大利柏拉图主义者阐释的新柏拉图主义哲学。① 同时，与其他主要托钵修会一样，加尔默罗修会的神职人员也在各神学院担任教职。举世闻名的巴黎神学院历来是天主教正统教义的大本营，非常保守，却也不可避免受到弗朗索瓦一世亲自领导的人文主义狂潮的冲击。神学院不得不分出一部分教职给王室开办的皇家学院的经典语言专家，甚至被迫表示接受人文主义学者们喜欢的阐释经典文本的新模式。②

同一时期，著名修辞学家拉姆斯（Peterus Ramus）刚刚在巴黎开始其教育生涯。虽没有直接材料证实，但极有可能博丹亲耳倾听过拉姆斯教授哲学和修辞学。拉姆斯作为著名新教徒，最终在"圣巴托罗缪大屠杀"中遭到暗杀身亡。不少学者认为，博丹受到拉姆斯的影响很深，拉姆斯的雄辩、辩证式的论证方法，对博丹极具吸引力，从博丹的主要作品中可看出偏爱逻辑论证的特点。例如，**麦克莱**（Kenneth D. McRae）认为，拉姆

---

① J. W. Allen, Jean Bodin, in F. J. C. Hearnshaw ed. *The Social and Political Idears of Some Great Thinkers of The Sixteenth and Seventeenth Centuries*, Dawson of Pall Mall, London, 1967, p. 42.
② Howell A. Lloyd, *Jean Bodin, This Pre-eminent Man of France*, Oxford University Press, Oxford, 2017, p.10.

斯的方法是博丹方法的重要构成要素，当然这对他来说利弊皆有；[1] 二十世纪著名政治思想史家沃格林（Eric Voegelin）明确地讲，博丹的逻辑来自于拉姆斯；[2] 塔克也说，博丹的《方法》，其内容甚至包括其标题都体现了其拉姆斯主义源头，methodus一词是拉姆斯及其追随者经常使用的词汇。[3] 但也有学者认为，拉姆斯对博丹的影响没有那么大，反之，科拉修斯（Joannes Corasius）和科南（Frangois Connon）等人对博丹的影响更大。[4] 然而，就算无法证明博丹跟拉姆斯有直接接触，抑或证实其写作风格来源于拉姆斯的方法，考虑到拉姆斯当时在巴黎的声望和在学术界引起的轰动效应，要说对好学聪敏的博丹没有任何触动，显然不可能。况

---

[1] Kenneth D. McRae, Bodin and the Development of Empirical Political Science, Herausgegeben von Horst Denzer ed. *Jean Bodin. Proceedings of the International Conference on Bodin,* Munich, 1970 Verlag C. H. Beck Munchen, p. 334.

[2] 沃格林：《宗教与现代性的兴起》，霍伟岸译，上海：华东师范大学出版社，2019，第222页。

[3] 塔克：《哲学与治术1572—1651》，韩潮译，南京：译林出版社，2013，第28页。

[4] A. London Fell, *Origins of Legislative Sovereignty and the Legislative State Volume Three: Bodin's Humanistic Legal System and Rejection of Medieval Political Theology*, Oelegeschlager, Gunn & Hain, Publishers, Inc. Boston, Massachusetts, 1987, 65ff.

且艾伦（J. W. Allen）就说，博丹全不知休闲和娱乐为何物，永远在学习，对当时所有学科所有新兴智识成就都有涉猎。①

不少研究者都提到这样一件事。1548年8月，一个名为Jehan Baudin的加尔默罗修士与另外5个教士被巴黎地方法院抓捕，罪名是笃信异教。有研究者怀疑这个人就是博丹，并以此说明博丹不是他自己对外所宣称的天主教徒，且进一步提出，博丹离开巴黎后曾去日内瓦，目的是获得关于加尔文新教的第一手资料，然后才去到图卢兹学习法学。② 关于Jehan Baudin被捕这一事件，博丹传记的作者罗伊德（Howell A. Lloyd）的说法是，因异教信仰而被捕的人很可能并不是博丹，理由如下：第一，如果名单上的这位Jehan Baudin是博丹，那么他应该已经发愿且担任了圣职。但我们知道博丹并没有真正成为

---

① J. W. Allen, Jean Bodin, 1967, p. 42.
② Rose Paul Lawrence, *Bodin and the Great God of Nature: The moral and religious universe of a Judaiser*, Geneve Librairie Droz, 1980. 此书作者劳伦斯试图通过分析博丹与斐洛宗教观点的近似性，以证明博丹已经秘密皈依了犹太教。当然，还有一个有力的证据是博丹的母亲是犹太教徒，一直谨遵犹太教礼仪，因此坊间也传闻博丹是秘密的犹太教徒。此书中还提到，有研究者认为博丹受皮布拉克（Pibrac，博丹把《国是六书》题献给他）的影响很大，而皮布拉克是新教徒。总之，作者认为，博丹可能信犹太教徒，也可能信新教，但不是他自己宣称的天主教徒。

加尔默罗修士,他主动退出了修会,自述理由是年龄太小不足以发愿。第二,如果这位Jehan Baudin是博丹,那么显然他已被释放;然而此时,亨利二世的火焰法庭刚建立不久,正是树典型立威望的时候,异教徒被捕后很难被宽赦;如果真的被释放,那么能够帮助博丹脱险的人只可能是昂热主教亦即博丹的资助人鲍弗里(Gabriel Bouvery),只有他有如此大的能耐。然而鲍弗里对新教的态度非常强硬,如果其推荐的见习修士被指控为异教徒,他不太可能干涉。第三,说博丹公然违反加尔默罗教规,与异教徒在公共场合接触,更是无稽之谈。[1]

其实,谈到博丹的宗教信仰问题,有以下三个史实值得我们关注:其一,法兰西宗教战争接近尾声之时,亨利四世基本上已经稳操胜券,只等进驻巴黎。从博丹的通信中可知,他也一直相信亨利四世的为政能力,然而直到亨利四世宣称皈依天主教,他才承认其为新的法兰西国王;其二,从博丹的后期著作《关于崇高奥秘的七贤聚谈》(*Colloquium Heptaplomeres de Rerum Sublimium Arcanis Abditis*,以下简称《七贤聚谈》)[2]中

---

[1] Howell A. Lloyd, *Jean Bodin, This Pre-eminent Man of France*, 2017, pp.14—15.
[2] 此作品博丹于1593年著成,但直到19世纪中叶才正式出版。目前没有中译本。

可以看出，虽然他对许多新教团体比较熟悉，对各种宗教也持宽容态度，却从未把加尔文派作为一种独立宗教对待；其三，亦即最关键的，博丹自己一直坚称他是天主教徒，而且嘱咐后人自己身后以天主教徒礼仪安葬。由此，我们不得不承认，更多证据证明，博丹至少自己声称并公开表现得遵从天主教，尽管他对其它教派和宗教了解颇深。

大概1548年或1549年，博丹退出加尔默罗修会，据说原因是太年幼而不足以发愿。在巴黎加尔默罗修会期间，博丹深受法兰西文艺复兴时期人文主义思潮的影响，按照现代学科划分，他研习了希伯来语、希腊语、语言学、修辞学、史学、哲学（形而上学）、语文学等，当然还有神学教义，不管是天主教正统教义还是新教学说。在他公开发表的第一次演讲和公开出版的第一本著作中，我们将看到所有这些学科的交融汇织。

## 三、图卢兹

1550年，已经具有丰富的人文学科素养的博丹前往图卢兹大学学习法学。图卢兹位于法兰西南部，自中世纪起就是欧洲名城，因其大量建筑用加龙河冲积平原的泥土烧制而成的红砖建造，有"玫瑰之城"的美誉。

法兰西国王加冕仪式上,图卢兹伯爵从来都是必定受邀的"重臣"(Pairs de France)。① 图卢兹大学被教宗格里高利九世(Pope Gregory IX)喻为"世界上最好的大学",是法国法学理论研究者和实践从业者的第一摇篮。

有意思的是,虽然图卢兹位于法国南部,新教徒大多也是南部贵族,但大多数图卢兹大学的师生以及图卢兹镇市民都笃信天主教,在法学研究和教育方面也颇为保守。尽管新方法已在西欧广泛流传,他们还是更多延承意大利学派的思想和研究方法。当然,随着人文主义者阿尔恰托(Andreas Alciatus)到该地讲学,新方法的影响也日趋扩大,不可小觑。喜爱新文艺的弗朗索瓦一世曾在1533年访问图卢兹,鼓励他们发展文教事业,对新方法的流传也有推动。

---

① "法兰西重臣"在法国政治史上专指一特殊群体。此称号起源于12世纪,于19世纪中叶渐趋消亡。12世纪中叶,法王路易七世从僧俗两界中分别擢升6名自己的忠实支持者为"重臣",这些人的地位高于其他贵族,且在国王的加冕仪式上均负有一定的职责。这是"重臣"概念的首创。14世纪以后,"重臣"头衔基本上由宗室亲王把持,偶尔也曾授予某些外国君主。16世纪以后,"重臣"头衔开始授予非宗室贵族,人数亦大大增加。"法国大革命"期间"重臣"头衔被废除。1814年,波旁王朝复辟恢复"重臣"封号。1831年,"七月王朝"彻底废除"重臣"封号的世袭制度。随着那一代重臣先后辞世,此封号成为历史。

在图卢兹，博丹接受了罗马法和人文主义法学的正规教育，这种浸润对他形成成熟的立法主权和国家理论举足轻重。求学期间，博丹曾将公元三世纪的叙利亚诗人**阿帕米亚的奥庇安**（Oppian of Apamea）的希腊语诗歌《狩猎》（*Cynegetica*）译为拉丁文，且加入大量评注。在此书中，博丹展示了他丰厚的文学、语言学和哲学学识，以及他熟知的解经的方法。也许他想将此书作为他完成学业后在图卢兹谋求教职的敲门砖，但据说在一些学者眼里，这本译注本身其实并没有完全展示出一个文艺青年应该具有的敏感性和创造性，虽然很快我们将会惊讶于他百科全书式的学问体系与逻辑论证。尽管译作《狩猎》在当时遭到一些质疑，但已经"充分证明了博丹对文学学识的掌控力，这是人文主义学者们非常重视的。同样，它也证明了博丹参与公共论辩的资质，因为那种学识恰恰是图卢兹市民们提供的教育资源的主要构成部分"。①

如本章开篇所述，图卢兹于1554年开始修建一所新学校，到了1559年，需要追加建设资金以最终竣工并将学校开办运行起来。博丹于是发表了一个公开演说，呼吁图卢兹更深入地参与文艺复兴运动，倡导把这所新建

---

① Howell A. Lloyd, *Jean Bodin, This Pre-eminent Man of France*, 2017, p.37.

学校建成由法学教师主导、主要研习法学等一系列古典文化的学校。该演说文字版即我们现在能够读到的《关于教育国家青年人的演说》(*Oratio de Instituenda in Republica Juventute ad Senatum Populumque Toulousatem*，下文简称《教育演说》)。当然，实际演说的内容是精简版，比我们现在读到的文字版简短得多。

关于此演说，研究界存在两个争议。第一，这个演说的目标人群是谁？由梅斯纳（Pierre Mesnard）编辑出版的演说文字版中注明，演说对象是 *Senatum Populumque Tolosatem*，① 迄今为止唯一的英译本根据梅斯纳编纂的拉丁本将其译为 the Senate and People of Toulouse。② 如此，似乎此演说针对的是图卢兹的议院和人民。梅斯纳在译本的导言中明确地讲，《教育演说》针对的是图卢兹市市政长官。③ 的确，按照法语标题，capitoul是图卢兹市政长官的旧称，然而，学者费尔（A. London Fell）却认为，标题全名中的Senatus不

---

① *Oratio de instituenda in republica in juventute ad Senatum Populumque Toulousatem*, in Pierre Mesnard (ed.), *Oeuvres phihsophiques de Jean Bodin*, Paris, 1951, pp. 7—30.
② Jean Bodin, *Address to the Senate and people of Toulouse on Education of Youth in the Commonwealth*, trans. George Albert Moore, Chevy Chase, 1965.
③ Pierre Mesnard ed., *Oeuves philosophiques. de Jean Bodin,* Presses Universitaires de France, Paris, 1951, pp. 1—3.

是指议院或者市政厅长官,而是"该市的王室高等法院议员,比如科拉修斯。在演说结尾处,提到某些尊贵的图卢兹高等法院议员时,博丹称他们为senators,提到高等法院时,他称为senate。科拉修斯也专用senators和senate指图卢兹高等法院议员和议院,称其为capitouls而不是capitolinos"。[1] 费尔说,有很多证据都表明博丹的演讲对象是图卢兹高等法院议员,例如,布朗(Irene Brown)在其博士论文中讨论图卢兹市政学院时,并没有引用梅斯纳,而是简要地说,博丹在《教育演说》中不仅根本不关注市政长官,甚至倾向于否定他们的地位,虽然他认可他们明智地执行了高等法院关于学院的法令。布朗认为高等法院才是博丹关注的对象。[2] 这种说法也有道理,从《教育演说》可知,这所文科学校旨在为图卢兹大学、尤其是大学的法科输送合格的候选学生,因而也是地方高等法院未来就职人产生的摇篮。考虑到图卢兹高等法院的重要性以及博丹的求知目的,可

---

[1] A. London Fell, *Origins of Legislative Sovereignty and the Legislative State Volume Three: Bodin's Humanistic Legal System and Rejection of Medieval Political Theology*, Oelegeschlager, Gunn & Hain, Publishers, Inc. Boston, Massachusetts, 1987, p. 38.

[2] A. London Fell, *Origins of Legislative Sovereignty and the Legislative State Volume Three: Bodin's Humanistic Legal System and Rejection of Medieval Political Theology*, 1987, p. 39.

能后一种说法更契合现实。

第二个疑问是,博丹为什么要发表这个演说?几乎所有研究者都认同,博丹发表这个演说最主要的目的是求职。青年才俊,学业完成,踌躇满志,心怀大展宏图之愿。博丹此时希望留在图卢兹,以一个不低的职业起点——新学校的校长——留下来。这是一个难得的机会。因此,在演说中,博丹不但要展示自己有资格当校长的学识和志向,还需要向图卢兹的官员们和市民们论证,为什么一定要追加建设投入?他们为什么需要这个学校?最终要建成一个什么样的学校,也就是,学校的培养目标是什么?换句话讲,这个演说不仅是一个求职演说,也是一个募款演说,说服相关人士同意继续投入资金完成学校以最终落成开学。这可不是一个小目标。那么,博丹达到目的了吗?

需要指出,在法兰西各省属地区,教育资助一直是市民集团和教会关系紧张的焦点。中世纪以降,西欧各国的教育基本上掌握在天主教会手中,教会通过教育培养智识精英,获得在文化思想和政治方面的支配权。教会唯恐失去其作为资助者的传统地位,失去对大学和学校的掌控权。在图卢兹尤其如此,新兴人文主义教育模式的支持者与传统教育模式的捍卫者针锋相对、相持不下。最支持在大学中秉承传统教育模式的,正是高等法院和市政厅的官员们，当然，还有某些修会和邻近城市。

我们从《方法》的"献辞"中看到，在巴黎接受过人文主义思潮冲击的热血青年博丹，早就开始从人文主义角度思考关于罗马法的一些问题。因此，博丹倡导这所即将竣工的新学校致力于培养学生的人文素养，为日后在大学里的进一步学习打基础。问题是，虽然图卢兹是教育重镇，但即便是多多少少受过一点教育的市民，也意识不到人文研究与法学研究之间的密切联系。很多市民只知市民法，不太明白人文主义研究对法学研究发展的重要意义。博丹需要向他们阐释这一点。

那么，博丹有什么资格做这个演说？也就是说，他有什么优势让人们相信他说的话？首先，他出身于一个商贸家庭，了解生意人对什么感兴趣，在乎什么，也就是说，他在向潜在的投资者们说话时更可能投其所好，让他们愿意掏钱；第二，他亲身经历过，因而更了解各地青少年去巴黎求学这种模式的优势和弊端，而且对其他省的新办学校也有了解，也就是说，对于教育问题他有比较丰富的实践经验；第三，可能也是更重要的，博丹不是图卢兹本地人，使得他有资格作为外来者提醒听众们，正在讨论的这件事的重要性远远超过了图卢兹镇本身——对青年人的教育直接关系到整个王国的利益。

教育是公共事业，不能将其交到私人个体手里。对这一问题的觉知，对王国利益和图卢兹市利益交织在一起的公共利益的重视，成为博丹在后来的研究中不断提及的主题。

要获得追加投资来修建完并开办这所学校，必须应对来自两个方面的反对意见：一是反对追加投资的人，二是反对人文主义教育模式的人。对于前者，博丹提醒到，新学校的大楼其实已经完成了，剩下需要筹集的是为了招募博学的校长和教师的资金，这部分资金投入很快就能见到效益，比投入另外的市政建设要重要得多。对于后者，博丹展开了更为详细的阐述。他提到，14世纪的天主教徒们能在迫害中幸存，正是因为他们发现了各种人文学科并以此为自己的支撑；他引用16世纪早期法兰西顶尖的希腊文化研究者比代的话说，"从博雅学科，或者也被人们称作的人文学科里——因为认为它们能提高人们的道德——美、庄严和权威以国家的形式出现"；他说，法学研究如今比过去对年轻人更有吸引力，对国家也更有用；图卢兹曾被学生暴徒滋扰，发生这些状况的原因恰恰是，一些喜爱旧派野蛮方式、连话都说不清楚的人仍然占据着教席，学生们对这些无知之人感到绝望。新的学校及其能提供的教育，才能拯救大学。① 言下之意，人文主义教育能提高教师的素质，提高法学学科的吸引力，使青年学生满意。

《教育演说》成功了吗？作为求职演说，求职人似乎铩羽而归，不久后博丹离开图卢兹去了巴黎，在巴黎高等法院中担任律师。但是，作为募捐演说，某种程度上它获得了成效。《教育演说》后两年，图卢兹的新学校开张了，校长是法学博士，另外设有六名校董。曾有一时，他们在整个学校实行一种教育——"现在所有居民甚至最穷的居民都能获得一种全面的人文艺术教育，最好的巴黎风格的教育。"② 虽然那只是昙花一现，很快被镇压了。但毕竟证明博丹当初的倡导获得了认可且实现了。然而那时，《教育演说》的作者已经开启了他新的人生旅程。

## 第二节　法学家和政治家

1560年，巴黎，很少有人预见到两年后法兰西将

---

① Jean Bodin, *Oratio de instituenda in republica in juventute ad Senatum Populumque Toulousatem*, in Pierre Mesnard (ed.), *Oeuvres phihsophiques de Jean Bodin*, Paris, 1951, pp. 7-30.

② G. Huppert, *Public Schools in Renaissance France*, Urbana, IL: University of Illinois Press, 1984, p. 59.

爆发历时三十多年的"胡格诺战争"（也称"宗教战争"）。但据史家讲，在以天主教为绝对主导的巴黎，1555年时已经"出现了组织严密的新教教会；至1559年，全国已有约40个类似的新教组织，就在这一年，在加尔文的倡议下，全国性的'新教牧师大会'在巴黎召开，这标志着法国的新教徒已经有了相对统一的组织"①。1559年，*法王亨利二世*（Henry II of France）意外去世前夕，法兰西的宗教对立与政治纷争形势事实上非常严峻。亨利二世去世后，年仅15岁的弗朗索瓦二世继位，但仅一年后便夭折。随后，*10岁的查理九世*（Charles IX of France）即位，这个孩子本身身体和心理都非常羸弱，遑论应付内外受敌的法兰西国事。查理九世在24岁时病死，随后23岁的*亨利三世*（Henry III of France）接任法兰西国王。亨利三世似乎也没有表现出具有治国方略的才能，很快法兰西史上所谓的"三亨利之战"爆发，亨利三世因被刺杀而率先退出战斗。

可以看到，从亨利二世去世到*纳瓦拉的亨利*（Henri de Navarre）最终成为法兰西国王——*亨利四世*（Henry IV of France, 1559—1589），这三十年间，法兰西的最高权力事实上掌握在三个孩子的母亲——美弟奇家族的卡

---

① 陈文海：《法国史》，北京：人民出版社，2014，第160页。

特琳（Catherine de Medici）手中。这三十年，恰巧是博丹在政坛最活跃、在学术界著书立说最活跃的三十年。

## 一、高等法院律师

对于离开图卢兹，博丹的解释是，"我清楚地知道我还不够资格肩负教育青年人的重任"，这似乎在讲，他发现自己不仅不够资格担当他提议的学校的校长，甚至可能不够资格接受大学教职，虽然他对公民教育和法学教育有自己的思考。但同时他又说，"我正进入那样一种生命历程，如果偏离它我将会受到责罚。"从博丹之后的职业道路来看，那种"生命历程"显然指担任巴黎高等法院的律师。① 他后来在《方法》里强调，为了正确理解和阐释法律，法庭实践经验必不可少。因此我们可以推测，求职演讲未果或许是博丹离开图卢兹的原因之一，但很可能不是最重要的原因。回到巴黎是博丹深思熟虑后的选择，相对于在象牙塔中教授课程而言，他更愿意在国家的最高法庭中担任律师，通过职业实践深化对法律的理解；或者说，他希望切实进入政治法律

---

① Howell A. Lloyd, *Jean Bodin, This Pre-eminent Man of France*, 2017, p. 50.

界，如他自己所讲，报效仅次于上帝的祖国。

并不是任何法学专业的毕业生都可以进入巴黎高等法院。根据1555年的规定，谋得这个职位，需要如下的条件和程序。首先，申请者要提供自己接受过市民法或者教会法的证据，即职业资格证书学位，以证明自己具备专业能力。学位呈交给介绍人转为提交。其次，需要缴纳不低的申请费。第三，申请人要公开信奉天主教。第四，需要有重量级介绍人引荐。介绍人是否愿意鼎力相助、是否在高等法院里有话语权对于申请人是否能成功非常重要。学位、钱、信仰，对大多数贵族或工商阶层的人来说都不会成为拦路虎，但地位显赫又欣赏他的介绍人却并非人人触手可及的资源。

博丹的贵人是当时的巴黎高等法院检察长皮布拉克（Guy de Pibrac），后来博丹把自己最重要的著作《国是六书》（*De Republica Libri Sex, Six Books of the Commonwealth*）题献给皮布拉克。皮布拉克还有一位重要的政界朋友洛斯皮塔尔（Michel de L'Hospital），①

---

① 洛斯皮塔尔在法兰西宗教战争前期为和平做出了巨大努力，伏尔泰在提到他时给出的称谓是"伟大人物"，称他在两年内做出了三项温良和平决策，奈何战争和宗教的狂怒"始终压倒这位掌玺大臣的宽容"（伏尔泰：《巴黎高等法院史》，北京：商务印书馆，2015，第21页，第101页。）。

他是弗朗索瓦二世和查理九世两任君主的掌玺大臣。皮布拉克本人是当时声名显赫的律师，曾师从于居雅斯，其叔叔雅克杜法尔（Jacques du Faur）自1546年起在巴黎当调查主席（président des enquêtes），后又被任命为最高行政法院审理长（maître des requêtes）。正是通过叔叔的关系，皮布拉克认识了洛斯皮塔尔，并与之成为朋友。有皮布拉克这样的介绍人，博丹申请巴黎高等法院辩护律师的结果不言而喻。

能当上巴黎高院的辩护律师是一个问题，能不能以此赚钱、甚至以此为生是另一个问题。据说，博丹从未成功地辩护过一个案子，在当时巴黎高等法院所有402名辩护律师中，在指定日子成功地履行职责的名单里，Jean Bodin的名字一共只出现过两次。[①] 但好像这对他的生活也没造成太大的影响。而巴黎高院这段经历对于博丹来说却举足轻重，他在《方法》一书的"献辞"中写到，

> 有人认为自己无需庭辩训练就能获悉法律知识，其实，这正如那些一直在体育馆训练、却从未曾见过作战队形也从未有过军役体验的人一样。直

---

① Howell A. Lloyd, *Jean Bodin, This Pre-eminent Man of France*, 2017, p. 53.

到在……法庭中受到长期的法学训练和参议训练之后,才懂得了法律。①

也就是说,正是法庭实践和政治参与,影响了人文主义者博丹此后的思想发展。

1566年,博丹的首部长篇作品,也是他最重要的作品之一——《易于认识历史的方法》面世。《方法》是博丹后来整个理论体系和思想发展的雏形。在这部的作品中,作者的"历史观和历史编纂理念受到他的政治思想、法律思想和经济思想的影响",也正是基于这些原因,"才使得《方法》在16到17世纪的史学方法(artes historica)作品中傲视群雄,意义非凡"②。笔者后文将要论证,此作对历史编纂的影响的确重要,更同样重要甚至更重要的是对历史研读、政治人的史学教育等方面的影响。

研究者富兰克林(J.H. Franklin)认为,这本——

---

① 博丹,《易于认识历史的方法》,朱琦译,上海:华东师范大学出版社,2020年,"献辞"第6—7页。若无特殊说明,本书所引博丹引文均出自此作,下文仅随文标注页码。
② John L. Brown, *The Methodus ad facilem Historiarum Cognitionem of J. Bodin. A Critical Study*, the Catholic University of America Press, Washington, 1939, p. xiv.

公法领域的作品反映出晚期人文主义倾向，即以普遍历史为基础重塑法学科学的倾向。在博丹的思想体系中，公法原则至少在理论上不再以阐释罗马法为基础，而是以比较、综合所有最著名的邦国的法律经验为基础。①

各个邦国之间的历史差异、法律差异得以归纳在一起系统地分类、比较、分析，以选择其中最好者。各民族之间由于自然环境或者政治组织的不同而导致的主要差异也被博丹囊括进来，成为评价法律体系时所必须考虑的特殊因素。正是从博丹开始，"阐释权威的传统开始转变，一套批判地反省法律的方法和普遍法学理论开始形成。"②从某种程度上讲，17世纪的自然法学体系以及18世纪的比较法学就衍生于他的这个系统。

## 二、"政治家派"代表

1570年，博丹被查理九世任命为皇室专员，改革

---

① J.H. Franklin, *Jean Bodin and the Sixteenth-Century Revolution in the Methodology of Law and History,* Columbia University Press, 1963, p.2.
② J.H. Franklin, *Jean Bodin and the Sixteenth-Century Revolution in the Methodology of Law and History,* 1963, pp.2—3.

位于诺曼底的皇室森林经济。1571年，博丹开始担任阿朗松公爵弗朗索瓦（François, Duke of Alençon）的御前大臣和上请法官，直至后者去世。阿朗松公爵在王储顺位排名上位居第二，在宗教战争中是"政治家派"主要代表人物之一。从博丹选择的辅佐对象可见其政治倾向，他在作品中始终主张为了国家的利益提升君权、施行宗教宽容，均是当时"政治家派"拯救法兰西免于倾覆的政治主张。1572年圣巴托洛缪大屠杀（Saint Bartholomew Massacre）发生时，博丹身在巴黎，侥幸逃离才得以保全性命。

1573年，波兰大使团访问法兰西，博丹成为迎宾使团成员之一，担任翻译工作。亨利三世成为国王以后，博丹"常常被荣宣觐见，与亨利三世私下亲密谈话。亨利三世喜好与博学之人做这样的谈话，以彰显自己的与众不同"[①]。除了这些会面，博丹也常常参与被称为"皇宫学园"（Palace Academy）的讨论，即亨利三世从1576年开始创建的在皇宫中举办的道德哲学问题讨论会。"皇宫学园"每周讨论两次，一共持续了三年。同年，他迎娶弗朗索瓦兹·特鲁亚尔（Françoise

---

① Jacques-auguste de Thou, *Histoire uniberselle depuis 1543 jusqu'en 1607*, 16 vol. (London, 1734), 13:34.

Trouillard）——国王任命的拉昂裁判庭代诉人的妹妹。

1576年是博丹学术生涯和政治生涯的巅峰之年，在学术上他出版了给他带来了巨大声誉的代表作《国是六书》。《国是六书》1576年初版，至1600年至少再版过23次。传闻伊丽莎白一世也阅读过《国是六书》，并在博丹出访英格兰时接见他，对其中关于女性统治者的论述表示异议。哈维（Gabriel Harvey）早在16世纪80年代就观察到，只要你走进一位严肃学者的书斋，十有八九会发现他在读勒·鲁瓦《论亚里士多德》或是博丹的《国是六书》。[1]沃格林盛赞博丹"独一无二、无以伦比"，称《国是六书》为"柏拉图《理想国》的现代版本"[2]。

也是在这一年，博丹当选韦芒杜瓦（Vermandois）第三等级的代表，参加在布洛瓦举行的三级会议。这是博丹担任过的最高等级的政治职务。在这次从1576年底到1577年初召开的全国代表会议上，博丹代表第三等级说话，主张以和平而非战争的方式取得宗教统一和国家和平。并且，在会议上，他极力反对皇室提出的为了支付战争耗费而加重赋税的议案。虽然因此而名声大噪，

---

[1] 斯金纳：《近代政治思想的基础》（下卷：宗教改革），奚瑞森、亚方译，北京：商务印书馆，2002年，第426页。
[2] 沃格林：《宗教与现代性的兴起》，第239页。

却也由此得罪了君主亨利三世而随后失宠。据说亨利三世曾气呼呼地称博丹为"第三等级的首领"。研读《国是六书》会发现，博丹的政治行为与他的理论主张一致，他在书中一再强调，主权虽然至高无上不容侵犯，但并不包含随意征税的权力，主权者不仅不能未经同意征收直接税，也无权为了增加收入割卖王室领地。

1578年，《普遍法的分类》（*Juris Universi Distributio*）面世。这是一篇短文，如今的拉丁文和法文本收录在梅斯纳为博丹编纂的文集里，总共10页。[①] 据说此文的初稿早在大约1560年就已经完成，但不知何故等到1578年才出版。1578年的初版以图表格式制成，1580年再版时成改为单栏50短页的论文形式，页边标明了各个部分的划分和小标题。罗伊德认为，初版的表格形式其实比1580年版更加清晰，更能展示出博丹的分类构思——以亚里士多德的四因说为依据为普遍法分类的构思。[②] 博丹在作品中不断强调并且之后也一直宣称，"人定法不过是立法者的行为"，因此对人定法的研究必须考虑那个特定的立法者以及他与其统治的共同体之

---

[①] Jean Bodin, *Juris Universi Distributio* in Pierre Mesnard (ed.), *Oeuvres phihsophiques de Jean Bodin*, Paris, 1951, pp. 71—80.

[②] Howell A. Lloyd, *Jean Bodin, This Pre-eminent Man of France*, 2017, p. 59.

间的关系。但是，他意在寻求的是法律里具有普遍性的各种因素。富兰克林评价到，博丹的普遍法体系是与中世纪阐释法的完全决裂。[①] 中世纪法学家们将罗马法应用于他们自己的社会，认为这样做没有任何问题。而随着16世纪人文主义学者以及其所采用的经典语文学研究方法的出现，《国法大全》（*Corpus Juris*）权威的内在一致性遭到挑战，进而其普适性遭到质疑和破坏。有破便必须有立，司法体系亟待重建。博丹通过一系列著作（《普遍法的分类》《方法》《国是六书》等），参与了这个诸多学者都在共同承担的使命，并在某种意义上成为这个宏大工程的完成者。

1580年，博丹的《巫师的魔鬼术》（*Demonomanie des Sorciers*）出版。该书一直以来被诸多人误以为是研究和宣扬巫术的册子。然而沃格林却提出，此书对理解博丹的思想非常重要。书中讲述一个人从三十七岁开始被精灵附体的故事。在感到精灵出现之前的一年中，他一直日夜祈祷，祈祷上帝派出天使指导他的行为。每次祈祷前后，他都会沉思两三个小时，主要思考一个问题：在当时各方争论的多种教义中，哪一个才是真正

---

① J.H. Franklin, *Jean Bodin and the Sixteenth-Century Revolution in the Methodology of Law and History*, 1963, p. 3.

的宗教信仰。大概一年之后，他真的感受到了精灵的指导和终身伴随。据考订，这是博丹的自传。[①] 既然是自传，当然对于理解博丹思想脉络的发展尤为重要。从《国是六书》到《巫师的魔鬼术》，博丹的关切点有重大转移，即从实践政治领域转向哲学宗教领域。但这个转移并非突如其来，他在《方法》中早已预告过：理解了属人的历史后，才有资格研读自然历史和神的历史。

1581年，阿朗松公爵自知顺位继位无望，转而向英国女王伊丽莎白一世求婚，据说伊丽莎白一世曾认真地考虑过这次求婚。博丹随同阿朗松公爵来到英国，结交了大量英国顶尖学者和侍臣，据说还被女王亲自接见。期间，博丹发现剑桥大学的一位教授授课中竟然手持其《国是六书》给学生讲解。《国是六书》初版本是法文，教授使用的是英国人自己搞的拉丁文译本，据说译得不太准确。或许是因为这个原因，博丹回国后即着手亲自将该书译为拉丁文，并做了不少修订，最后呈现出的拉丁文版本比法文初版更好。[②]

1582年，阿朗松公爵自觉继位法兰西王位无望，决

---

① 沃格林：《宗教与现代性的兴起》，第240页。
② A. A. Tilley, Chapter II in A. W. Ward & G. W. Prothero & Stanley Leathes ed., *The Cambridge Modern History, Volume III (The Wars of Religion)*, The Macmillan Company, 1905, p.62—63.

定远赴荷兰另做打算。这个决定被证明缺乏审慎，是一段不幸之旅。博丹跟随了这次远征。阿朗松公爵在荷兰遇刺，于1584年去世。之后，或许预见到自己的政治生涯很难更进一步，博丹返回拉昂，潜心研究。1586年，《国是六书》的拉丁文版本出版，次年他成为拉昂主审法院的皇家检察官。

## 三、晚年岁月

此后，博丹一直待在拉昂，目睹了法国宗教战争的最后阶段，见证瓦卢瓦王朝的终结和波旁王朝的开始。这一时期，虽然他的政治生涯没能再进一步，但学术研究成果却颇为丰硕。在身前一直没有出版的《七贤聚谈》中，博丹广泛论及宗教哲学，倡导不同宗教之间的彼此理解和宽容。临终前还著成《普遍自然剧场》（*Universae Naturae Theatrum*，1596，以下简称《自然剧场》），对自然哲学做出了自己的新解释，其中论政治部分进一步推进了《国是六书》中的观点。此书完成的同年，博丹离世。这一年，将以"方法"成名的另一位法兰西人笛卡尔（René Descartes）出生了。

博丹在《方法》和《国是六书》中阐述的国家主权思想，成为现代民族国家建国立法的理论基础，梅里亚姆在总结现代主权思想时评论道，博丹的主权思想"为17世纪和18世纪的专制主义提供了理论基础；并且在更广的意义上，成为现代主权学说的基础"，甚至可以说，"现代政治学也是建立在他的学说之上。"① 主权思想也让博丹跻身世界最伟大的法学家。何勤华先生作《西方法学家列传》时将博丹列于第九位，② 在格劳秀斯和普芬道夫等人之前。这并非空穴来风或个人喜好，格劳秀斯、霍布斯、普芬道夫、洛克、孟德斯鸠、卢梭等政法名家的确或多或少受益于博丹的思想，尤其是同为法兰西人的法学家们。

笔者将论证，博丹的《方法》乃是为了教育国家立法者。然而，从史实来看，博丹的教育似乎失败了——17世纪初期之后，鲜有人提及博丹；直到200多年后的19世纪末，法学界和政治学界才开始重新注意到博丹，但对其思想的关注也鲜有超越主权理论的范围。就算是论及主权，博丹也仅仅只是作为一个引入者，很快便被格劳秀斯、普芬道夫等人接替。

沃格林在《政治观念史稿》中总结了博丹被冷淡或

---

① 梅里亚姆：《卢梭以来的主权学说史》，毕洪海译，北京：法律出版社，2006，第6、4页。
② 何勤华：《西方法学家列传》，北京：中国政法大学出版社，2002。

者说因其理论会触怒众人而被束之高阁的四个原因：其一是他的宗教信仰一直不明，有人说他是"犹太化的有神论者"，有人说他是无神论者，《七贤聚谈》被认为会动摇基督教的根基。其二是他突出的绝对君主制集权主张，与后来的立宪制、民主分区理论背道而驰，西方的政治环境容不下他这样的"政治不正确"理论。第三，博丹虽然在古今之争中站在今人这边，但其"地中海式的现代性"特征表现为对柏拉图和希腊传统宇宙论的偏好，这种现代性在他之后的那一代人已经崩溃，取而代之的是"科学主义的教条主义"。现代的智识中心已经从地中海向阿尔卑斯山以北转移，博丹倾向于君主制而非自由的法国大革命的政治学说，但君主制已被启蒙运动、法国革命等废除，并被打上了"专制""僭政"的标签。第四，老派的博丹在著作中似乎表现出相信巫术、魔法，反对新兴科学尤其是哥白尼的日心说，反对启蒙的自由主义和科学主义，自然应该成为被遗忘的历史人物。

然而，沃格林却给予博丹在16世纪思想家中独一无二的地位，"我们今天找不到有哪一篇政治学论著，带有像博丹那样的洞察力和责任感来讨论亚里士多德的静观生活与人类生存的各种必然性之间的张力"。[①] 在关

---

① 沃格林：《宗教与现代性的兴起》，第225页。

于16世纪政治思想史的讨论中，沃格林花了大约一半的篇幅讨论博丹的思想。如若我们承认哲人的静观生活与重在人类生存的政治生活有并存之必然，那么显然，我们不能错过博丹，尤其不能在阅读博丹时仅仅将其作为提出主权理论的法学家，而应该如沃格林一般严肃对待博丹关于历史、政治、哲学、智识人的各种思虑。

# 第二章 博丹的政治史学

面对博丹公开出版的第一部严肃的学术著作《方法》，我们首先禁不住要问的是，一个法学家、一个律师，为何会写作一部以"历史""方法"为题名的作品？这就不得不提到西欧在15、16世纪面临的危机以及法学体系的重建问题。

## 第一节 西欧政治危机与法学的系统化

西方文明实质上可以说是基督教文明。康斯坦丁在罗马将基督教定位国教开启了基督教在西方世界蓬勃发展的大幕。教宗制的权威在中古时期达到鼎盛，然而，随着教阶制度内部的逐渐腐败和对教徒的倾轧越来越重，各民族国家的民族意识复苏。西方历史的拐点呈现。

## 一、西欧政治危机

在15世纪末、16世纪初时,罗马教廷对西欧各国的实际控制越来越微弱,各国君主的实权越来越强盛。英王亨利八世率先发起宗教改革会议,以《至尊法案》宣告英国国王是"英国教会在地上之唯一最高首脑";到伊丽莎白一世时期,王权更是前所未有的强大,英国进入所谓的"黄金时代"。西班牙女王伊莎贝拉一世强势收复各封建领主的土地,为日后卡洛斯一世(后来的神圣罗马帝国皇帝查理五世,Charles V, Holy Roman Emperor)挫败所有国内抵抗力量、统一西班牙奠定了基础。西班牙在查理五世的带领下与法王弗朗索瓦一世竞争,企图建立称霸欧洲的西班牙帝国。尽管阻碍重重,西欧强国却几乎在同一时期先后向着绝对君主制高歌猛进。

法兰西王国对教宗的反抗意识可能出现得更早。13世纪末到14世纪初,法兰西国王腓力四世(Philippe IV, 1268—1314)与教宗卜尼法斯八世(Bonifaci VIII, 1235—1303)之间的权力争斗,将教权与世俗政权之间的矛盾问题摆上了台面,云集了法兰西法学精英的高等法院成为国王与教宗争斗中的顶梁柱。1307年的圣殿骑士团一案让世人见证了教会和世俗君主的暴行,①而后来当教宗把从骑士团没收的财产赠与给其他修士或修女时,人们看到的只有法兰西国王的敕令,丝毫没有提及教宗的旨意。承担这个财产转移行动的正是巴黎高等法院,虽然它从未参与这宗案件的审理。法国人伏尔泰告诉我们,"从这个时期起,高等法院就支持王权反对教皇的权力。这是它始终坚持不渝、从未中断遵循的准则。""高等法院这个机构在任何时期都是法国对抗罗马教廷侵害劫掠行径的盾牌。"②高等法院对抗罗马教廷的是不是侵害劫掠行径另说,但帮助王权对抗教权却是事实。

15世纪的英法百年战争唤醒并加强了法兰西普通民众的民族意识,也让国家统治者意识到权力与常备军的重要性。1445年,法王查理七世组建了法兰西第一支包含强大炮兵的民族国家常备军,也是欧洲第一支现代意义上的常备军,但规模并不大。直到16世纪初期弗朗索瓦一世继位之时,法兰西王权虽领土初成,仍不算强大,往往受制于各贵族封建领主。弗朗索瓦一世通过打击、收编贵族势力的方式逐渐加强王权。凭借着路易十二留

---

① 1307年10月13日,在没有任何征兆的情况下,全法兰西的圣殿骑士团成员几乎同时被捕,财产被查封。很多成员在审讯过程中不堪折磨而死,剩下的也以"异端"罪被处死。
② 伏尔泰:《巴黎高等法院史》,第21页,第49页。

下的充足资金，他不仅建立了一支由职业兵组成、忠于国王的庞大的常备军，而且加强了对中央行政机关的控制，并依靠行政机关摆脱等级代表制度的约束。同时，他有意通过各种措施扩大王室领地。弗朗索瓦一世执政期间，法兰西传统的三级会议被长期悬置，有的地方三级会议甚至直接被取消。另外，弗朗西斯一世于1516年迫使罗马教宗赋予他任命法兰西主教的权力，由此获得了对教会和教会财产的控制权。这一切似乎意味着，法兰西成为一个统一、独立的君主国指日可待。

王权国家独立意识的复苏必然会遇到来自教廷的限制和抵御。然而，教会也不得不面对的一个问题是，教阶制度内部出现了严重的腐败问题。上至教宗，下至各地方的神父，为了增加收入而恣意加重平信徒的赋税，随意买卖教职，甚至出现只要交钱购买"赎罪券"就可以洗脱任何罪孽，干任何违背道德的勾当。教会亟待改革。德意志修士马丁·路德恰在此时应势而生。

1517年万圣节前夕，路德把攻击教阶制度的"九十五条论纲"（Ninety-Five Theses）帖在大学墙上，希望引起神职教师同事们的讨论。之后，路德接连发表攻击教会传统制度的文章："致德意志基督徒贵族书""教会的巴比伦被囚"和"论基督徒的自由"等，目标直指教会的内部结构——教阶制度。废除教阶制度的政治内涵是废除教宗制，或者说废除传统的中央集权帝制，而走向封建式的教会制——不同的封建君主国有自己的教会制度（主教制或长老制）。1517年是一个分界岭，"九十五条论纲"也注定会掀起巨浪。从这一年一直到大概17世纪50年代，被史学家们称为欧洲的"宗教改革"时期。

路德虽然反对传统的教宗制，却并无发动一场宗教改革运动的意图，也没有意愿更没有具体的行为去建立一个新的教派。而后来的加尔文却不同，他不仅亲手建立起一个新教的城市共和国——日内瓦共和国，而且进一步提出建立新的普遍主义教会，对罗马教会构成有史以来最大的威胁。

加尔文同样主张"因信称义"，并且在这种信义论的基础上改造预定论——世界上的一切都是上帝预先决定的，人只需要克己努力、辛勤劳作，上帝自有安排。加尔文实实在在地按照自己的宗教理念建立了相应的新政治制度，以日内瓦共和国为中心与传统的天主教会对抗，并进一步形成了所谓的加尔文主义的"国际"。流传于苏格拉的"长老会"、英国与美洲的"公理会"、以及法国的"胡格诺派"等等都是加尔文教的支派。当这些支派的诉求在各民族国家内无法得到满足时，加尔文国际势力就会给予精神乃至武力上的支持。因此，新教在各民族国家内部往往成为对抗当局的分裂力量。

新教的出现，使各个民族国家内部本已错综复杂的王权与教权之争变得更加复杂。以尊严和信念为借口，围绕着利益与权势，天主教派、新教各支派、王权国家内部的王室、各种封建世俗权力之间，展开了剧烈的纷争。

法兰西不可避免地被拖入这场由路德、加尔文在欧洲掀起的宗教改革浪潮。具有人文情怀的弗朗索瓦一世曾被文艺复兴新思想所吸引，德意志路德宗最初传入法兰西时，他并未加以阻拦。而且，由于要与教宗对抗，他也主张教会改革。所以，新教最初在法兰西发展很快。然而，1534年发生的"传单事件"① 让弗朗索瓦一世开始害怕和担忧。新教徒的狂暴亲手终结了宽容政

---

① 1534年，牧师马尔库尔（Marcourt）和维雷（Prerre Viret）撰写了一份名为《论教皇塑弥撒仪式对唯一的调停者和逐救者、吾土基督耶稣最后圣餐的可怕亵渎》（*Articles véritables sur les horribles, grands et importables abus de la messe papale, inventée directement contre la Sainte Cène de notre Seigneur, seul médiateur et seul Sauveur Jésus-Christ*）的传单，这份传单攻击天主教圣餐礼，同时也暗含对国王弗朗索瓦一世的不敬。10月17—18日夜里，这份传单被张贴在巴黎的多个公共区域，以及其他一些主要城市，甚至国王位于昂布瓦斯的行官大门。弗朗索瓦一世终于被这一大不敬的行为激怒，于1535年1月13日签署敕令，禁止出版新教书籍，违者处死。并在1月29日的敕令中重启两项可追溯至13世纪宗教裁判所制度：藏匿异端者同罪、举报异端者有奖制度。在1538年12月16日的敕令中，弗朗索瓦一世将异端罪审判权授予图卢兹最高法院。

策。国王深刻意识到，王国统一和王权威严应该是他考虑的首要问题。于是，政策风向突变，新教开始受到限制。"传单事件"当天就有大概200名新教徒被捕，第二年数百名新教徒被捕，数十名被烧死。同年，加尔文因为在本国难以立足而逃向日内瓦。1540年，加尔文亲自将《基督教教义》译为法文出版，这意味着新教思想能够在法兰西被更广泛地传阅。至1562年，法兰西的新教信徒约占到全国人口的四分之一。

弗朗索瓦一世的继任者亨利二世对新教徒的强硬立场众所周知，著名的"火焰法庭"处置了不少新教徒。亨利二世之后，法兰西的君主依次是弗朗索瓦二世、查理九世和亨利三世。三位君主继位时都仍然年幼——分别于15岁、10岁、23岁登基，王权实质上掌握在王太后即美弟奇家族的卡特琳手中，至少在他们成年之前如此。其实，弗朗索瓦一世之后的几位君主，除了亨利二世对新教的态度比较强硬以外，其他君主对新教徒并不是一味迫害。王太后卡特琳常常希望依仗新教势力与强大的天主教势力代表吉斯家族对抗，以求得权力均衡制约。基本上，新教在法国的传播呈现出一种有趣的态势：当新教的斗争矛头指向罗马教宗时，王权会默许甚至同情之；但是，当新教的炮火由教宗转移到天主教会的具体利益及基本信条时，已经成为法兰西天主教会实际首脑的国王就会排斥且反对之。

1562年,宗教内战爆发。9月,英格兰以支持新教胡格诺派为名,派兵登陆法兰西,企图浑水摸鱼夺回在百年战争中丢失的欧洲大陆土地。国外势力的参与使得宗教战争变得更复杂也更危险:内讧已然比对外战争更加可怕,若内讧的一方引来境外武力,王国倾覆的威胁则更大。宗教战争从1562年开始,打打停停,一直持续到1593年亨利四世入主巴黎,停战之势才趋于明朗和稳定。在此之后,战争仍然没有完全结束,直到亨利四世1598年颁布《南特赦令》,才最终结束了这场法兰西人自相残杀的内战。史家将这一段时期断断续续的战争分为八个时期,即八次宗教战争。每一次都以王室的一个敕令或是双方的一份协约而暂停,但不久又战火重开。

究其实质,所谓的宗教战争是各封建贵族争权夺利的权力之争、地盘之争、财物之争。正如沃纳姆所讲,胡格诺运动从一开始就既是宗教的也是政治的,贵族势力和地方势力憎恨王室从15世纪末和16世纪初日益强化的中央集权,憎恨君主越来越多地收回从前归属于贵族和地方的权力。所以,君主对新教的压制只不过是进一步刺激了一种随时都可能引发暴乱的怨恨情绪而已。"法国内战的强大的世俗原因不亚于宗教原因,不过介入了当时斗争的强烈的宗教情绪把世俗原因掩盖起来了。"①

也就是说，16世纪，包括法兰西在内的西欧各民族国家都面对共同的重大政治危机——国内的双重分裂。一方面，天主教与新教造成信仰与智识上的分裂，另一方面，王权与贵族分裂势力、王权与教权之间的权势斗争带来政治上的分裂。对抗分裂、维持国家统一成为摆在每个国家面前的大问题。那么，谁有资格有能力应对这样的政治危机？在各国内部，谁是国家事务的最高最终裁决者？这为法学和政治学研究提出了新问题。

## 二、法学的系统化与史学

公元6世纪时查士丁尼皇帝主导编纂的《查士丁尼法典》《法学阶梯》《法学汇编》和《查士丁尼新律》被后世统称为《国法大全》（Corpus iuris）或《民法大全》或罗马法。虽然走向顶峰之后的罗马帝国已经灭亡，但罗马法一直被西方法学家奉为圭臬。法学家们在理论和实践中遇到难题，均从罗马法中寻求解决依据，

---

① R.B.沃纳姆编《新编剑桥世界近代史第三卷·反宗教改革和价格革命：1559—1610年》，中国社会科学院世界历史研究所组译，北京：中国社会科学出版社，1999，第132页。

若是遇到找不到标准答案的新问题,那就只能自己阐释。因此,随着实践问题越来越多,使法律条文系统化、标准化便越来越成为显性需求。

西欧法学家对法学的系统化研究始于11世纪,之后从12到16世纪,同化和吸收诞生于4世纪的《国法大全》一直是民法审议的典型模式,这种研究取向必然涉及到对法典的阐释。

法学研究者和实践者们根据不同的目的,在阐释中有时自由度相当大,可以有意无意地根据自己的经验和需要重塑法典的意思。但总体来讲,

> 早期注释者(glossators)的阐释技巧相对还比较严格,他们的主要目的是让罗马法切实可行地解决现实问题,在大量的材料中获取对法典的基础性领悟,因此他们的阐释自然会比较贴近文本。①

然而,中世纪晚期在意大利开始兴起的评注者(commentators,也称评注法学派)却主张在解释中可以有更多的自由度。他们不再仅仅局限于对法典的基础

---

① J.H. Franklin, *Jean Bodin and the Sixteenth-Century Revolution in the Methodology of Law and History*, 1963, p. 11.

性解释，不太强调对文本的忠实，认为可以思考更多推测性问题。这一转变的原因固然众多，然而最根本最深层的原因是，13世纪以来，《国法大全》在欧洲被广泛地接受为一种共同法，除非与地方习俗发生严重冲突。欧洲南部的诸多国家强行将其应用于法庭中作为司法审议的依据予以判决。所以，当时研究《国法大全》的法学评注者成为解释法典的权威指导。

> 法学院的博士们越来越希望能为当时的问题提供解决方案，这种对当下实践的关切不仅仅源于新出现的司法问题，而且还涉及到政治纷争。皇帝与教宗、意大利公社或领土君主与皇帝或教宗之间出现了诸多司法争议，而在辩争中罗马法是辩论的根本源头。①

出现了新问题，法学家有了新责任。而实践问题千差万别，于是出现了新的研究趋势——不再如以前那般忠实原文、逐字逐句地解读法律条款，而是为了适应具体情况比较自由地阐释原法条，以巴尔多鲁学派为代表

---

① J.H. Franklin, *Jean Bodin and the Sixteenth-Century Revolution in the Methodology of Law and History*, 1963, p. 12.

的"意大利模式"成为评注法学派中的翘楚。

巴尔多鲁学派对罗马法的恣意解读虽然偏离了法典本身，可也"正是这种自由，使得中世纪的法学家能够重塑《国法大全》，以使其既能满足中世纪欧洲的实际需要，同时还能将此传统权威保存下来"[①]。然而，这些法学成就以及传统法学权威却随着文艺复兴的推进，被新兴的人文主义法学派摧毁。

人文主义思潮给各个领域带来了全新的思维方式，也为解决权力的归属问题提供了新的思维途径。在法学领域，特别是涉及到法学教育方面，人文主义者带来不同于中世纪经院哲学的全新研究视角以及新的分析和论证方法，形成了人文主义法学派。

人文主义语言学家瓦拉（Lorenzo Valla）等人提出，对罗马法的解读之所以有那么多含糊不清之处，重要原因之一是根本没弄清楚罗马法的实际意义，没有逐字逐句地读懂罗马法。因此，为了更好地理解罗马法，必须要弄懂法律文本中每个词语的意思，否则就是对文本对法条的轻慢。瓦拉因而抨击罗马法的文本编纂者特里波尼安没文化，后来的阐释者语言粗鄙，歪曲了罗马

---

① J.H. Franklin, *Jean Bodin and the Sixteenth-Century Revolution in the Methodology of Law and History*, 1963, p. 14.

法文本的原意，抨击巴尔多鲁等注释法学派大家不重视文本、随意解读的做法。

> 瓦拉所率先开启的认识罗马法的语言学—历史学途径，对经院哲学法学理论插手了强烈的负面影响……它剥除了原始法律文本的神圣属性……因此也剥除了二手法律资料的权威性。
> ……它揭示了众多的对罗马希腊日耳曼和教会之法律原始文本的歪曲之处，包括一些重大的伪造。它的支持者及时而成功地修复了这些古代文本的大量内容。[1]

伯尔曼称瓦拉开创的这个时期为人文主义法学派发展的第一个阶段，即怀疑阶段。进入第二个发展阶段后，人文主义法学派更加注重建设性的综合研究方法，注重各种法律问题涉及的一般原则。虽然这一阶段仍然是语言学—历史学研究模式占主导地位，但已经超越了文本澄清环节。

以此为据，人文主义法学家们发展出一套新的法律

---

[1] 伯尔曼：《法律与革命》（第二卷），袁瑜琤、苗文龙译，北京：法律出版社，2008，第111页。

教学模式，被称为"高卢模式"，采纳此模式的被称为"高卢学派"，以区别于之前的"意大利模式"（即巴尔多鲁学派）。高卢学派注重法学原则和概念以及其特定的应用条件，更多地采用演绎推理，更尊重经院哲学法学家。

意大利人阿尔恰托（Andreas Alciatus）和法国人布德（Guillaume Bude）是这一学派的代表人物。布德抨击职业律师的野蛮作风，与其后继者一起，致力于重新恢复忠实法律条文的古风，整理、翻译并严格按照拉丁文文法解读罗马法经典文本。他们发现中世纪司法体系中存在对古代罗马法的大量错误阐释，甚至有些错误阐释与法律原文的意思完全相反。布德认为，总的来说，对罗马法的错误翻译和理解源于对经典文化的无知，对拉丁语言的无知，以及对罗马法学史的无知。例如，《学说汇纂》集白不同的罗马历史时期，这些时期并非完全同质，很多东西仅靠逻辑分析无法理解，中世纪法学家的分析方法常常会引发对律法的诸多误解。因此，布德特别注重研究罗马法与其颁布的各个历史时期的特殊形势之间的关系。很多时候，他努力澄清罗马法与其他地方司法实施之间的差别。这种研究取向使得历史追溯成为法律研究中不可或缺的方法。

然而，从历史语境入手解读罗马法的结果是，发现罗马法终究不过是彼时彼地的法律，似乎并不具有人们所期待的超越时间和地域的普遍性。"当人文主义从历史视角提出法律的易变性和不确定性时，它实质上就摧毁了作为整体的普遍法的结构和理论体系。"① 传统的普遍法体系被打破，新的体系亟待建立。

因此，完成了第一个和第二个发展阶段的人文主义法学派进入第三个发展阶段——"体系化"阶段。这一阶段出现了一个历史重大变化，即宗教改革。宗教改革与各具体国家的法律体系研究革新本来没有直接关系，然而法学家本人的宗教信仰，以及宗教问题在各民族国家内部与国家统治者错综复杂的冲突和联系，使得这个法学理论研究问题与宗教、政治问题发生了重大关系。

按照传统的天主教信仰，教宗代表着上帝的意志，拥有至上的权威。可是新教秉承"因信称义"的思想，认为信仰只在心中，任何人都无法成为上帝的代表。不管哪个俗世之人，不管身居何种高位，若是被认为不义或不虔诚，都可以将其权威推翻。而各国王室则坚持，民族国家的内部事务理应以王室法令为最高依据。这类问题已经带来诸多政治、法律、经济纠纷。人们在思考

---

① 陈颐：《立法主权与近代国家的建构：以近代早期法国法律史为中心》，北京：法律出版社，2008，第64页。

和辩论这些问题时，都以罗马法为蓝本。因之，如何理解罗马法，就成为解决这些重大问题的关键。

例如，在德意志地区，新教阵营的法学家们纷纷以"方法"（methodus）为主题开展研究。**梅兰希顿**（Philipp Melanchthon）率先提出，修辞学中的"主题"（loci）应该成为组织材料和探究学科结构的方法。**阿佩尔**（Johann Apell）1535年出版《法律知识所应用的辩证推理方法》（*Methodica dialectices ratio ad jurisprudentiam ad commodata*），尝试整理全部法律内容并将其体系化。拉古斯（Konrad Lagus）于1543年初版的《方法》（*Methodus*）系统阐述了从罗马法和教会法中提取的基本法律原则，尝试体系化地阐述法律科学的各个构成部分。**韦格里乌斯**（Nicolaus Vigelius）于1561年出版《普遍市民法方法》（*Methodus Universi Iuris Civilis*），将法律的类属分为"公法"和"私法"，尝试把整个法律内容从一般到特殊地组织起来，体系化地编排每一个法律部门的特定规则。总之，德意志法学家们——

> 深深关注于探究法律的本质、探究法律统一性和完整性线索，以及尤其是要建立一套"方法"，即他们所谓的对基本的法律概念和原则——它们阐

释具体的法律规则——做出科学解释和体系化的方法。在最高意义上而言，这不仅是一个法学理论问题，更是一个政治问题：为法律规则的合法性和权威性找到新的客观基础。[①]

总结一下，意大利法学派之前提出的看法是，罗马皇帝统治着世界；而在民法学家巴尔多鲁的法学典籍里，最高权力应归于查士丁尼的德意志继承者，所以皇帝高于教宗。但巴尔多鲁派对罗马皇帝拥有的权力的阐释里，存在诸多不确定性。更重要的是，把最高权力归于神圣罗马帝国皇帝，是各民族国家的君主和教宗都不会满意的解释。人文主义者试图从语文学的角度进入、重新建立罗马法权威，然而却事与愿违，最终走向了罗马法的对立面。尤其是人文主义法学派发展到第三个阶段时，受到法学家的宗教立场和民族国家立场的影响，各民族国家的历史逐渐成为各国法学家普遍认同的立法依据。

换句话说，时代要求明确回答"君主与教宗谁拥有至高权力"，这个法学难题成为事关国家统治的大问题。如果之前所有的旧方法无法回应新的研究和实践要求，那就需要建构新方法，研究"方法"成为了时代的

---

[①] 伯尔曼：《法律与革命》（第二卷），2008，第119页。

需要和主题。各王权民族国家的法学家们希望在法学和史学之间建立联系。例如，**博杜温**（Francois Baudouin）在其《史学方法及其与司法体系的联系》（*Method of History and its Conjunction with Jurisprudence*, 1561）中论证史学研究方法对法学研究和司法体系的重要意义。**盖拉德的德鲁瓦**（Pierre Droit de Gaillard）后来出版的关于历史方法的著作也指出了史学与法学的密切联系，并明确提出，罗马人以及其他国家的所有法律，都只不过是描述各个国家的习俗历史的一个部分。

依照这一时期法学发展的特点，博丹的《方法》似乎也属于"读史方法"类作品，很容易提取出这些作品的相似性。然而，诸多《方法》研究者也发现，该作品与"读史方法"类作品有根本不同。最明显的一点是，博杜温及其追随者认为，应该以最严格的编年史顺序出发看待法律和历史，**利贝赫**（Marin Liberge）对这一做法的解释是："后来的法律废除了先前的法律，如果不根据时间顺序研究法律，不遵照法律的先后顺序的话，会犯很多错误。"[①] 而博丹对这种学究式的顾虑不置可否，他对历史的看法似乎与马基雅维利相似：前人们似

---

① Marin Liberge, *De Artibus et disciplinis, quibus studiorum instructum et ornatum esse oportet*, Anjou, 1592, p. 85.

乎都没有关注到历史对于政治和法律实践的重要意义。

博丹考虑的重点是，寻求一种更理性的、能超越时间的安排方法，把史实归置到法律学科的各个类别里。博丹对意大利学派和人文主义的高卢学派都不满意，认为意大利学派忽视了市民法的易变性和局限性，高卢学派则太关注琐碎问题，轻慢法律的实践特征。当然二者也各有贡献：

> 人文主义学派的价值在于提供了一幅罗马法的清晰图景，巴尔多鲁学派的价值在于提供了关于社会和政治本质的洞见，但是二者都没有为构建司法体系、甚至得出关于各种体系的普遍结论提供足够的基础。这是博丹的《方法》没有言明的原理——个别永远不足以代表普遍。①

博丹想要获得一种普遍原则，这种普遍原则不仅对于法学、而且对于政治至关重要。获得这种普遍法则的最佳途径是史学研究。事实上，法学家们都在寻求以

---

① Donald R. Kelley, the Development and Context of Bodin's *Method*, Herausgegeben von Horst Denzer ed. *Jean Bodin, Proceedings of the International Conference on Bodin*, Munich, 1970, Verlag C. H. Beck Munchen pp.123—150, p. 133.

普遍历史为基础重新构建法律体系,这是一个庞大的工程,是整个时代都在共同努力探索的工程。在法兰西,"这个工程的完成者便是博丹,其标识是《方法》的出版。"①

## 第二节 西方史学的发展与变革

既然法学的系统化研究涉及到史学,显然史学研究就成为法学家和政治家的必备素质。

### 一、史学的传统功能

西方文化思想中的史学意识,最早可以追溯到古希腊。西方最早有文字记载的文学形式是史诗,其中首推荷马史诗。荷马史诗里的情节至今仍然是西方人无须过多解释的文学引源,其中记叙的英雄人物故事,教育和滋养了一代又一代西方人,成为他们的精神源头。

然而,如果我们把荷马史诗视为历史,会发现这种历史并不像后来的历史一样重视时间。或者说,我们无

---

① 参J.H. Franklin. *Jean Bodin and the Sixteenth-Century Revolution in the Methodology of Law and History*, 1963, p. 2.

法从史诗中得知事件发生的具体年月,更不要说具体日期。史诗中记录的史事,如果说那是史事的话,其首要目的是叙事。叙事的目的是为了教育和启发。对于史诗创作者和传颂者以及史事的听众来说,史诗讲述的事件发生在什么时候、以及是否确实如叙事那样发生,并不具有头等重要性,因为作为史学的史诗最重要的意义是对史诗聆听者的教导。教育,是史诗的头等重要目的。

英雄事迹无需时间观念的介入,但人的生活、城邦生活却是连续的、有先后秩序,各要素之间相互联系,所以需要制度、规则、法律和契约以维持其存在、发展和连续性。虽然永恒的神和半人半神的英雄不在乎也不需要时间观念,但要塑造自己生活的人却需要时间。因此,当神的因素在属人的生活中的实在性影响越来越小,希腊人的眼光开始焦距属人的历史,于是城邦命运、时间观念逐渐在史学中凸显其重要性。

荷马史诗从《伊利亚特》发展到《奥德赛》,已经能够看出神在属人的事务方面的介入越来越少,人的自主性在决定命运上的因素越来越大。在神的命定下,只要人还有相对自主性,属人的历史就有可能。在西方史学之父希罗多德写作的《历史》(ιστορία/ historia)中,虽然亦有某些神迹天命因素,但叙事内容已经完全是属人的历史,人构成的城邦的历史。当然,所有的史事记录都旨在说明"礼法与正义,统治者对礼法与正义的遵从,对于一个城邦的安定至关重要"。[①]

被施特劳斯尊为政治史家的修昔底德,更是以其"千秋万世之瑰宝"《伯罗奔尼撒战争史》向政治人提出了一系列重要问题,肩负起"不动声色的教育家"角色。在他的笔下,伯罗奔尼撒战争不是源于神们不可能预知的意志,也不是因为国王们的恣意妄为,而是源于人类对权力无休无止的渴望。修昔底德对"战争和帝国的解释基于源自人类生活结构的力量。激情、错误的估计、过分的野心注定了人类的劫数和成就。"[②] 他留下的瑰宝,与其说是一本战争史,不如说是以此作品促使我们思考,推动政治生活的动力是什么,或者说,哪些因素预设了好政制?如果我们仅仅着眼于眼前的、当下的生活,传统的束缚、德性的引导等力量会被削弱;准则、节制、正义等对于人类美好生活有决定意义的条件,便失去了说服力和创造力。修昔底德记录的是这样的雅典,虽然是关于两千多年前的叙事,映照的却是后世每一代人的情境。

---

[①] 朱琦:《古希腊公民教化思想研究》,重庆:重庆出版社,2018,第128页。
[②] 布赖萨赫:《西方史学史:古代、中世纪和近代》,黄艳红等译,北京:北京大学出版社,2019,第18—19页。

伯罗奔尼撒战争，本质上是两种意识形态之间的争斗，即以斯巴达为主导的贵族制意识形态与以雅典为主导的民主制意识形态之间的争斗。战争爆发的原因，并非任何物质上的纠纷——你侵占了我的领土抑或我伤害了你的国民，而是关于自己国家未来的疑虑：斯巴达对雅典国力的蒸蒸日上产生了不可避免的疑虑和恐惧。因此，这场战争发生之时，正是雅典国势鼎盛之际。

另一方面，雅典国民普遍已经习惯了富裕甚至奢侈的生活，不再习惯过以前靠海上贸易和农耕卫生的苦日子。很多普通老百姓变成不接地气的空谈家和只擅长指责他人的谩骂者。雅典诸多国民被日益强盛的国力冲昏了头脑，狂热普遍战胜了审慎的思考，"强权即正义"的思想不仅深入政治家之心，而且深入普通公民之心。

战争开始之后，一场瘟疫席卷了整个雅典，不仅造成了巨大的人员伤亡和财产损失，而且带走了他们最智慧的第一公民——伯里克利。最终，这场战争席卷了整个希腊文明世界，给大希腊地区尤其是雅典带来了严重伤害。雅典公民在极其狂热的情绪下决定远征西西里，派出盛大但最终却永葬他乡的军队。雅典战败，斯巴达在雅典建立三十人僭政——雅典人被暴虐地统治了一段时期。雅典民主派虽然之后复辟，但国力却从此一蹶不振，从此永丧帝国之气。

不管是瘟疫还是战争，揭示出的都是人类的致命弱点。之所以说是弱点或者缺陷，是因为人类任何已有成就——不管是医学成就还是科学成就抑或是人文艺术成就，都无法战胜这一弱点，甚至无法改善一点点。从这一点上讲，雅典的瘟疫是人类迄至今为止都还未能战胜的瘟疫——人性的缺陷。从斯巴达方面来看，这又何尝不是他们的瘟疫？

雅典陷入了恐怖政制，从某种意义上讲，让他们陷入这种政制的不仅是斯巴达人，更是他们自身。自身的不节制，自身对物欲奢靡的贪婪，自身的狂妄，对美德追求的放弃，才是身体和心理上举国蔓延的瘟疫，才是毁灭雅典的真正凶手。这种瘟疫以及造成这种瘟疫的各种因素，时至今日仍然一次次困扰并伤害着人类。人类似乎很难学会从中吸取一丁点儿教训。

苏格拉底朴实却出色的学生色诺芬将历史的教育功能显白化。他的《希腊史》向读者传达的教导简单且直接：尊重传统、培养对习俗法规和神的敬畏，对个人和城邦都非常重要；自助者神助，自律、自为、自愿为国奉献者，才能得到神的护佑；诸如此类。这并不是说，色诺芬的史书不注重准确记录史事，而是说，包括色诺芬在内的这些史家都有一个共识——准确可靠地记录是写史的出发点，然而历史的终点或终极目的，却不仅仅是留下史实，而更是探讨人类理智能够企及的永恒事务的秩序，并为秩序的形成提供参考和教训。

这正如亚里士多德对史学的定位：写史是叙事形式之一，从属于修辞学。亚里士多德在西方思想中的影响力使得对史学的这种界定一直延续到文艺复兴晚期。既然如此，我们要追问一句，亚里士多德对修辞学的界定又是什么？修辞术"不属于任何一种学科"① （1354a），它旨在说服，要说服他人，就需要具备分析人的性格和德性的能力。从这个方面讲，修辞术"既是论辩术的分支，也是伦理学的分支"，因为伦理学属于政治学的范围，所以"修辞术貌似政治学"② （1356a）。亚里士多德认为，最重要最有效的说服手段，有赖于对各种政体的了解③（1365b）。这毋宁是说，最好的修辞是建立在对公共政治生活的充分了解并为之服务的基础之上。在亚里士多德的学科序列中，写史为修辞服务，修辞指向于政治，修辞术又是伦理学的分支；那么，写史的目的自然是为政治服务，为有道德的政治生活服务。

---

① 亚里士多德：《修辞学》，罗念生译，北京：三联书店，1991，第21页。
② 亚里士多德：《修辞学》，罗念生译，北京：三联书店，1991，第25页。
③ 亚里士多德：《修辞学》，罗念生译，北京：三联书店，1991，第42页。

时及罗马，珀律比俄斯的《历史》试图探讨一个重大问题：为什么罗马人能够成功，能够避免希腊人的结局？对于这个问题，珀律比俄斯给出的思考如下。首先，罗马政治人和公众人物政治才能卓越，具有各种优秀德性，他们大多意志坚韧、目标坚定，愿意为国献身；即，政治人的品性好。其次，相比雅典民主制，罗马的政治制度混合制更有利于保持社会稳定，至少在珀律比俄斯记录的时代如此。第三，罗马人得到了时运的垂青，珀律比俄斯所谓的时运，并非属人的力量完全无能为力的因素，而是人通过遵循并维护道德法则可能争取到的机会。由此，人的行为也就对自身时运和自身的历史有了决定作用。所以，珀律比俄斯的历史也旨在提供关于人的行为和德性的教导。

可见，亚里士多德与珀律比俄斯的共识是，最应该聆听历史教诲的首先是政治人。政治人应对现实政治生活，需要从主要记录政治事务的历史中汲取教训，并再次付诸实践。《历史》叙事朴实，用博丹的话说，作者珀律比俄斯是所有优秀史家中最诚实的，他"态度平和、始终如一，而且聪明、严肃，赞赏时节制、批评时尖锐"（第59页）。因而博丹视其为史家典范，其作品还对另一位史家李维产生了重大影响。

之后，萨鲁斯特（Sallustius Crispus）两部关于战争的史著（《喀提林战争》《朱古达战争》）预示了古罗马帝国的宿命。我们还记得修昔底德战争史的教诲：战争源于人类对权力和统治无休止的渴望。萨鲁斯特通过他对战争的叙事推进了这一教诲。萨鲁斯特告诉我们，罗马建立和繁荣的根基是德性，但对财富和霸权的贪婪正在毁掉这一根基。野心、对声望和权力的贪念正在毁掉政治人的为公之心，由此削弱了罗马的社会凝聚力，内部的各种溃腐瓦解了罗马共和国。虽然萨鲁斯特明显沿承修昔底德史学的风格，在众多史家中没有过于显眼的独特之处，但"他的著作架起了一座反思与批判史学的桥梁，这座桥梁跨越了编年史家和叙事史家的海洋，从加图一直通向塔西佗"[①]。

古罗马虽然在政治上征服了西欧大片土地，包括曾经灿烂的古希腊，然而在思想上离古希腊文化的理性和思辨高度仍然有一定距离。"从公元前150年到奥古斯都的整个时期内，只有一次关于几个史学理论问题的讨论值得注意。"[②] 这个讨论者竟是从未写过现代意义上史著的西塞罗。

西塞罗看到罗马史家极其贫乏，希望罗马人能够

---

① 布赖萨赫：《西方史学史：古代、中世纪和近代》，第71页。
② 布赖萨赫：《西方史学史：古代、中世纪和近代》，第73页。

重视史学，向希腊人学习，甚至在著述史作上赶超后者。他的兄弟曾建议西塞罗写史。我们知道西塞罗是著名的政治家、演说家，他留下来的作品也大多是论说式的，那为何其兄弟朋友建议他写史？若我们还记得亚里士多德说过，写史本就是修辞学的一种形式，就不会由此疑惑。"古代意义上的史家记述人的功绩和言辞——不仅仅是功绩，还有言辞，因此，他必定也是一位演说词作家。"[1] 换句话说，西塞罗愿不愿意写史另当别论，但他一定有能力写史。换一个思路，如果我们将其诸多作品编织在一起，不就是一部古罗马政治思想史吗？就史学写作而言，一方面西塞罗非常重视史家的记录的真实性，"有谁不知道，历史的首要法则是不可有任何谎言，其次是不可有任何不真实，再次是写作时不可偏袒，不可怀怨。"[2] 另一方面，西塞罗更注重历史中蕴含的教育性，认为史著应该为政治实践和政治教育服务。这并非是说史家需要弄虚作假，而是说史家需要对史实材料做恰当的筛选和编织，让自己关于过去的叙事能引导当下和未来的读者采取正确的行动。这样的

---

[1] 施特劳斯讲疏：《西塞罗的政治哲学》，尼科尔斯编订，于璐译，上海：华东师范大学出版社，2018，第154页。
[2] 西塞罗：《论演说家》，王焕生译，北京：中国政法大学出版社，2003，第250—251页。

史学才能"更激烈地召唤人民避免过失、更严厉地谴责恶劣之徒、更美好地称赞高尚之人、更猛烈地揭露和制服欲望、更温和地劝慰排解忧伤";才配得上西塞罗对史学是"时代的见证,真理的光辉,记忆的生命,古代社会的信使"的赞誉。① 对史学这种理解,与我们如今仅仅致力于真相、细节,甚至倡导价值中立的史学显然不同,与各种花边史、"你不能不知道的××史事"、"××秘史"更是云泥之别。

至奥古斯都时期,哈里卡尔纳苏斯的狄奥尼修斯致力于寻找希腊传统和罗马传统之间存在何种历史联系。一个希腊人,为何选择修罗马史?他自述的原因是,写史者应该首先选择崇高伟大的题材,罗马史正是当时最崇高最伟大的题材。因为罗马人的权威至高无上,不仅在战争中取得了最辉煌的胜利,而且在统治上获得了最广大最无上的霸权。他提出,希腊人需要认清这个事实,承认罗马,并向罗马学习,以构架起两个伟大传统之间的联系。显然,哈里卡尔纳苏斯的狄奥尼修斯心中的历史就是政治史或者说统治史,鸡毛蒜皮细枝末节之主题根本不值得史家关注。

老罗马一直是帝国时代各个史家寤寐以求的之阳。

---

① 西塞罗:《论演说家》,第227页。

然而，当罗马大众的公共精神和公民德性已然趋向于败坏，老罗马似乎变成了明日黄花。面对奥古斯都去世后的恐怖罗马，面对形同虚设的元老院，面对危机四伏的政治环境，塔西佗的选择是坦然面对自己责任，并呼吁每个人都坦然面对自己应该承担的公共责任。

塔西佗的《罗马史》和《编年史》中的叙事始于公元14年止于公元98年，约有一半的时间与他的人生重叠，可以说他记录的是当代史。他本人是伟大的政治家，其叙事常常与自己的政治实践相关。塔西佗描绘的罗马，已经不是令人钦慕和向往的之地，而是充满了政治密谋、暗杀的修罗场。在这样的环境中，不端之心是否名正言顺？塔西佗以阿格里科拉的故事告诉我们，对于有真正公共德性的政治人来讲，国家的堕落并不能成为自身堕落的好借口，破罐子破摔加速国家的下沉；他通过对日耳曼人的描述论说，就算国家还处于蛮荒状态，个人也仍然可以养成虔诚、勇敢、勇于献身的公共精神，促进国家的成长。塔西佗的史书总是渲染着他的教化意图，希望公民们能够恪尽职守，能够保持朴素节制的生活，这不仅是个人的德性修为，而且可以促进国家的德性。

公元312年，康斯坦丁入主罗马城，次年颁布"米兰敕令"宣布基督教合法。世事真是难料，曾经被迫害了300年的异教徒开始反过来称罗马传统拥护者为异教徒。不知道康斯坦丁大帝当时有没有预料到，他的这一选择会对整个西方文明产生多大的影响。

基督徒和罗马帝国异教徒的精神世界完全不同。罗马人仍然沉浸于罗马帝国伟大永恒，帝国的过去、现在与未来同一的梦境之中，罗马史家仍然醉心于罗马共和国的荣光和罗马伟大人物事迹的叙事，但基督徒的关注点却转向了神圣经典中的叙事。

公元325年，康斯坦丁主持召开了第一次基督教会议——尼西亚大公会，并通过颁布《尼西亚信经》厘清教义中一些有争议的问题，确立了基督教正统学说。信经确立了基督教复活节的日期，授权亚历山大主教向其他主教宣布确切日期的权力。时间的确立对于史学记录的意义不言而喻。《尼西亚信经》成为东西方基督教会都共同信奉的第一信经，虽然版本各有不同。在所有现存宗教里，这种所有教会都秉持一个信经的做法从未有过，因为印度佛教、犹太教、希腊罗马异教中从来没有任何一个宗教领袖有如此大的权力，能颁布出所有教会共同尊奉的信经。有意思的是，最终平息所有争议确认这个信经的是一位世俗君主，或许仅这一事实就已经预设了基督教统一帝国的到来。

基督教信仰的统一正是源于史学叙事的统一：《旧

约》与《新约》中讲述的故事成为所有信徒深信不疑的史事。因而,从基督教在西欧广为传播开始,史家记录的中心便确定了——《旧约》和《新约》是不可质疑的圣典。早期的基督教史著,通常会把希腊罗马的神话和历史放置到犹太基督教的时间框架体系中讲述。其中比较有代表性的是阿弗利坎努斯(Sextus Julius Africanus)以拉丁语写成的《大事记》(*Chronography*),尤西比乌斯(Eusebius of Caesarea)以希腊语写成的《教会史》(*Ecclesiastical History*)和《年代记》(*Chronicle*)。这些基督教早期史著通过讲述创世、亚当以及基督诞生等事件及其发生时间,大体确定了史学纪事的时间体系,而且这种时间体系将会影响深远,几乎成为整个世界的纪年体系,虽然二人的纪年结果有一些出入。博丹在《方法》第八章中确定普遍时间体系时提到了二人的纪年体系。

奥古斯丁看到了世俗国家的变动性和有限性,意识到任何属人的国家都不可能长期繁荣、永世长存;为了神圣之境的永恒,他倡导上帝之城与地上之城的判然有别。上帝之城永远不变,而地上之城,唯一不变之物是变化,每个国家在完成其历史使命后就会消失,罗马帝国也一样。在上帝眼里,地上之城没有更多的价值。因此,教会作为一个普世共同体,不能与任何具体的世俗王国捆绑在一起,它代表的是永恒之城。

奥古斯丁的这个区分成功地进入了史学并影响其发展。既然上帝之城与地上之城的分离已成事实，基督徒就需要界定神圣历史和世俗历史之间的关系。奥古斯丁把世界分为六个时代，分别是亚当时代、诺亚时代、亚伯拉罕时代、大卫时代、放逐时代和基督时代，他所在的时代是最后的基督时代，如此世俗历史就与神圣历史融合在一个体系之中。在这种界定中，最重要的是强调神圣历史的普世性。一方面，西欧各民族不断融合，种群和地域的多样性甚至冲突性不可避免，所以基督教会不断强调面对上帝时人的普遍性；另一方面，世俗历史虽然被置于这种普世性之中，但却明显具有多样性和个性。一与多、普遍与个别、永恒与暂时、不变与变化等区别需要明确地界定，但其联系却也同样重要。因为各个帝国虽然各有特点、瞬息万变，却都是基督教世界中的一员，需要被全部纳入这个系统中。他的作品"为西方基督教文明奠定了基础，直到今日仍是基督教思想的基础"，他的"符号话语的系统重要性，再怎么强调也不会过分"①。

公元五世纪到七世纪中叶，几乎所有史家在纪年

---

① 沃格林：《希腊化、罗马和早期基督教》，上海：华东师范大学出版社，2018，第252，259页。

时，既要参照过去罗马帝国的方法，又要运用本地的新方法。这就意味着，同时存在多种不同的纪年模式，而且相互之间有冲突和竞争。各种世俗年代的纪年模式之间的调和及其与神圣史普遍纪年模式的融合，历史地交由史学来完成。

贝德（Bede）出于对准确计算复活节日期的凯尔特礼仪和罗马礼仪问题的兴趣，展开了他的年代学研究。因为在他看来，"这不仅仅是个外在的一致性问题，还是更为广泛的信仰统一和真理问题的一部分，他的全部工作正是以这一问题为中心的。"[1] 年代学研究涉及到的不仅仅是日期的问题，更是信仰和秩序的问题。之前人们一般采用戴克里先（Diocletian）登基日作为计算年份的起点，而贝德率先采用耶稣诞生之日为起点，提出耶稣元年（Anno Domini，即我们现在采用的A.D.）的标准，虽然这个标准要到11世纪以后才开始被推广开。

这一时期，基督教史家们比较热衷于撰写圣徒传记。从中世纪早期开始，很多圣徒就不再遁世，而是成为了积极的社会活动参与者甚至是干预者，为了传教介入世俗。圣徒们受到神启、接受考验、改戒顽劣、皈依宗教的经历或许都大同小异，但却并不影响其各自

---

[1] 布赖萨赫：《西方史学史：古代、中世纪和近代》，第120页。

成传。因为圣徒传的目的不是讲述圣徒们不同寻常的经历,而是通过凸显他们的善行和圣洁,起到精神教化的作用。例如,贝德的《圣库斯贝特传》(*The Life of St. Cuthbert*)、阿尔昆(Alcuin)的《维利布罗德传》(*The Life of Willibrord*)等等,都是此类作品。圣徒们的世俗活动使得教化与尘世社会联系越来越密切,因而圣徒传记与俗人生平之间的差别也就越来越小。由此,为杰出的信徒立传也就逐渐出现,不显突兀。艾因哈德(Einhard)的《查理大帝传》(*Life of Charlemagne*)是个中翘楚。传记第一部分叙述查理大帝的功绩,第二部分刻画其性格特点,其手法貌似将圣徒传记中描述圣徒各种美德的方式运用于描述这个世俗君主,让他成为王者典范。《查理大帝传》对后来以伟大君主为对象的传记产生了深刻影响,在传记史家们的笔下,君主或国王们往往具有圣徒般的德性,蒙上帝之恩宠,在尘世建立并管理国家。

加洛林时期,编年史(Annals)开始出现并逐渐繁荣。最初,修道院里的僧侣们喜欢自发地记录每年中发生的趣事或重大事件,后来逐渐演变成一种制度——连贯地逐年记录大事件。这种方式后来被加洛林家族用来记录本族统治时期的重大事件,形成著名的《法兰克王族编年史》(*Carolingian Chronicles: Royal Frankish*

*Annals and Nithard's Histories*）。

编年史一般是多位史家以接力的方式逐年记述一段漫长时期，与之相对，在加洛林晚期开始兴起的年代记则一般由一个作者以某一段时期为中心记录史事。年代记（Chronicle）一词源于希腊词χρονικός，意即"有关时间的，按时间顺序的"，加上指代词τά，则表示"编年史、年代记"，常暗指按照年代顺序记录的那一本《圣经》（βιβλία）。[①] 这一时期的基督教史家们撰写年代记，虽然记录的是发生在王国或城邦中的事务，但最主要的目的并非为自己的王国或城邦服务。他们普遍认为，世俗的变迁并不具有最重要的意义，真正重要的是讲述人类在尘世中如何获得神的救赎，因而大多数年代记的目的在于讲述上帝如何在尘世表现他的意志。

因此，我们需要明晰，中世纪基督教信仰对史学有至关重要的影响：真正的历史一定与神相关，是人类获得上帝救赎的故事。不理解中世纪的基督教信仰，就无法真正理解中世纪史学。事实上，大部分年代记都在当时的教育中心——修道院完成。学生们在语法和修辞课程中有大量阅读和背诵任务，背诵内容就是史学

---

① 罗念生、水建馥编《古希腊语汉语词典》，北京：商务印书馆，2004，第1001页。

文本。也就是说，这一时期，史学仍旧是亚里士多德—西塞罗式史学，是修辞学的一种形式。这时的真理只有一种——圣经启示的真理；这时的史学只有一个重要目标——记录展示上帝恩典和意志之事，以让其更清晰地显现出来，让人们以过去的奖惩为戒更加敬畏上帝，甘愿追求义人的生活。

到此时为止，史学最重要的功能一直是教育和教化——记录神对善者的恩典，劝诫罪者悔悟皈依。扬善戒恶，是史学记录的第一要务，真实性准则紧随其后。如果我们以现代史学的因果关系链出发去理解中世纪年代记，很容易产生误解，因为现代史学关系链中预设的因果关系是，如今之事态必然缘于先前之事态。而对于中世纪史家们来说，只有一种因果关系：罪孽之后必然是神的惩罚，客观性因果关系对他们来讲普遍陌生。这就可以理解他们记录历史时的选材范围：能够彰显神的恩典、教化教徒、惩恶扬善的事才是史学记录最恰当的材料。

然而从文艺复兴开始，史学的这种倾向开始发生重大转变。

## 二、史学的新特点

文艺复兴以来，人们重新发现了古代经典著作，惊叹于过去精湛的技艺和丰富的文化思想，发现了与中世纪时期宗教主导完全不同的文化风格和内容，开始了对古代经典前所未有的追随和吹捧。人们开始翻译、注疏古代的哲学、文学、艺术典籍；古代的医学、建筑学、地理志等等被人们发现、批判、改良。

文艺复兴时期史学的一个重大转变是，人们开始重新把眼光投向了自然史或博物学。自然史在古希腊罗马时期已是史学中的重要组成部分，是学者们考察探究自然万物的成就。人们在旅途中发现了此地与彼地在地理气候环境、风土地貌、动植物构成、各种生物特点等各方面的巨大差异，好奇心开启了探究心，这些比较和探究被记录下来形成最初的自然史。然而，当宗教获得普遍统治权后，统治者们发现，信仰需要民众的单纯乃至无知来维持。对自然万物的好奇和探索，最终可能导致对"神定万物"信仰的质疑。因而，对自然万物的探究受到抑制，自然史也被有意无意地埋藏起来。

当人文主义者重新发现古代学识的同时，也惊奇于古人曾经对自然的探索和了解。同时，欧洲拉开了地理大发现的序幕，人类活动的地理阈限扩大的同时，原来的心理阈限也被突破，关于世界的旧观念被颠覆，新的自然观和宇宙观开始形成；人文领域与自然领域的变化，带来了人们意识的全面变革。人们由于有了更先进的交通手段而能够走得更远，对异于本地的一切事物产生了浓厚兴趣，古物研究便流行起来。学者们根据古代经典，确定各古迹的精确位置、遍访各地搜寻地方志和公共记录，挖掘被埋藏的作品，研究各个物种的特性及演变，记录各地的特性和变化等等。例如，英格兰的学者们就热衷于研究英格兰的地形学，以从中获得英格兰人早期的生活状况。这等学问甚至是贵族身份乃至特权的象征，英格兰贵族研究者们曾经创建古物研究会，会员们不仅社会地位很高，而且必须亲自从事个人的或集体性的历史研究。[①] 从博丹在《方法》第十章中罗列的史学研究者必读书目中可知，斯特拉波、鲍桑尼阿斯、明斯特尔、普利尼等古代学者的地理史著已经成为他那个时代学者们的普遍读物。

　　自然史或博物学重新成为史学的重要组成部分，使得史学逐渐脱离作为修辞学附庸或仅作为一门技艺的身份，也为现代史学作为一门科学的发展奠定了非常重要的基础。然而，这个发展还得再等大概2个世纪，也不是

---

① 布赖萨赫：《西方史学史：古代、中世纪和近代》，第232页。

笔者的关注重点。只是，我们即将看到，在博丹的史学框架里，自然史已然必不可少甚至自成体系。

自然史研究的复苏，虽然暂时还没有对神圣史产生突出威胁，只是另立门户，但毕竟意味着一种新的同样具有确定性的史学的开拔。那也就意味着，任何一门需要倚重史学展开的学问或世间事物，多了一个除神圣史以外的选择。然而，这还不是史学变革的全部。

人文主义者复兴古希腊罗马文化的过程，也是削弱中世纪以圣经为标准阐释人类事务方式的过程。上帝的影响仍然处于首要地位，却是通过人的心智、德性和行为起作用，因而人的行为才能对事件结果产生直接影响。复兴古代文化的倡导者们在研究、出版、解释和传播古代文献时，也带来了与基督教文化迥异的异教文化，尤其是哲学和政治理念，延续千年的基督教统一体被划开了一条口子，慢慢破裂。

民族国家的兴起，极大诱发了人们对国家史的兴趣。中世纪年代记强调公民身份与展现上帝意志的风潮，被强调公民身份和古代史学典范的做法代替。城市共和国，尤其是如今意大利的各个城市国，作为文艺复兴的先驱和典范，非常重视从古代经典中挖掘国家治理理念，追溯国家传统、讲述国家大事，强调政治生活的中心地位，重提史学的世俗用途。史学传统的重大作用，本就是通过叙事为人们提供美德和正确行为的典范。人的行为总是与其所处的具体时代和环境有重大关系，所以，事件发生的具体国家及其政体也是值得考察的重要因素。

在史学的这个发展过程中，民族国家的意识越来越凸显，不同民族国家的风俗、语言引起了人们的探讨，进一步引起关于不同国家的公民身份、国家治理和法律的探讨。伴随着这些不同领域的巨大变化而来的，是史学观念和方法的全面变革。

尽管史学从希腊罗马传统发展到中世纪时期、且经过文艺复兴时期变革的洗礼，但直到马基雅维利—圭恰蒂尼时代，即博丹出生前几十年，史学在各种学科中的地位仍然没有改变，仍然与修辞学紧密相关，对过往事件的叙事通过修辞展开，为世人提供榜样和垂训。人文主义者仅仅把史学作为一种基础叙事形式。而当人文主义法学家开始对罗马法展开语文学式研究时，开始逐句解读罗马法文本时，就发现史学途径无法回避。因而历史追溯成为那一时期法律研究中不可或缺的方法。通晓历史成为所有智识人的必备素质，这种思想在16世纪的文学巨著《巨人传》（*Graegantua et Pantagruel*）中由拉伯雷表达得淋漓尽致：

法律条文都是从道德和自然哲学论著中萃拔出来，请问这班迂夫子，不是我在天主面前扯谎，对于哲学，不比我胯下的骡子下过更多功夫，他们对于人文学术、古物古史知识的理解，不会多余蛤蟆背上的毫毛，而法学典籍正充满着这种学术知识，没有这些学术知识便不能了解法学典籍。①

也就是说，16世纪学者们似乎达成了共识一个，需要在研究历史的基础上重建罗马法权威，这为史学的发展提出了新的任务。16世纪的政治家和法学家们对史学这一重任的认识，要从意大利说起。

## 三、意大利的史学革新

15世纪的最后几年一直到16世纪中叶，意大利变成了欧洲的战场，米兰、那不勒斯、威尼斯各自为政，意大利四分五裂，战乱频发，政治的动荡刺激学人们思考国家统治的问题，尤其在佛罗伦萨，美弟奇家族与共和派之间的权力斗争激发史家和政治家思考国家

---

① 拉伯雷：《巨人传》，鲍文蔚译，北京：人民文学出版社，2004，第219页。

命运和政体形式的问题。在各种研究和论证中，马基雅维利（Niccolo Machiaveli）和圭恰蒂尼（Francesco Guiciardini）脱颖而出。值得一提的是，两位史家都用本地语言写作，没有采用仍然通用的学术语言拉丁语。

圭恰蒂尼出身于佛罗伦萨的名门望族，天赋极佳，自小接受优良的人文主义教育，著名的新柏拉图主义者斐奇诺是其教父。圭恰蒂尼获得法学博士后进入佛罗伦萨政坛，先作为佛罗伦萨共和国外交官出使西班牙，美弟奇家族掌权佛罗伦萨后也一度短期为其效力。之后转为教廷效力二十年，历经三任教宗，先后任摩德纳总督、将军、罗马涅省省长、教宗军队副总指挥，政绩卓越。

作为史家，圭恰蒂尼著有《佛罗伦萨史》（*Storie florentine*）、《档案记》（*Ricordanze*）、《西班牙书简》（*Relazione de Spagna*）、《佛罗伦萨事务史》（*Cose florentine*）及《意大利史》（*Storia d'Italia*）。按照现代史学分类标准，他早期的杰出作品《意大利史》属于当代史，作品把战争、外交行动、联盟关系、以及其他各种重大事件融合在一起，描绘出1494年法王查理八世入侵意大利后40年间意大利的政治格局。由于该作品史事翔实、叙事客观，成为圭恰蒂尼跻身伟大史家的奠基之作。其他有影响的作品还包括《关于佛罗伦萨政府的对话》(*Dialogo del regiment di Firenze*)、《对马基雅维利〈论李维〉的思考》(*Considerazioni intorno ai Discorsi del Machiavelli*)等。从作品可知，他喜欢也善于从原始文档和历史文献中挖掘材料，这种方法对后世史家，例如兰克，产生了重要影响。圭恰蒂尼的关注中心是个人行动、行动的理由及其不可预知的后果，他善于从历史活动入手分析，却并不囿于先例。

马基雅维利曾是佛罗伦萨共和国的国务秘书，负责处理外交事务，美弟奇家族掌权后，他政治活动受限，回到佛罗伦萨佩尔库西纳的庄园潜心写作。马基雅维利的史著主要有献给教宗克雷芒七世的《佛罗伦萨史》，但其影响更大的作品是《论李维》和《君主论》。这两部书尤其是《君主论》中蕴含的政治思想，对现代政治理论和实践也有巨大影响，以致剑桥学派著名学者波考克（J. G. A. Pocock）称其为"马基雅维利时刻"，称其孕生了"大西洋共和传统"政治观念，而这种政治观念"可以从佛罗伦萨以致延伸到费城"[①]。言下之意，美国的建国理念和政制正是沿承马基雅维利主张的共和主义。

---

[①] 波考克：《马基雅维利时刻：佛罗伦萨政治思想和大西洋共和主义传统》，冯克利、傅乾译，南京：译林出版社，2013，第606页。

那么，马基雅维利的政治主张到底是什么？从政治实务转到研究写作工作，他一开始是撰写长篇评注《论李维》，中途他却突然停下开始撰写《君主论》（*Il Principe*），上书给当时的佛罗伦萨僭主洛伦佐·美弟奇（Lorenzo Medici）。虽然这本小册子最终未能呈交到美弟奇家族手中，却成为影响世界政治史的作品。此书的主要意图，在于提请美弟奇家族担当起粘合意大利各方的重任，并为如何完成此重任提出各种建议。在《君主论》末章，马基雅维利对美弟奇重申，上书的理由是为了祖国意大利："现在除了在你的显赫的王室之中，她再找不到一个可以寄予更大希望的人了。这个王室由于它的好运和能力，受到上帝和教会的宠爱，现在是教会的首脑，因此可以成为救世者的领袖。"① 这是明确地把美弟奇家族视为拯救意大利的唯一救星，视为当仁不让的唯一领袖，他恳切地呼吁："请你的显赫的王室，以人们从事正义事业所具有的那种精神和希望，去担当这个重任，使我们的祖国在她的旗帜下日月重光！"（《君主论》，第105页）只要能够拯救意大利于水火，

---

① 马基雅维利：《君主论 李维史论》，潘汉典、薛军译，长春：吉林出版集团有限责任公司，2011年，第103页。以下出自此文献的引文随文标注书名和页码。

在马基雅维利看来便是"正义事业",不管他前文描述的君主行径多么虚伪。

沃格林评论道:"马基雅维利把新君主描绘成能把意大利变成另一个法国的救世主。"[①]。世俗政治与神权政制发生了联系,甚至取代了神权、成为唯一的救世主。另外,这也说明这位被美弟奇家族驱逐的意大利人首要关切的,并非自己渺茫的政治前途,或是以前效力的共和国复辟,而是当时四分五裂的意大利统一的问题。共和制也好,君主制也罢,谁行谁上,谁能把国家粘合在一起,让她安全有序,让她成为一个统一的主权国家,谁就是更应该被选择之物。要达到这个目的若是必得有阴谋诡计、欺诈背叛、残酷无情、甚至流血牺牲,也只能大踏步迈过去,因为这是从历史中总结出的实际政治经验。难怪乎博丹在《方法》中称马基雅维利是"野蛮习俗在1200年前毁掉一切之后的第一个"写作"国家之事的人"(第153页)。当然,也因为相似的原因,因为其有可能带来的恶果,博丹后来对马基雅维利提出了严厉的抨击(第五章第一节有述)。

无论如何,圭恰蒂尼主张的是从史学中总结政治经

---

① 沃格林:《革命与新科学》,谢华育译,上海:华东师范大学出版社,2018,第94页。

验、汲取政治教训，马基雅维利的首要关注更不是简单地评价共和制或君主制的问题，而是直指意大利当时的政治危局，即国家的统一问题。在马基雅维利和圭恰蒂尼的作品中，上帝直接干预事件产生影响的要素退居其后，人的行动，尤其是能够决定国家事务进而决定国家与国家之间的关系的人的行动，以及这种行动带来的影响成为他们叙事的主要对象。

正是马基雅维利、圭恰蒂尼们明确了史学参与应对国家政治危机的新任务，这也成为文艺复兴之后史学的重要特征之一。

## 四、以史为据

上文提到西欧重建普遍法体系的努力。法兰西历史悠久，其法学研究和法律实践在整个西欧处于领先地位，因而诸多法学研究者和史学家开始关注法兰西习惯法、其封建传统以及其突出的特性。尤其是在1560年代左右，国家开始卷入宗教内战旋涡中。一些法学家因笃信新教而被天主教徒敌视，他们对天主教的厌恶逐渐扩展到对罗马的所有的东西。如此，早期希望重建罗马法普世典范的倾向便发生了改变。

法兰西著名的新教法学家奥特芒（Francois Hotman）

认为，罗马对法国产生的所有影响都是消极的，《国法大全》不仅不可靠，而且排挤了法兰克法律。在他看来，罗马法不是理想的普世法典，仅仅是罗马人的法律，不适合法兰克社会。奥特芒把所有法律变迁都与具体的社会变迁联系起来，便是偏向了法律的史学解释。这一时期，法学家和史家们还热衷于探讨法兰克人的起源，正如博丹在《方法》第九章探讨的主题一样，意在摆脱法兰克—罗马起源论。不久，他们发现，大部分史料都证实，法兰克人起源于日耳曼人，然而法国人并不喜欢这个结论，于是人们便开始转向法兰克—高卢起源说。在关于法兰西历史和法律的讨论中，法学家们的共识是，"法律是塑造国家的最高力量，他们研究法律就是学会如何评估历史的价值"[①]，史学研究与法学研究因而密不可分、相辅相成，共同为国家政治独立提供依据。不少研究者从王室档案馆中寻找资料，与自己的法学、史学以及古物学的技艺结合在一起，为国家服务。

可以发现，史学历来都不是简单的史学问题，而更是政治问题、统治问题、国家问题。尤其是法兰西在遭受了内乱危机之后，对于习俗、法律和政治制度的分析在史学研究中的地位愈来愈重，政治史学俨然上升到

---

① 布赖萨赫：《西方史学史：古代、中世纪和近代》，第227页。

最重要的地位。博丹在《方法》第四章中称修昔底德是不偏不倚记录史实的典范，在第七章里还说修昔底德是"最可靠的史学之父"。我们知道，修昔底德并非希腊写史第一人，在他之前有被现代人尊为"史学之父"的希罗多德。政治史学倒的确是修昔底德开创的。政治史学将城邦政治视为最重要之物，作为首要记叙对象。其首要主题是探讨道德政治状况，探讨与城邦或国家命运紧密相连的"史事"，能够担此重任的史家绝非等闲之辈。博丹将修昔底德视为"史学之父"，相当于是说，在他看来政治史学才是真正的史学，写作政治史学的史家才是史学的创建者。

事实上，重视将史学研究引入政法领域，并非只有博丹。一方面，对历史的兴趣是文艺复兴晚期的智识分子群体的普遍特征，

> 人们严肃地认为，阅读历史，是政治教育和道德教育的理想形式。正是出于这一信念，对过去的研究被提到了一个从未有过的地位和高度。对普遍历史的通透熟稔被视为有教养者的基本必备素质。[①]

---

[①] J.H. Franklin, *Jean Bodin and the Sixteenth-Century Revolution in the Methodology of Law and History*, 1963, p. 2.

另一方面，随着法兰西王权的增强，习惯法编纂的进程也得到推进，在参与编纂的人员中，专业法学研究者越来越多，到后来，地方等级会议的参加人员中律师占到了绝大多数。所以，在当时的法兰西，政治领域与法学领域几乎是一体的，或者可以这样说，所有有远见的政治思想家必定在思考法学问题，所有严肃对待法学问题的人必定涉及到政治问题。而所有思考政治法学问题的人则必定关注历史问题。历史研究是法学研究的必经之路，史学是法学家的必备素质。

在16世纪后半叶提出整全历史观的法兰西史学研究者中，博丹最为著名。

> 他是一个历史和政治哲学家，而不是一个历史学家，他的史学观所依据的还是人文主义的"实用性"理念。这个"实用性"理念包含三个理念：第一个理念，历史并非是纯叙述，也非是文学作品。它应该去探究原因。第二个，这也是最新颖最为重要的，即史学的对象是"这个文明和这些文明"。这些文明甚至要早于文字……第三个理念，史学应当是普遍的，从最完整的意义上而言，"历史之所

以为历史,就是因为它是'普遍的'"。①

在勒高夫看来,博丹提出整全历史观的目的在于,让史学为现实政治服务,从普遍历史中窥探政治的普遍法则。博丹在《方法》多次强调,应该先阅读普遍历史,因为普遍历史中隐藏着普遍法则,正是出于对"历史是普遍的"这个理念的重视。勒高夫所指出的这三个理念的确是《方法》想要传达的史学观,博丹希望他的读者怀着这样的史学观阅读历史、研究历史,发现史书之大用。在方法的"题献"中,博丹明确提出,历史的重要意义在于,

> 普遍法权最好的部分就隐藏在历史本身之中,考虑到这一点,我们就能从历史中找出对评价法律极其重要的依据。那些依据体现在不同民族的习俗中,体现在所有公共事务的开端、发展、停滞、转变以及灭亡中,而这些正是历史方法研究的对象。("献辞",第9页)

---

① 勒高夫:《历史与记忆》,方仁杰等译,北京:中国人民大学出版社,2010,第182—183页。

也就是说,在博丹眼中,历史是一个国家真正的立法依据,研究不同民族在不同历史时期的法律和习俗,能够为建立关于立法的一般理论奠定基础。通过比较各国历史而得来的证据,能够表明哪一种社会规范和政治制度可以历久常新、保持稳定,从而推导出一种普遍法权的体系,以更好地维护国家的统一、促进国家的兴盛。对于博丹来讲,"研究过往之事的方法,目的不仅仅是为了满足对历史的兴趣而发展出普遍方法学,更是为了法学教育的实际需求,这种教育是他理想中的司法体系所决定的。"[①] 或许博丹心里还有一个未宣之念:追溯历史,必然会发现,法国的最高权力曾一度完全归于查理大帝,这一段历史完全可以与教会对国家的控制历史相匹敌。

在历史中,我们可以发现那些对于人类生活至关重要的叙事和主题,历史——

> 不仅明白地教诲我们生活必需的技艺,而且告知我们不惜付出一切代价都必须追求的目标,告诉我们应该避免什么,什么是卑劣,什么是高贵,什

---

[①] J.H. Franklin, *Jean Bodin and the Sixteenth-Century Revolution in the Methodology of Law and History*, 1963, p. 3.

么是最好的法律，什么是最佳的国家，以及什么是最幸福的生活。（"序言"，第7页）

研究历史，最大最宏远的目的在于，给现时的或以后的统治提供建议，所谓资治通鉴。正如修昔底德写《战争史》是想要教导一类特定的人：实践人或是政治人，以自己对伯罗奔尼撒战争期间对事行和言辞的记录来引导政治人在实践中如何做出判断和决策，要让普遍史学成为普遍法学基础的博丹对历史的期待也是如此。

博丹在《方法》中主张从民族国家的历史和习俗中挖掘立法之本，正是在为王权国家的独立和强大提供建立政治意识形态的理论依据来源。能够不从神学的角度，而从历史的角度为自己的国家立法，也就从根本上否定了教会的法案，否定了教宗具有裁决国家政治事务和司法事务的权力，历史教育从而成为巩固和稳定王国权力基础的最好方法。当其他人都在从君主的判决权方面寻求如何摆脱罗马教廷的束缚之时，博丹直接指向了国家的最高立法权。他指出了可以替代罗马法和教会法的立法基础——普遍历史和民族习俗。

博丹开创的这种以史为据的论证方法，很快成为政法界颇有影响力的方法。波舒哀（Jacques-Bénigne Bossuet，1627—1704）的《普遍史》（*Discours sur l'histoire universelle*）和《新教诸教会的历史变化》（*Histoire des variations des eglises protestantes*）都是为支持路易十四而著，为其王权的正当性寻求历史的支撑和理据。从历史中寻求证据，波舒哀证明君主制是最古老的也是最好的统治形式，能保障臣民的安全和自由，能避免内讧争斗；君主的绝对权力来自上帝。这些论证为路易十四的绝对统治奠定了理论基础。

## 第三节 读史的方法

博丹在《方法》一开篇就明确告知我们，他讨论的是"阅读""研究"历史的方法，或是"理解"历史的方法，而不是"写作"历史的方法。写史者需要认真研究历史细节，如历史编纂学家，而读史者的任务却不同。读史，是要认识历史，从历史中总结并学习人类发展的规律。如何才能更好地学习？如何让历史更好地展现出来？《方法》就是提供给读史者的指导书。

博丹明确地说，他写作《方法》的目的是研究普遍法，因为普遍法中最好的部分隐藏在对人类事务即历史的叙述之中。然而，虽然有众多的史学家提供了大量历史记录文献，竟然没有人解释过阅读这类文献的技艺和方法，《方法》希望填补这一空白。

## 一、史学及其分类

博丹在《方法》中所指的历史，不是现代意义上的史学，在现代文化和学科分支中，"历史就意味着学院化的历史学，而学院化的历史学还不到两百年。"[①]《方法》第一章第一句话，博丹清晰地定义了历史——"对事物的真实叙述"，并把历史分为三类，这三类历史各自有不同的特点、指向于培养不同的德性、评价标准，由不同的人研究，并获得不同的成果（详见表2.1）。

表2.1　历史的分类

|  | 人类的历史 | 自然的历史 | 神的历史 |
|---|---|---|---|
| 特点 | 或然性 | 必然性 | 神圣性 |
| 培养的德性 | 审慎 | 知识 | 信仰 |
| 评价标准 | 卑劣或高尚 | 真或假 | 是否虔诚 |
| 成果 | 理性与政治经验 | 求得奥秘的缘由 | 热爱上帝 |
| 写作者或责任人 | 史家 | 哲学家 | 神学家 |

总体上，神的历史和自然历史与人类的历史大相径庭，前两者不仅涉及到各种起源问题，而且是在绝对限

---

[①] 麦金太尔：《追寻美德：道德理论研究》，宋继杰译，南京：译林出版社，2011，第4页。

定的范围内构成。自然历史展示不可避免之物，这些事物和事件之间存在稳定的因果链，除非受到神的意志的干扰才会改变或中断。而人的历史具有或然性，因为人的行为不可避免会犯错，会有变化和差异。但博丹的兴趣点恰恰就是这具有或然性的人类历史领域，特别是人类主动选择做出的行为所构成的历史记录。这种记录中隐藏的，是人类行为选择和德性选择对自身的生死存亡的重大影响。

这种分类透露出博丹倡导历史教育的另一个重要原因：历史对应的德性是审慎。人类天生的缺陷是情感薄弱，容易受到假象的迷惑，无法区分有用与无用、真理与谬误、卑劣与高尚，而"属人生活的各种情节有时会周期般重现，自我重复。我们认为，必须要注意这一点，尤其是那些……与属人的立法大会和团体紧密联系的人"。（第12页）与立法大会和团体紧密联系的人尤其需要研读历史，因为通过评价历史事件和历史人物的卑劣与高尚，可以让读史者获得理性与政治经验，从而发展出审慎的德性。例如，高卢学派的法学家们倡导从研究罗马历史入手研究罗马法，就一定会读到罗马时期以塔西佗为代表的诸多优秀史家。这些史家对自己的普遍认识是，"他们的公民义务是生动地保存那些高贵言行的典范……良史的紧迫任务是提供关于'政治优秀'

的教育。"① 因此，读史的实质是学习隐藏在史事中过去的统治者的高贵行为和言辞，以此培养自己的德性，历史教育就等同于政治和道德教育。传授政治经验正是历史最重要的功德，也是法学研究者必须读史的原因所在。

《方法》的第一章很短，拉丁原文不过5页半。在定义了历史并将其分类之后，博丹说，人类历史"受理性的指导，是实践事务的经验，因而被称为'人类生活的裁决者'"；自然历史"探究深奥精妙的自然缘由，被称为'万物的揭示者'"；神的历史"致力于研究唯一的上帝对我们的爱，被称为'恶的终结者'。这三种德性合在一起，才能形成真正的智慧，人最高最终的善"。（第9—10页）

这是博丹对历史的划分，也是他一生的研究目标。《方法》是对人类历史的研究，《普遍自然剧场》是对自然历史的探究，而最后的作品《七贤聚谈》是他终其一生沉思神圣事务的成果。神的历史当然是最高最终极的目标，可是博丹说：

---

① 利克（James Cart Leake），塔西陀的春秋笔法，肖涧译，载于刘小枫主编《古典诗文绎读·西学卷·古代编·下》，第261—262页。

大自然母亲赋予人类的首要热望是自我保存，对自然运转的敬畏使得人逐渐开始探究这些运转的缘由。因为这些兴趣，人类被吸引去理解大自然这一所有事物的"裁决者"。所以，看来我们必须从人类事务这一主题开始探究，从小孩子的心灵对最高的全能的上帝有认知开始……那些直接就开始研究神的历史的人，那些对孩子们或是没有受过教育的人们讲解神圣事务难题的人，不仅会希望落空，而且这些宏大的问题还会打击很多人的信心。（第10页）

人类的历史才是正确的研究起点，要理解自然的历史和神的历史，必须首先理解人类历史，循序渐进，最后才能理解神的历史。正是因为人类历史的重要性——蕴涵着普遍法权，是一切历史的切入点，所以才需要以正确的方式、正确的顺序阅读，选取正确的史家书写的正确的历史记录阅读。

## 二、读史的次第

《方法》第二章讲述应该按照什么顺序阅读史学著作。他指出，读者需要重视分析的技艺，也就是如何把浩如烟海的历史文献细分、再细分，既能显示出历史的整体性，又能让各部分相得益彰、和谐一体。博丹说，"不能企图综合史事，诸多研究者已经把所有历史活动的各部分综合得融为一体了，但是有些人不知道如何有技巧地把它们分开。"（第20页）

这表明，博丹采取的是从普遍到个别的研究顺序——柏拉图在《斐德若》（266b）中所称的 διαιρέσεων，即拆分法或分析法。[①] 分析得好，历史的各个部分便彼此完美融合、共同构成一个整体，如果拆分得不好，各个部分无法单独成立。博丹后来在《普遍自然剧场》中也讲，"所有技艺和科学……的获得和认识必须依靠方法，即通过分析将单一和普遍之物转化为不可分割和复合之物"，[②] 这就是说，研究各门学科必须应用分析法，分析的顺序就是从普遍到特殊。

如何拆分？具体到普遍史，首先需要将过往的时间段大致列出一张表，无需太详细，以便研究。但是表中应该包含世界的起源、大洪水、各个最著名国家和最著名宗教的最早开端，已经衰亡的也应包含致其衰亡等重

---

[①] 参见刘小枫编译《柏拉图四书》，北京：生活·读书·新知三联书店，2015，第369页，特别是该页注释2。
[②] Jean Bodin, *Universae Naturae Theatrum*, Wechelianis apud Claudium Marnium, &. Haeredes Ioann. Aubrli.,1605, p. 141.

大事件。这些事件发生的时间，可以通过各种方法来确定，比如对勘圣城的创建和奠基时间、对勘奥林匹克运动会的时间等等。这样可以厘清整个人类普遍历史的大体概况。因此，博丹在《方法》的第九章特意推导出一个普适时间体系，以便对照这些事件发生的时间和地点来排列和拆分历史材料，更好地理解整个普遍史。

普遍法、普遍史和分析法如何联系在一起？寇兹内（Couzinet）提出，在《方法》中，博丹是以历史取代法学，因为他们具有同样的特点。首先，历史要成为通向普遍法的技艺，就必须是普遍的。因为要获得普遍法，必须从研究普遍历史入手，而研究普遍历史，需要采用分析的方法拆分已经被史学家综合在一起的历史文献，研究其内部结构和相互关联，彰显其中所隐含的普遍法则。其次，历史的就是法律的，因为历史不仅为立法提供资源和依据，而且可以通过阅读者的综合判断统一起来。博丹的这种观点，"遵循了研究罗马历史的希腊史学家的模式，他们认为罗马统治下普遍历史的统一是一个司法过程。"[1] 由此我们可以理解在《方法》中，国家政体变迁主题占据中心地位的原因，"政体变

---

[1] Marie-Dominique Couzinet, "On Bodin's Method", in Howell A. Lloyd ed., *The Reception of Bodin*, Leiden, 2013, pp.39—65, p. 46.

迁凸显出生物渐变过程和法学渐变过程的框架，这些过程由神圣正义所决定，构成历史的结构"。①

所以，在博丹看来，按照他安排的顺序阅读历史材料非常重要，这种阅读顺序是由对整体与部分之间关系的认识所决定的，材料之间的相互关系和联系能彰显对历史的理解。博丹在"序言"中描述该书的整体构思时也表明了他这个观点："那么，为了使我们即将要写的历史方法有个框架，需要一开始就清楚地划分并界定主题，再指明阅读的顺序。"（"序言"，第8页）更进一步，博丹把对历史材料的安排与研究宇宙学相类比：研究宇宙学的人，若是还没有准确地了解整个宇宙与其各部分之间的联系、不了解各个部分彼此之间的联系，就开始研究地图中的各个区域，那一定会出错。同样，不厘清各个时期普遍历史的顺序，将其排列规整，就无法正确地研究个别史。这个类比很有意思，宇宙是一个有着内在秩序、内在等级和内在结构的庞大系统，博丹把历史也视为这样一种系统。人类的主要内容是人的行为和活动，那么类推过来，人类活动自身也有内在的秩序和等级。这个问题，博丹在《方法》第五章和第六章进

---

① Marie-Dominique Couzinet, "On Bodin's Method", in Howell A. Lloyd ed., *The Reception of Bodin*, Leiden, 2013, pp.39—65, p.46.

一步讨论。

从普遍历史入手,了解整个历史的发展趋势和内部结构之后,就可以着手研究个别历史。个别历史是对单个个人或最多单个民族的语言和行为的记录,普遍历史是关于几个人、几个国家、几个著名民族,或所有民族的叙事。如果把单个民族国家看作历史个体,那么所有民族国家的历史就类似于普遍历史,研究所有民族国家的历史,就可以得出普遍历史的结构和规律。当然,人类很难在有限的时间里穷尽所有国家的历史,博丹说,普遍史不是个别史的简单堆砌或合并,

> 而是有自身的主题,即人类历史。原则上,这种普遍历史将包括所有历史个体(诸民族)的历史,但是对于澄清历史结构这个主要目的而言,只要包括那些最著名的民族就够了,它们的历史可以从其起源中得知。①

阅读并研究那些著名民族的历史,了解其历史中所隐含的普遍法则,就可以据此为国家建立符合历史规律的普遍法则,从而合理地解读法典,或是建立恰当的新法。

---

① 沃格林:《宗教与现代性的兴起》,第275页。

从普遍史读到详细的个别史,不能错过希伯来史。博丹刻意提醒,阅读希伯来历史的时候,一定要注意分清先后,警惕一开始就陷入宗教历史的难题中,而要"先研究国家建立的体系,再研究宗教建立的体系,因为宗教建立体系属于第三种历史,要求更尊贵的静观心灵"(第23页)。从第一章到第二章,博丹不断强调要把世俗国家事务与神圣事务分开,这当然脱离不了16世纪西欧的时代背景——各个王权国家都在努力地脱离教阶制度对国家政治和经济的干涉和控制。然而,博丹的目的似乎更进一步:国家寻求立法基础时,需要更重视人类历史,而不是神的历史。换句话说,如果说史学是立法之源,那么他希望能在这个从根源上把世俗之事与上帝之事区分开来。当然,这并不是说博丹的国家政治体系中没有上帝的位置,他只是强调,人类事务的主要内容是政治生活,需要与神圣事务分开研究。人类事务法则应该遵照人类活动的历史。

《方法》的"献辞"和第一、二章清晰地表明了博丹的写作主题:从历史中可以发现人类的普遍法系统、各民族的法律体系,各国的政体形式,各国的语言特点及其发展,即其所使用的修辞体系。历史是治国之人取之不尽用之不竭的源泉,政制、法律、修辞方面的各种疑问和治国所必不可少的种种要素,都可以从中寻求解答。更进一步,我们也能够理解,为何博丹在第二章一开始就强调,阅读历史更重要的是使用分析法,而不是综合法,因为认识历史、理解历史的主要目的,不是深度挖掘所谓的历史真相或是点滴细节,而是理解作为各民族国家的宇宙个体,进而理解由各个个体构成的整个宇宙的结构。

## 三、史料的编排

确定读史的方法和次第固然重要,然而史料浩如烟海,且属人的史料中包含着大量自相矛盾的东西,包含着至今都尚无定论的意志与决策,包含着各种让人迷乱的错误,是一盘由无数个别组合起来的令人困惑的大杂烩。通过阅读,读者也许能了解这些史实,但也可能受制于自己的"感官弱点"无法理解其内涵。因而只有"遵循自然的引导,亦即,听从正确理性的指导"(第11页),才能获知其真意。

《方法》第三章开始主要讨论人类事务,博丹进一步把历史精确定义为"关于人类过往活动的真实记叙"(第26页)。但人类活动不计其数且杂乱无章,因此我们有必要给浩若烟海的历史记叙分类编排。分类编排的依据是,有助于记忆,也就是,怎么好记怎么排。

我们常常关注的人类行为有三种：谋划、言辞和事行。对应于这三种活动，有三种值得研究的德性：优思、佳言、善行。博丹特别谈到了谋划和事行，"作者们往往只收集言辞，而忽略了谋划和事行中蕴含的东西。"（第26页）言辞中隐含的是修辞，修辞固然是统治不可或缺的技艺和载体，可是，国家统治技艺更隐含在那些重要的谋划和事行之中，特别是"有目的的行动，一国的安危往往取决于某一人的决策"（第27页）。有目的的行动、或者说出于人的意志的行动极其重要，"意志是人类活动之师，在趋避事物时，它要么听从理性，要么跟随灵魂中更低的部分"（第28页）。这就意味着，读史时要善于区分，哪些是出于没有被情感冲动影响和控制的意志所导致的活动，哪些是受欲望、激情、诱惑所支配的活动。因为在博丹看来，后一类行为既不是属人的，也不是属神的；要么偏离了其正确的本质，要么受到了魔鬼的强迫。

博丹为何如此强调有计划的、出于意志的人类活动？回答这个问题，需要回到史学研究的初衷：历史中最值得研究的，是那些影响国家和民族发展的重大事件和重要决策。这些事件和决策，应是根据个人或国家的意志，仔细思量和理性规划的结果。

法律，从本质上讲是意志行为，"宪法的效力有赖于制定宪法的人的政治意志。一切类型的法律规范，包括宪法法规在内，都预设了这样一种政治意志的存在。"[1]法律制定者的意志决定宪法，宪法决定一邦的整体生活方式。因此，博丹希望，研读历史的人在阅读史料时不要过多关注神的因素和自然因素导致的事件，而是更多学习人的意志、人的决策、人的理性如何影响历史进程。正是人类的自主选择行为构成了最重要的属人的历史。人类最重大的意志行为当然是立法与治邦，这是人类实践智慧的最高体现。立法和治邦，即统治行为，规定了一国里臣民的行为，进一步塑造其臣民的性情，形成国民特色，决定国家命运。

然后，博丹进一步把人类技艺划分为三种，第一种有益于人类的生存繁衍，第二种有关交易、贸易等，第三种事关如何守护更好的公共生活。第三类技艺最重要，因为公共社会给人类带来诸多利益。这些利益体现在三个方面：国民教育、家政教育和伦理教育，其目的分别是管理个人、管理家庭和管理国家。其中，最重要的是管理国家，它产生的影响最深远。"可是，这一切都始于国民教育，换句话说，始于最高理性的命令和克

---

[1] 施米特：《宪法学说》，刘锋译，上海：上海人民出版社，2005，第27页。

制规训。"（第31页）也就是说，国民教育是基础和起点。所以第三章余下部分，博丹专论国民教育。

在博丹看来，国民教育是一切技艺和人类活动的调节器。人类活动可以被划分为三个分支：统治活动、审议活动和执行活动。在解释统治活动时，博丹提出了"最高统治"（imperii maiestas），并定义了imperii maiestas的四个内容。这四个内容，与博丹将要在第六章提出的主权的五个方面基本相同，但在第六章中提到"主权"时使用的是summa imperium。博丹提出，在所有活动中，

> 最重要的是统治、分配正义、召集议会、主持祭祀。前两项活动涉及强制，后两项涉及说服，其威力不亚于强制，有时甚至更大。前两项以法律和武力驱逐罪恶，后两项以理性和宗教仪式驱使人朝向荣耀和美德。首先，阻止无法无天的野蛮人的残酷和劫掠，必须要靠士兵的手；第二种方法有赖于法律庭辩和衡平；最后是凭借各种集会和宗教敬畏。如果战士英武、法官公正、祭司虔诚、言说者睿智，人类社会便主要靠一个领袖的技艺、司法体系、演说术和信仰而结合在一起；因而，这个社会也同样容易被瓦解，除非这些人受国民教育和统治的引导。（第31页）

国民教育被赋予了极其重要的使命：使战士英勇、使法官正义、使主持各种仪式的人虔诚、使以言辞治国的人有智慧。只有国民教育能使各色人等预备各自所需的素质，只有所有这些人都具备这样的素质，国家共同体才能作为一个整体健康地延续下去。因此，国民教育是共同体一切活动的开端，是审议活动和执行活动的基础，必须受到统治者的监管。博丹期望重视政治生活的史学研读者明白并谨记，国民教育对于国家和国民具有重要意义，统治者在行使权责时需要牢牢把控国家教育系统并谨慎对待，使国家的发展始终保持在正确轨道上。

由此我们可以推论，在史料编排中，关于治邦者的统治行为和立法行为的史料尤为重要，其中关于国民教育的立法和决策最重要，这些史学研读者必须给予特别关注的东西。不仅是国民教育，在《方法》第六章中，博丹还会提到君主的教育，也是事关国家安危和国民教育、民族性情的大事。

划分活动的另一个重要标准是德性。在《方法》第三章末，博丹总结到，史料编排和分类最好以活动的主题为依据，例如，诱因可循的事件可以按照原因归类，是偶发事件还是有确定原因可循的事件等等。审视这些事件，可总体将人类活动分为德性或恶行。如果进一步细分，人类活动包括谋划、言辞和事行三大类；各种谋划、言辞和事行可划分为高贵、卑劣或中性，这让人联想到亚里士多德在《尼各马可伦理学》中对各种德性的两极和中道的划分。事实上，博丹建议可以把体现某种德性的两极事件放在一起，"因为历史上它们几乎总是同时出现——即德性与恶性，卑劣之物与高贵之物——通过列出一张关于这些事件的清单，我们就能在谈及一件事时，同时谈及其对立面"（第38页），如此可以对比德性的不同表现和相应后果。

在所有德性里，审慎最重要——

> 每个人用以判断应该给予其他人什么的那种德性，法学家不称其为道德德性，而称之为审慎……如果有什么德性是两种灵魂都有的，当然审慎就是那纽带，同样也是所有德性与各种知识体之间的纽带……我们可以从柏拉图本人那里获得这一观点的权威说法，《法义》的最后一卷，他只以德性来衡量每个人的所有活动，以审慎来衡量一切德性。（第40页）

审慎是一切德性之首，是德性与知识的纽带，是各种德性的纽带，是衡量其他德性的标准。博丹特意提到柏拉图的观点来佐证。在柏拉图那里，审慎或说节制与城邦正义是一体的，① 《理想国》卷四里苏格拉底讨论雅典四枢德时，一直试图将审慎与正义混在一起不加区分，因为只有城邦中各个阶层都审慎或者都节制，城邦的秩序才有保证，这样的城邦才是正义之邦。② 如此，柏拉图把审慎给予灵魂最高层，审慎带来秩序，审慎即正义。博丹完全认同审慎在政治生活、法律审议中的重要意义。他列举了几个政治决策中失德的例子来说明卑劣与高贵的区分，最后一个例子是神圣罗马帝国皇帝查理五世派人行刺外交大使林孔（Rincon）和福勒戈索（Fregoso）一事。博丹说，这一决策表面上看对皇帝有利，实际上却是罪行，它是点燃一场大战的导火索，对皇帝本人和国家都极其有害。这不就是在讲不审慎的政治决策的恶果吗？

总体上，我们已经看到，博丹的《方法》试图把历史领域归纳为一套有层次有秩序的主题，囊括各种历史信息，以供资政者研读。在第一到第三章，我们看到博丹已经描绘出他的史学三分法，史料按人类活动的类别编排，即谋划、言辞和行动，以及他关注的属人的历史

---

① 布鲁姆：《人应该如何生活：布鲁姆〈王制〉释义》，刘晨光译，北京：华夏出版社，2009，第95页。
② 参见拙文《城邦的秩序与正义》，《外国语文》2019年第3期，第14—19页。

的内涵。同时我们也明白，博丹真正感兴趣的并非历史知识问题；他着重思考的是作为"行为"而非理论的历史，他的主要兴趣点是人类行为领域。史学有待被应用于立法和统治实践。

历史事件被解释为人类意志驱动力的结果：人类始终指向于不断完善自己的文明程度，作为个体的人指向于各种生活必需品，作为共同体的人指向于生活的愉悦和美好。因此，人需要确保给予这些东西的政治组织。如此，论述的主题自然而然被引向政治权力，政治权力的划分和管理，以及其内涵的复杂社会文化形式。人能获得的分类，就是历史事件被分析后储存时的分类方式。史料应该按照这样的方式分类，按照有利于记忆的方式编排。

## 四、史家的择取

史料浩若烟海，需要仔细编排。同样，史家也良莠不齐，需要谨慎择取。史家是人，也参与公共生活亦即政治生活，脱离不了自己的政治属性。换句话说，史家必然也是某一国的国民，当国与国之间发生冲突时，便是他国的敌对者。另外，作为凡人的史家难免会犯错，那么史家的记录就不可能绝对真实、绝对不偏不倚。博丹引用亚里士多德的话教诲读史者:"读史时,有必要既不过于相信,也不完全不信……如果相信每件事的每个方面,常常可能会以真为假,在统治国家时铸成大错。但如果完全不信任历史,就无法从历史中获益。"(第43页)

史家在记录中常常掺杂着自己可能都弄不清楚真假的坊间传闻,夹带着个人的好恶,甚至会因为各种原因记录偏离事实的东西。读者在阅读中需要学会择取史家、辨别史料的真假,"谨慎的读史者会在自负与愚蠢两种恶习之间求得中道,就最好的作者做出个人的选择;在完全了解史家的特点和才华之前他不会对作品下定论。"(第44页)读史的过程不仅是学习鉴宝、区分真假的过程,也是逐渐养成"中道"德性的过程。

博丹把史家大致分为三类:接受过史学训练、且有天赋和实践经验的史家;有实践经验和天赋但没有接受过正规教育的史家;缺乏实践经验但有天赋而且舍得花大量精力搜集史料的史家。这三类中,根据每个人的学识不同、经验不同和正直程度不同,可以分为无数种。博丹提出,好的史家能摆脱自己的情绪和好恶的影响,既不粉饰喜爱的、也不丑化厌恶的人或事物,是有节制之人。

当然,再优秀的史家,记录自己的祖国和敌国之事时，也很难完全做到中立客观。因此，读者在阅读之时需要时刻提醒自己，事关史家本人、其同胞朋友的值得赞扬之事和关于史家敌人的卑鄙之事，不要太轻易相信作者；关于这些事情，最好是能对照第三方的记录。同时，应该尽量避免选取当代人记录的当代史，因为若是所记之事的当事人或相关之人还在世，史家难免顾虑甚多，甚至可能出现受到利诱、胁迫等影响而指鹿为马地写作的情况。而选择记录已经过去许久之事的史家则相对要稳妥许多，利诱胁迫等因素的影响大大降低。毕竟，"在一个言不由衷即是低劣、而坦陈心思是不审慎甚至危险的国度，谁会从史家作品中寻求真相呢？最好是规避所有当前恐惧，相信为后代而述的人。"（第48页）众多值得信赖的史家都是记录过去史，并且从可靠的官方文件而非流言蜚语中寻求资料。

博丹特意讨论了一个问题：史家在记录中是否应该表现出个人的价值判断，是否应该在记录中加入个人对该事务或人物的赞颂或斥责。对于这个问题，他一开始讲，我也不想给出一个明确的答案，我就把利弊都摆出来，读者们自行比较决断吧。然而，紧接着他却说，"我认为史家的偏见在很大程度上有损于事件，因为他们似乎希望把仍需商榷的意见反复灌输到缺乏经验的读者脑中。"（第54页）他指出，史家不是哲学家，也不是修辞学家，事实都没记录完就开始批判，那就是诽谤！优秀的史家，例如色诺芬、修昔底德等，"极少或者仅仅隐晦且谨慎地给出自己的意见。"这样看来，在字里行间里，博丹已经明确地表达了自己的倾向——史家应该忠于记录，避免掺杂自己的情感喜好和价值判断。

他只对一个相反意见表述了些微的赞同。他说，珀律比俄斯认为，史记的"首要价值就在于，通过颂扬善行以鼓励好人追求德性之路，通过谩骂和讽刺恶行恐吓恶人"，而且这个意见还得到了最优秀的史家的赞同和践行，例如塔西佗。博丹对塔西佗一直称赞有加，称"德意志人的整个古代历史就拜他一人所录写"（第76页），"塔西佗当然是对职官和法官最有帮助的史家"（第77页）。

如此看来，有一类史家有资格发表见解，可以超越"不可评价"这个原则的限制。哪一类呢？刚开始给史家分类的时候，博丹就说"写史的人若缺乏经验和好的文学知识（缺乏足够的素养），是最糟糕的史家"。缺乏什么经验？"参与公共审议、执行权力或法律决议"的经验，因为"从事诉讼的人了解所有的恶；不仅了解恶，也了解善，没有善，也不存在或无法了解恶。而且，正是在极度的善与恶之间，蕴涵着属人的审慎"（第45页）。也就是说，只有亲身经历过政治决策实战的人，对政治法律事务中的善与恶才有更精准的观察和更深刻的理解，才可能对重大政治历史事件做出客观评价和可供借鉴的判断，他们有资格发表意见。这些史家是博丹尤其推崇的，包括修昔底德、色诺芬、塔西佗和恺撒等。

写作《伯罗奔尼撒战争史》之前，修昔底德从军多年，曾被推选为雅典"十将军"之一，作为统帅带兵作战。作为雅典著名的将军，色诺芬精通骑术，曾与苏格拉底并肩作战，追随波斯王子小居鲁士在小亚细亚起兵、担任希腊雇佣军首领，担任斯巴达国王阿格西劳斯的幕僚，军事经验和政治经验极其丰富。博丹称赞他是"哲学史学家"，因为他"将智慧的教诲植入叙事之中……没有任何前人供他模仿，色诺芬之后，也没有任何人有能力模仿他"。（第91页）

塔西佗受过长期军事和民事训练，在写史前有近二十年的从政经历，先后担任过行省财务官、行政长官、执政官、行省总督等职务，正是在他担任下日耳曼地区地方总督期间，收集了关于日耳曼人的习俗、礼法、宗教等资料，"正是因为塔西佗的卓越智慧，奥古斯都才得到议会和军团的无条件同意而成为了帝王。奥古斯都正是从他那里获悉了自己的种族起源。"（第76页）。

凯撒更是精通指挥技艺、军事荣耀显赫，历任财务官、监察官、祭司长、大法官、高卢总督,最终征服高卢全境、统一罗马帝国,集执政官、独裁官等大权于一身,成为罗马最高统治者。

博丹推崇的这些优秀史家,都是具有丰富的法律或政治经验的优秀政治人或治邦者。这些人既受过良好的教育、又具有丰富的实践经验。更难能可贵的是,他们还愿意投入时间和精力收集资料、著史立说。他们写的是自己擅长之事,当然有资格就自己长期从事的国家管理事务发表见解和意见。因此,史家在记录中不是不能表达个人的价值判断,而是首先要具备他所记录的领域的长期实践经验,才有资格表达意见或做出判断。更进一步,这些人在丰富的实践经验中逐渐养成了最重要的政治德性——审慎,所以他们当仁不让是史书读者的首选对象。

这些史家在著书立说之时就明白,史著的最大功用在于教育传承。塔西佗写作的用心在于"告诉罗马人:塑造国家乃至历史的根本力量在于具有高贵品质的男子气概,如果腐败侵蚀了国家的男子气概,再好的经济繁荣景象也挽救不了帝国覆亡的结局"[1];色诺芬认为史

---

[1] 刘小枫:《古典学与古今之争》,北京:华夏出版社,2016年,第53页。

书的责任是"实事求是地看待事务,传达某个人的真知灼见给那些天性和教养都适宜于接受它们的人"[①],所以他写作关于统治者养成的长篇政治教育小说《居鲁士的教育》以启迪后人。他的确成功了,博丹在《方法》"序言"中提到,**大西庇阿**(Scipio Africrectum)"把色诺芬的《居鲁士的教育》牢记于心,从中挖掘出所有德性和荣耀的巨大宝藏,就成为了那样的伟人"。土耳其君主塞利姆的"祖辈们都排斥历史,认为历史是不真实的,但他本人率先模仿凯撒的诸多作为,用于本国的统治,很快就把小亚细亚和非洲的一大批土地征服,并入先祖留下的领土中"("序言",第6页),这无疑告诉读者,恺撒的史书启迪着后世君主。在第四章中,博丹还提到,恺撒虽然具有丰富的军事指挥和政治统治技艺和经验,有资格在记录这些事件时给出自己的意见,但在著史时却非常审慎,语言平实温和,因而他给予恺撒最高的赞赏。

至此,我们终于明白博丹择取史家的标准:最优秀的史家不仅需要掌握文学技艺,中道、真实地记录史实,而且须得是真正的治邦者,有统治技艺和经验,具

---

① 施特劳斯《关于古希腊史家》,高诺英译,收录于刘小枫等主编《色诺芬的品味》,北京:华夏出版社,2006,第75页。

有审慎、节制德性的治邦者。通过其作品，最好的史家们或显白或隐秘地揭示立法和治邦的重要法则，成为后世的立法者统治者之师。因此，博丹锚定的《方法》读者和史学研读者是国家最优秀的法学研究者，即可以作为立法者或统治者的人。他要求他们研究最优秀史家记录的立法基础和治邦之术，而非史料中的其他琐事。这更进一步传达出博丹对史学本质的认识：史书之大用在于资治通鉴，在于对立法之学和统治之学的承前启后。因此，读史的本质是过去的治邦者结合智慧与经验现身说法，对未来治邦者敦敦教诲。

# 第三章 博丹的个人—城邦—宇宙观

柏拉图在《理想国》里从个人正义出发讨论城邦正义，是为了更清晰地看到个人德性的形成和本质，将其放大为城邦德性。个人德性是目的，城邦德性只是途径或手段。在他看来，个人德性同城邦德性似乎同样重要，甚至更重要。亚里士多德称人的根本属性是政治属性，无疑指明了人与政治的一体性、人的命运与城邦命运的一体性。修昔底德记录伯罗奔尼撒战争史时，开篇先详细讲述希腊各地方人的习俗和性格特点，并在第一章结尾处断言，引发战争的真正原因并非表面现象那么简单，而是由于众人皆有的情绪——恐惧，恐惧他邦的强大超过本邦。塔西佗在史著中考察罗马人、希伯来人、日耳曼人等民族的性格特点，尤其详细记述古代日耳曼各部落的生活情况和风俗，让读者了解日耳曼人各方面的性格特点，例如勇敢善战、朴实、懒散等，因为这对他在下日耳曼的政治管理非常重要。

城邦中人的性情特点，以及在此基础上形成的民风民俗，是立法者和治邦者必须考虑的重要问题，因而也是著史者必须关心和讨论的话题。这是古已有之的传统和共识。可是，城邦中臣民的个人性情与城邦统治到底有什么联系？有没有中间机制？臣民的个人性情又受到哪些因素的影响，进而需要立法者和统治者的哪些重视？博丹就这些问题给出了自己的回答，呈现出地理环境—城邦公民性情—城邦统治—宇宙结构这一涟漪系统。

## 第一节 地理与民族天性

提到地理决定论，现代人会首先想到孟德斯鸠，孟德斯鸠在《论法的精神》第二编已经完成对各种政体选择特征的讨论，并且指出自己心仪的政体，也阐述了重要理由。然而第三编里他并没有继续讨论这种政体的特点，剖析其中的生活方式，却转而开始分析气候、地理位置、领土、习俗、历史传统如何塑造民族性格。因为不同的地理特征塑造了不同的民族特性，所以不同的民族需要不同的统治方式。但是，孟德斯鸠并非地理决定论的首创人。这个首创可以追溯到亚里士多德。

《政治学》卷七开始讨论理想城邦。亚里士多德讨论完城邦的理想政体、最佳人口限额、最佳疆域面积、最佳军队配置后,转而讨论公民的性情:

> 寒冷地区的民族,尤其是欧罗巴各民族,血气充足但是智性和技艺知识有些缺乏。那正是他们一直相对比较自由的原因,但是他们也不关心政治,缺乏统治其邻居们的能力。另一方面,亚洲各民族,其灵魂里被赋予了智性和技艺知识,但缺乏血气,因而被统治和奴役。然而,希腊族人的居住地在地理上处于中间位置,因而其性情兼有上述两种特性,即既有血气又有智性。因而他们保持着自由,以最好的方式统治,只要机运恰当统一成一个政体,便有能力统治所有其他人。[①]

在这个分析中,我们看到一个因果链:民族所处的地理位置决定其居住者的性情特点,其中最重要的是血气和智性;民族的性情特点决定其生活方式——适合

---

① Aristotle, *Politics*, translated and with introduction and notes by C. D. Reeve, Hackett Publishing Company, 1998, p.202. 作者自译。

自由还是被统治;进一步决定最适合的统治方式。亚里士多德提到的血气与智性,是灵魂重要的构成部分。柏拉图曾指出,血气最基本的表现是愤怒,城邦卫士的血气使他们愤恨敌人并凶狠待之;血气过盛显然会带来弊端,但对智慧的爱能够节制血气,使他们关爱同胞温柔待之。亚里士多德在上文中的论述则告诉我们,血气是统治的欲望,是"追求霸权和自由的心理动机"①。当然,若是要真正成为统治者,智慧不可或缺。《理想国》中的哲人王是城邦中最热爱智慧、智性最高的人。亚里士多德还指出,正是因为缺乏智性,欧罗巴人无法在政治中出类拔萃,管理不好自己,更统治不了邻人。相反,亚洲人虽然智慧卓越,但缺乏血气、缺乏统治的欲望,因而在政治阶层中处于劣势,受人摆布。唯有希腊人,二者兼具,符合他的中道原则,因而具备统治者的素质。总之,在亚里士多德的论述里,希腊具有成为世界中心的所有资质。

同样,博丹把史学与地理学相结合,告诉我们了解由国民性情造就的国家历史对于治邦者尤其重要。博丹提出,判断史家记录的史实是否准确客观最重要的标准

---

① 托马斯·潘戈:《亚里士多德〈政治学〉中的教诲》,李小均译,北京:华夏出版社,2017,第315页。

是看史家记录的事是否符合这个民族的天性：

> 我们必须归纳出所有民族，或至少那些知名民族的天性，以得出合理标准来检测各种史料的真实性，能就个例做出正确决策……对于各民族不同的法律、宗教、祭祀、公共宴飨和制度等物，无法归纳其一般准则，因为这些事物各不相同，且在整个自然生长过程中每隔一段时间就会改变，或是会随君主的意愿而改变。因之，让我们从人的天性特征而非人类制度的特征中去寻求。除非受到强力胁迫或长期训练的影响，人的天性特征是稳定的、永不改变的。即使被改变，最终仍会恢复其原始状态。
> （第96—97页）

天性最不容易改变，因而是最可靠最值得信赖的标准。如果史家记录的这个民族的活动符合此民族人民的天性，很可能是真实的，如果明显违背其天性，则需要进一步考证。

每个民族的性情不同，过往的经历不同，这意味着从其历史中找出的立法依据也可能不同，所以适应各民族的统治方式也应有所不同。如此，西欧各国普遍应用的罗马法乃至整个西方文明的教阶制度的合理性或者普适性就成问题。换句话说，以历史为依据，意味着为各个民族国家寻求各不相同的新政治模式和新政治秩序。

博丹把北半球分为东西南北四个部分，东西分界线在美洲，南北的分界线是纬度45°。但是他并没有在接下去的分析中采用这种划分方式，而是把从赤道到极地之间平均分成三块，即按照纬度把北半球分为30°热带、30°寒带和居间的30°温带，温带的人生活最舒适幸福。若是要再进一步划分，可以把每个30°再划分为两个部分。如此，将北半球划分为纬度由低到高的6个区域。其中完全没有人居住的是北纬75°到90°，60°到75°的居住者很少，因为太寒冷。15°到30°非常炎热，气候恶劣，反而紧邻赤道的15°地区气候更好更适合人居住。气候最好的是北纬30°到60°区域，不冷不热，温和宜人。

气候影响居住者的毛发肤色、外貌、身材和体格，根据古希腊医生希波克拉底的体液学说，气候也影响居住者的体液构成比例从而影响其性情。总的来说，越靠近赤道的人肤色越深，身形越矮小，体能较差；而北方人则肤色更浅、身材高大威猛，因而骁勇善战。越接近极地的居住者由于其身体优势越容易赢得战争。所以，"伟大的帝国常常由北向南扩展——鲜有由南向北发展的。"（第105页）更进一步，居住者的心智、语言能力、各种德性都受到影响。但是,"身体与大脑的发展成反比,大脑越强大,身体越弱小;在感官功能健全的前提下,个人的智力越发达,身体能力越弱小。"(第112页)南方人身体素质差,但心智能力强;北方人强壮,但智慧不足。

唯有居住在中间区域的人,能以力量挫败南方人的狡黠、以智慧打垮北方人的武力攻击,他们是"具备执行命令和发出命令的优良技艺的人"。例如罗马人,他们从古希腊人那里学习了法律与文学,建立起自己的国民教育体系,从北方民族那里学习到如何使用兵器,并在常年的征战中汲取了军事经验,从而建立了伟大的帝国。这符合亚里士多德的信念:"力量中等的人在人性和正义方面都超越其他人,在《问题集》中,他认为具有这一特征的民族生活在温带。"(第113页)在博丹这里,中部地区的人同样是集两端地区的人的优势于一身:

> 中部地区的人天生就不如南方人那样天生善于发现秘密科学,也不像北方人那样适合于发展手工技艺,而是最擅长管理事务。如果阅读过史家们的所有作品,就能判断出,正是这些人首先发明了制度、法律、习俗和管理国家的最好方法,发明了

商业、政府、修辞、辩证法和如何培养将领……最伟大的帝国总是在亚细亚、希腊、亚述、意大利、高卢、日耳曼北部等地方诞生。这些地方位于极地与赤道之间,北纬40°到50°。这些地方也出现了诸多最伟大的统治者、最好的立法者、最公正的法官、最贤明的法学家、最全能的雄辩者、最聪明的商人、最著名的乐手和戏剧表演者。(第129页)

对比前文《政治学》里的描述可以发现,博丹完全借用了亚里士多德的话术,论证气候对民族性情进而对城邦统治的影响。但是,中部区域幅员辽阔,希腊、意大利、法兰西都被囊括在这片范围之中。亚里士多德笔下,最擅长统治的人是最具有实践智慧、最正义的希腊人。博丹笔下最擅长统治的是法兰西人,他们精于法律和统治;尤维纳利斯(Juvenal)曾说,"雄辩的法兰西人教出了不列颠律师","世界上没有哪个地方有这么多诉讼律师,对民法投入如此巨大的热情,唯有法兰西。"(第129页)

博丹告诉我们,气候最温和的地区是纬度40°—50°的区域,居住在这个最温和区域的民族,是最具备实践智慧、最有自制力、最擅长国家管理和法律制定的民族。对照地图可以发现,法国大陆位于北纬42°—51°之间，巴黎位于北纬48.52°。因此，在博丹看来，最中心的地方、最擅长国家统治的民族正是他的祖国法兰西。对此，沃格林幽默地讲，在博丹修改后的世界中心观念中，法国是继希腊之后新的"地球之脐"，"欧洲是历史世界的中心；法兰西是欧洲的中心；巴黎是法兰西的中心；法律学校是巴黎的中心；而博丹正坐在法律学校的中心写作他的《方法》。"①

博丹告诉我们，他做出这样的分析并非没有根据，他谈论的不是某个时期某一民族的特点，而是每个种族与生俱来的天性，是"自然和权宜教会我应该作此区分"（第100页）。因为自然地理位置塑造了其居住者特有的性情特点，这些性情代代相传，成为这个民族国家独具特色的天性（nature）。如此，自然与民族天性相连，这种天性很难更改，尊重这种天性、根据这种天性设计国家政体和统治方式，即是权宜。

按照博丹的说法，读史者在阅读中如果遇到有争议或者难以置信的材料、需要辨别史料真伪时，便可以根据史料涉及到的民族或群体的特征来推测，具有这种天性的民族在这种情况下是否会做出这样的行为选择。如果某一事行或言辞明显有悖于该民族的天性，就有理由

---

① 沃格林：《宗教与现代性的兴起》，第283页。

质疑该史料。例如，恺撒提醒要小心来自南方的布鲁特斯和卡西乌斯这种瘦子，他们多半狡诈阴险；但对于来自北方的胖子安东尼和多拉贝拉却不必太担心，因为他们智慧不足。这也符合塔西佗对日耳曼人的描述——这个民族坦率到轻率的程度，一点都不机敏。因此——

> 国王和僭主们以前选保镖，并且现在也仍然是，一般都从色雷斯、斯基泰、日耳曼、切尔克斯、赫尔维希人等中间高薪选取……他们知道，在色雷斯人庞大的身躯中，隐藏着最小的狡猾和仇怨，这些人更乐意接受士兵的职位，而非统治者的位置。（第113—114页）

以博丹的标准衡量，这个描述分析多半准确，因为符合这些民族的天性。北方人智慧不足、远离人类文化、动物性更浓、缺乏理性，因而无法控制怒气，容易在冲动之下做出残忍之事。这样看来，修昔底德形容色雷斯人是最冷酷残忍的民族，也比较准确。

总之，"必须根据每个民族的习俗和天性来鉴别历史"，对比民族天性，再交叉对比各个史家的说法，便可辨别史料记录之真伪，"以免做出相反的评价"，也容易解决"哲学家和史家之间的分歧"（第119页，第

147页）。因为，"只有相互比较现代史家与古代史家的记录、相互比较各个古代史家的记录，并兼顾到身体因素，才能对历史做出最确切的判断。"（第125页）。

一百多年后，博丹的同胞孟德斯鸠在《论法的精神》第十四章阐释气候决定人的精神特点和内心情感，法律应该考虑这些内心情感和精神特点的差异，我们便不应该感到诧异。考虑到博丹在法兰西法学理论界和史学界的声望和重要性，几乎可以肯定，孟德斯鸠不会错过这个前辈的作品。在序言中，孟德斯鸠说到：

> 我提出了一些原则，于是我看到，一个个各不相同的实例乖乖地自动对号入座，各民族的历史只不过是由这些原则引申出来的结果，每个特殊的法则或是与另一个法则相联，或是从属于另一个较为普遍的法则。[①]

这些法则之一就是后人所谓的"地理决定论"。然而，孟德斯鸠对气候和地理位置的重要性的论述似乎与博丹不尽相同。他说，"北方地区的人强壮而健康，但

---

① 孟德斯鸠：《论法的精神》（上卷），许明龙译，北京：商务印书馆，2009，第3页。

比较粗笨，他们能从一切令精神处于活动状态的事情中获得欢乐……北方气候下的人恶习少而美德多，非常真诚和坦率"；而某些南方民族，"大自然赋予这些人以柔弱，使他们生性怯懦，同时也赋予他们以非常活跃的想象力。"[1] 但是，立法者可以通过立法让这些特性扬长避短，不合格的立法者立的法会加重气候给人们带来的弊病，优秀立法者却能通过立法与气候抗争。例如，印度的立法者确立的僧侣制度就加重了人民的惰性，僧侣奇多，劳动者少。古代波斯人通过历法确定劳作日，国王在这一日与农夫共餐，鼓励了农耕。也就是说，在孟德斯鸠看来，气候和地理位置固然非常重要，然而人类立法者制定的法律，人类立法者制定的政制，完全可以塑造或改变人的天性或性情。如此，气候影响居住者的性情，立法者根据臣民的性情立法，也就决定了国家的政治体制选择，"炎热地区的人民几乎总是因怯懦而沦为奴隶，寒冷地区的人民则因勇敢而享有自由。对此丝毫不必感到惊诧，这种效应来自自然原因。"[2] 因此，专制国家一般大多出现在低纬度地区，即气候炎热的地方。

---

[1] 孟德斯鸠：《论法的精神》（上卷），第274—275页。
[2] 孟德斯鸠：《论法的精神》（上卷），第321页。

这样看来，似乎一国的政体大体上是受到自然因素的影响。到这里为止，孟德斯鸠的确继承了他的前辈同胞博丹的思想——地理环境决定民族性情进而决定民族国家的政制类型。

可是，孟德斯鸠并没有就此打住，他继续讲到，宽和政体或"自由的国家"是人为技艺的结果。也就是说，即便在气候炎热地区，只要人们有足够的技艺，也可以废除专制，正如他说立法者可以通过立法塑造或改变人的天性一样。孟德斯鸠笔下的自由国家是指当时的英格兰，他说这个国家"以政治自由作为其政体的直接目标"。他还指出，英格兰正盛行的自由贸易并不受全球地理和气候的限制：

> 贸易时而被征服者摧毁，时而受君主骚扰，于是，贸易就远离遭受压迫之乡，走遍全球，落脚在可以自由呼吸的地方。今天，贸易兴盛的地方，过去只有荒原、大海和岩石，过去贸易兴盛的地方，今天只有荒原。①

---

① 孟德斯鸠：《论法的精神》（上卷），第406—407页，亦参下卷，第905—915页。

这无异于说，自由贸易就等于"文明"，或反过来说，"文明"等于自由贸易："当文明民族主宰世界时，黄金和白银日益增多……反之，当蛮族占据上风时，黄金和白银的数量就日益减少。"① 因此，"亘古不变的经验表明"，英格兰所掀起的商业的力量必将冲破不同的民族天性和地理的限制，带来自由，从而成为各国政体的决定性力量。然而，众所周知，孟德斯鸠笔下与商业文明亦步亦趋相连的政体类型，决不是博丹接下去高度推崇的君主制。

粗略地看，孟德斯鸠似乎完全继承了博丹的方法，先论述"气候、地理、领土与习俗环境（历史和传统）是如何塑造并制约人的"，以此为标准人类被划分为不同的群体，即民族，其性情各不相同却根深蒂固。然而，孟德斯鸠与博丹不同的是，他进一步提出，虽然"自然环境……是造成多样性的首要的、但绝非唯一的原因"。还有什么原因呢？更普遍的原因——"自然"的欲望。所有民族的所有人都有自然的欲望，更准确地讲，是身体的欲望，因而要让人民更自由，所有的政治首先都得满足人的身体欲望，才可谓好政制。

---

① 孟德斯鸠：《论法的精神》（上卷），第460页。

> 《波斯人信札》和《论法的精神》共同打造了一种"新的普遍历史精神"……面对发现文化世界的多元性,《波斯人信札》提出了"寻求人类普遍认同"的真理这一启蒙精神所寻求的根本问题,孟德斯鸠笔下的波斯人成功地"扮演了普遍理性的先驱者角色"……孟德斯鸠让我们看到,这个"普遍理性"的真实表达是寻求普遍承认的性欲望。换言之,孟德斯鸠并没有抛弃普遍观念本身,而是用新的普遍观念取代了犹太基督教的普遍观念。①

无论如何,孟德斯鸠虽然借用的是博丹的方法和出发点,却显然是为了达到截然不同的目的:普遍历史的角度论说自由主义和商业社会的优越性。他的论说,至今仍熠熠生辉,如"美国宪法之父"麦迪逊所说:"在立宪问题上,我们自始至终倾听和援引的是著名的孟德斯鸠。"② 很明显,孟德斯鸠所谓的"宽和政体"是由英格兰开启、美国发扬光大的自由主义政体,不管它被叫作什么名字。

---

① 刘小枫,《孟德斯鸠与普遍历史》,刊于曹卫东主编《跨文化研究》第一辑(2016),北京:社科文献出版社,第9—10页。
② 戴格拉夫:《孟德斯鸠传》,许龙明、赵克非译,北京:商务印书馆,1997,第493页。

同样从地理因素出发,两个相距不过200年的法国人却得出了完全不同的结论,实在令人深思。还是用史实说话吧,博丹之后行君主制的法兰西开始熠熠生辉、进入绝对君主制的顶峰时期;孟德斯鸠一心希望法兰西效仿的英格兰式政体正在历史的审视之下。

这种地理因素影响居住者天性的观念进而影响到"哲学终结者"黑格尔,在《历史哲学》中论述历史的地理基础时,他明确地讲:

> 助成民族精神的产生的那种自然的联系,就是地理的基础。假如把自然的联系同道德"全体"的普遍性和道德全体的个别行动的个体比较起来,那末,自然的联系似乎是一种外在的东西。但是我们不得不把它看作是"精神"所从而表演的场地,它也就是一种主要的而且必要的基础。[①]

可以看到,黑格尔只是把"民族天性"一词换成了"民族精神"而已,但这种普遍性的精神因素同自然地理环境的联系,他却一以贯之。这种精神与世界历史的

---

① 黑格尔:《历史哲学》,王造时译,上海:上海书店出版社,2001,第82页。

关系是：

> 这地方的自然类型和生长在这土地上的人民的类型和性格有着密切的联系。这个性格正就是各民族在世界历史上出现和发生的方式和形式以及采取的地位。①

从上文可知，黑格尔的地理观，事实上否定了孟德斯鸠孤立考察地理环境中各个单一因素影响人的天性的观点，回到了博丹从整体考察地理类型对民族天性影响的视野。黑格尔的地理决定观关注的终点，是地理环境如何通过塑造民族天性而进一步影响人的生活方式。然而，黑格尔并不认为地理环境是决定性因素，地理因素只是决定性的因素——精神的"表演场地"而已，因为在他看来，决定世界历史的并非自然环境，而是精神。自然不过是精神实现其自由的一个环节。

> "自然"是人类在他自身内能够取得自由的第一个立脚点，这种自由解放不容为自然的障碍所留难。"自然"……这个量的东西的权力绝不能太

---

① 黑格尔：《历史哲学》，第82页。

大，以致它的单独的力量可以成为万能。①

这无疑相当于否认了自然的决定性因素，并且明确了"自然"与人、自由和精神的关系。当精神行进到人类世界这个层面，作为主体的人为了表现自由，需要有一个外部世界。这个外部世界首先是自然地理环境，然后是人在这个环境中构建起来的能够满足自身需要和目的的另一些设施。所有这些要素的共同目的都是为了表现人的自由，从而体现精神在世间的进程。精神才是黑格尔哲学里的决定性因素。地理环境只是人表现自由的中介，他也说过，

> 我们不应该把自然界估量得太高或者太低：爱奥尼亚的明媚的天空固然大大地有助于荷马史诗的优美，但是这个明媚的天空决不能单独产生荷马。而且事实上，它也并没有继续产生其他的荷马。在土耳其统治下，就没有出现过诗人了。②

---

① 黑格尔：《历史哲学》，王造时译，上海：上海书店出版社，2001，第83页。
② 黑格尔：《历史哲学》，王造时译，上海：上海书店出版社，2001，第82页。

这明确否定了地理环境对人的性情和才能的决定作用，却没有否认它对"精神"行进的影响：

> 在极热和极寒的地带上，人类不能够作自由的运动，这些地方的酷热和严寒使得"精神"不能够给它自己建筑一个世界……历史的真正舞台所以便是温带，当然是北温带，因为地球在那儿形成了一个大陆，正如希腊人所说，有着一个广阔的胸膛。①

虽然地理环境的影响不是决定性的，但仍然足以影响到人类历史进程。因为它影响人类的觉醒意识，所以有些自然环境被永远排斥在世界历史的运动范围之外，例如寒带和热带。也就是说，在黑格尔看来，这些地方没有他所认为的人类意识，无所谓自由，因而无需研究这些地方的历史。值得研究的区域是北温带地区，更确切地讲是以地中海为中心的三大洲的各国，研究这个区域的各种自然因素和自然环境，是研究该区域的兴起和没落所必需，也就是研究世界历史所必需。

总体来说，黑格尔认为地理环境的确会影响到居住

---

① 黑格尔：《历史哲学》，第83页。

者的性情，但他并未明确地进一步论述这如何影响到建立在其上的邦国的政治。而博丹却从他的地理观推进到统治者的政治实践。

## 第二节 民族天性与治邦

博丹提出，地理环境塑造民族天性，因而民族国家应该根据各自臣民的天性制定法律、选择政体形式、选择统治方式：

> 总体上，天性决定，理性更少、力气更大的斯基泰人应该以军事荣耀来衡量最高德性；而南方人应以虔诚与敬畏来衡量，中部区域的人应以智慧来衡量。虽然所有人都以各种方式保卫自己的城邦，然而有些诉诸于武力，有些惯于依靠神意，剩下的常常依靠精通法律和庭审的人。（第132页）

不同地区的人应该制定不同的德性衡量标准，参照这种标准来统治。北方人尚武，适合军事统治，以武力的方式解决问题；南方人敬神，听从神的引导，适合通过宗教信仰感化、劝服和警示；而中部地区的民族善于理性思考，可以培养律法精神，并凭借法律和行政机构约管邦民。博丹称法兰西培养了最多的律师，甚至为整个世界培养法学研究者。这种情况似乎契合自然，因为法兰西正是处于中部地区，是培养律法精神的适宜之地。

自柏拉图开启的西方古典政治哲学选择政体的基本思想是：人，各有不同的灵魂，灵魂的内在结构不同，因而高低不同、善恶不同；政治的前提是要认识到人与人的这种差异，不能一概而论、一概而治；正是因为人的灵魂有不同的类型，不同类型的人形成的政体也各不相同。对这些不同的政体、不同的城邦，应该有不同的统治方式。博丹秉承了这种政治哲学观，但他根据自己的需要修改和发展了它。他不仅把自己的祖国放在了世界中央，而且从这种政治哲学观出发，进一步推演出相应的国家和宇宙秩序观。

三个地区居住者的三种特性，对应三种不同的统治方法，恰好是国家中三个支柱分支的职能——戒条、法令和执行。宗教型和哲学型的人顶级聪慧，重视祭祀、静观，他们中大多数可以"从心所欲不逾矩"，以自身的伦理道德观为戒律自我约束，对应于国家中的神职人员和智者，能给统治者和民众提供警示与指导；拥有实践智慧的职官们掌握政治权力，为国家制定法令，并要求包括自己在内的全体国民敬畏和遵守法令；民众们大多智慧不足，被要求听从法令、执行法令、参加军事训练、从事农耕和手工业等等。如此，国家各个部分各具特色、各有所长、各司其职，只有这样，国家才能正常发挥其功能，作为一个有序的整体存在并延续。若是哪个部分功能失常，或者企图获得其他部分拥有的职能，国家秩序就会被搞乱，作为一个整体的机能也会失调。整体失调，必然进一步反过来影响到各个部分的运转。只有国家有序，各个部分才能有序。因此，各部分自我节制、各司其职，各不相扰，是维持国家有机体的秩序、也是维持其他分支部分秩序的重要条件。

城邦中的这三个分支与人体器官和机能对应：最智慧的哲人对应于人的大脑，为活动提供理论和精神的最高指导；治理国家者对应于心脏，促成活动；手工业者和战士对应于肝脏，是执行命令从事活动的能量之所在。博丹把这种国家内部结构的分析法推而广之，微观上对应于灵魂的三种功能：动物性、生命性和自然性。动物性从大脑中带来动作和感觉，生命性从心脏带来至关重要的血气，自然性从肝脏带来加速动力。这种对应并非博丹的原创，在柏拉图那里，城邦的统治者即城邦的护卫者，在城邦中居于首位，相当于人的大脑的位置，掌握控制权；拥有武装设备的士兵们位于心脏——愤怒的所在地；农民和手工业者为城邦提供食物和必需品，对应于肝脏之所在。而博丹明言，他的结构划分与柏拉图不同。他认为，大脑只提供指导，不参与机体活动，真正负责统领机体活动的是心脏，提供能量的是肝脏；与之相对应，对真与美的沉思和静观的哲学家和神学家的探索也只起指导和影响作用，实际统治国家的是立法者和职官。

那么，博丹的划分是否与柏拉图确有实质性的差别？柏拉图的名言是："要么王应是哲学家，要么哲学家应该是王。"[①] 博丹说，对于这句话，所有人都赞赏，却鲜有人真正理解。言下之意，鲜有人明白哲人为王的真正含义。博丹的理解是什么呢？他说："热爱智慧（philosophia）是对最美事物的永恒静观，正如所有的严肃学者都会做的一样，与军事或民事没有任何共同点。"（第134页）也就是，他反对哲人为王，这从前面的划分也可知。那么柏拉图呢？的确，柏拉图是提出了哲人为王、哲人施政的理念。理想之国完全按照理性智慧制定国策，所以出现了如下的指令：女孩子与男孩子一样赤身裸体接受身体训练；为了优生，男女需在固定的时辰交配，最优秀的男性和女性在育龄期间应该尽量交配，不符合生育资格的女性若怀孕应该堕胎等等（参

---

① 柏拉图：《理想国》，王扬译注，北京：华夏出版社，2012，第201页。

见《理想国》457—461）。柏拉图将纯粹按照哲学的真理原则、理性原则打造的国度描述得如此夸张，难道真是想让其变为现实？难道不会是想要彰显极度理性之后的荒谬？况且，值得注意的是，这个国度仅仅存在于苏格拉底的言辞里，他并没有在任何地方明示或暗示过现实中存在这种建国行动。

那么，哲人在城邦中的位置到底在哪里？诸多柏拉图研究者提出：《法义》中的异邦人很可能就是苏格拉底，在向克里特的老人们推荐一种更好的法律。哲人的身份，是立法者之师。正如施特劳斯所讲，苏格拉底创造的古典政治哲学的目标是教育立法者，实现这一教育目标的是政治哲人。[①] 由此观之，博丹的世界共和国理念或许在实质上与柏拉图恰恰不谋而合。

回顾一下博丹的说法，各个民族特点迥异，各有千秋，智慧属于南方各族，力量属于北方民族，审慎属于中间区域各民族。如果把整个宏观世界比拟为一个微观灵魂，把各个民族放到这个灵魂结构中，世界共和国便形成三分结构布局：类似于战士和手工艺者的北方民族（主要是斯基泰民族）在右，南方民族在左，中部地区的民族居中，对应于心脏的位置。"因为心脏位于大

---

[①] 施特劳斯著：《什么是政治哲学》，第70—71页。

脑和肝脏之间，同样也在肝脏和脾脏之间。"（第137页）这样，智慧的南方民族相当于大脑，给世界共和国提供指导和警醒；理性审慎的中部地区各民族相当于心脏，给世界立法，提供治国的范例和标准；强壮有力的北方民族相当于感官和肝脏，负责执行命令和提供武装力量。

如此，我们看到，在博丹的世界共和国中，最适宜统治世界的乃是位于中部地区的民族。若是我们还记得地理决定论里位于中部中心的民族国家正是法兰西，便能明白博丹的醉翁之意。不知是为了增加说服力还是害怕招致非议或质疑，博丹引用亚里士多德的解释，"某些民族为奴是天性使然，他们身体强壮，能因需而用；其他民族身体虚弱，然而的确对人类社会联系有用。"（第137页）这种民族三分法还被进一步应用到整个宇宙之中：各种心灵构成智性群体；各个恒星构成天体群；事物的起源和毁灭就发生在这些元素群体中。

至此，可以总结博丹这个既可以用于宏观系统也可以用于微观系统的三分法了：宇宙的三分法可对应于俗世之中的各种灵魂（除了那些被非尘世的污迹所污染的无法归类的灵魂）的三个等级。第一类灵魂似乎将人类纯净的理智献归于上帝；第二类灵魂将自己的实践智慧用于指导国家；最后一类整天沉陷于各种具体事务和形式。三类民族——南方民族、中部地区民族和北方斯基泰民族就分别对应这于三种灵魂活动，各自擅长三种不同的能力或具备三种德性，即智慧、审慎和创造能力：

> 分别体现在静观、活动和生产中。我认为，根据大脑、心脏、肝脏和天体恒星的活动，他们（三种民族）无疑可以与智慧的、勇气的、欲望的相对应，也可以用来对所有历史做出最准确的判定。（第140页）

至此，博丹的"身体机能—灵魂活动—民族天性—国家统治结构—世界共和国结构—宇宙秩序结构"完整呈现。在整个体系中，民族天性是中介机制和各种生成秩序的出发点，自然赋予的身体机能和灵魂活动决定民族天性，进而决定应该如何统治这个民族，以及该民族在世界共和国乃至宇宙中的位置。

上文提到，在世界共和国里，博丹把立法与统治的典范荣誉颁给了他的祖国法兰西。法兰西国王担得起这个重任吗？他是依照国民的天性在统治吗？他对法兰西国民的天性有透彻的认识吗？博丹说，关于法兰西人的天性，维罗纳人斯卡利杰（Julius Scaliger）曾这样记录：

我们看到，法兰西人在教育方面多才多艺，能够适应各种事件的各种趋势。他们的灵魂充满炽热的活力，动作快速高效……他们热情地从事贸易、追随文学、武器、学问、诚信和雄辩，他们自身的忠诚、正直和坚定不移还超越了所有民族和种族。

法兰西人做什么事儿都快，如此迅速以至于他们都完成了，西班牙人还没开始计划……在学习上，他们也表现出与其他方面一样的速度与轻松，南方人经过长期持续探索所发现的那些事情，他们能很快做成或模仿……（第142页）

按照这种描述，法兰西人的确值得称赞，他们好学习、速度快、充满激情。然而任何事都有两面性，博丹告诉我们，大部分史家，包括恺撒、塔西佗、特瑞伯里乌斯（Trebellius）等都曾提到，高卢人的性格浮躁、易变。行动敏捷迅速是优点，可是如果超越一定的度，例如，无法在某件事上坚持完成，就成了变幻多端，失去了必要的稳定性。这其实就是亚里士多德在《尼各马可伦理学》里讲各种德性时强调的中道。任何一种特质，保持中道，即是德性，若是朝两头极端发展，便可能变成恶行。只是博丹换了一个术语：黄金中数（auream mediocritatem）：

在人们的事行和言辞中，就如同在所有其他事情中一样，存在某种黄金中数，即所谓的"恒定性"。这是介于轻率多变与顽固不泯之间的中数。（第46页）

秉持中道或者依照"黄金中数"行事的人才是明智之人，遵此原则的统治者才是审慎的统治者。懂得"黄金中数"且遵照此原则治邦，意味着统治者在管理和统治时不能一成不变，不能固执死板。

在明智的人眼中，永远坚持一种意见绝不是值得称赞的做法。如同航行中，即便无法驶入港口，向暴风雨妥协也是一门技艺。在那种情况下，根据天空的方向掌舵，时常改变帆篷的布局，被视为最高的审慎。因此，面对多种多样且相互矛盾的人类事务（排除神圣事务），真正明智的人认为，改变自己的意见是恰当的。因此，商讨国务时，要尽可能坚定地努力说服你的国民。但是，有些人会固执地死守自己意见到底、认为被驳斥就显得低劣、被打败就是耻辱，还有些人宁愿远离生活也不愿放弃自己仔细考虑后形成的意见，这些人于己于其国民都无益，还常常会给其国家带来毁灭。（第146页）

航行的比喻具有深厚的古希腊文化传统。从抒情诗人到柏拉图到亚里士多德，都把船长指挥航行与国家治理相提并论。博丹此处表达的也是这种思想，统治国家的人必须是真正的政治家，懂得历史规则和民族国家的特点，懂得权衡与变通，懂得为了国家统治的需要行权宜之计。博丹口中的"向暴风雨妥协也是一门技艺"不禁让人想起另一段即将发生的历史：1589年，"三亨利之战"终于以纳瓦尔的亨利的胜利结束，他也成为了新的法兰西王亨利四世。此时，法拉西已饱受宗教内战之苦37年，百姓穷困、举国荒凉。为了打垮西班牙的分裂势力，全面统治国家，亨利四世继续向巴黎进军。历经4年多，终于胜利，眼见可以入驻巴黎之时，天主教大本营巴黎的百姓们却因为亨利四世的胡格诺派信徒身份而拒绝让他进城。亨利四世当机立断，以国家为重，他说，"巴黎值得为她望弥撒"，遂宣布皈依天主教，得以入主巴黎。这难道不是"向暴风雨妥协"的统治技艺吗？

## 第三节 教育与民族天性

由地理气候环境决定的民族天性固然稳固，可是也并非完全不可改变，能引起民族天性发生改变的强有力因素是教育。

教育是博丹一直极其重视的主题。《方法》发表之际，法兰西正深陷以宗教为名义的内战泥潭。博丹等人文主义者认为，某种程度上讲，正是分化的私人教育引起了宗教教派的分歧。在《教育演说》中，他呼吁公共机构提供资助并立法，让所有国民能够接受同一种教育，所有信徒笃信同一种宗教，为国民融洽相处和相互合作提供前提条件：

> 我认为，在所有能够加强城市社会联系的法律中，针对所有儿童的普遍、同等的教育是最神圣和非凡的。即便在精神领域，这种教育也能使所有国民的信念达致最完美的和谐。如果教会领袖的任务是确保真正的宗教不被迷信或不虔诚玷污，掌握着国家命脉的职官的任务就是确保青年人坚守那个唯一不变的宗教，不改而追随其他乱七八糟的信仰。唯有这样我们才可以保全国家的面貌。①

让每个城市、每片领土内的公民和潜在的公民接受

---

① Jean Bodin, *Address to the Senate and People of Toulouse on the Education of Youth in the Commonwealth*, trans. by G. A. More, The Country Dollar Press, 1965.

同一种教育计划的熏陶,国家青年的思想才能具有起码的一致性。如此,公共教育成为未来国家统一与和谐的起点。

众所周知,中世纪以来,承担儿童和青年教育的机构都是教会及其开办的教会学校,主要的教育者是神职人员,每个人都是从诵读《圣经》开始识字,开始其受教育过程。一句话,教育的控制权完全掌握在教会手中。博丹呼吁开办由官方主导的公共学校,要求所有儿童都进公共学校,就是要求王权国家本身拥有对教育的支配权。在博丹倡导的公共教育体系中,教育资金不从教会出,而是出自国民所缴纳的税金;教育者不是神职人员,而是接受了人文主义思想的法学师资;教育内容主要是人文学科和接受了人文思想改造的法学。这一切设置,不都是在与教会的教育体制抗衡么?也就是说,博丹要从根本上改变国家教育体制,让国民教育掌控在君主而非教宗手中,为王权国家的独立和统一在教育上奠定基础。换句话说,博丹已经意识到,王权国家与教宗及其教会制度在政治权力领域的抗衡,最终要回到一个更基础、更本质的问题——教育。

反观今日之世界,也出现某些地区反对自己国家甚至仇恨国家的现象,个中自然有相当复杂的原因,但非常重要的一个原因是,这些地方的公民教育出现了严重的问题。教育内容未经严格审查,有悖于国家意识形态,甚至教育者的思想中有严重的恨国情绪,对青少年和公民产生了不良影响甚至毒害。因而,恰当的公民教育是国家安稳统一的根本保证,每个环节都必须受到国家的严格监管。

虽然博丹没有详细叙述国家主导的公共教育到底包含哪些具体内容,然而通过他阐述的教育目标可以发现,对于博丹来说,国家教育的中心目的是,用教义引导出公民德性和彼此的友爱感受,最终使他们成为好公民;更重要的是,以各种人文学科教育培养和改善人的理性,以抑制激情,由此达致道德德性的养成。如此,国家公共教育通过促进公民德性和道德德性,塑造有益于国家的好公民。在博丹看来,国家首先是有德之人的联合,这些有德之人的理性灵魂赋予他们不同于动物的正义理念。旨在培养有德之人、塑造灵魂的教育,便是立国之本,指向国家的未来。

《方法》第四章中,博丹说,教育可分为两种,属神的和属人的。两种教育的不同之处在于,属神的教育绝对正确,属人的教育只是可能正确,也可能错误;相同之处在于,两种教育都拥有强大的力量,足以战胜并暂时改变人的天性。博丹介绍到,阿拉伯人和迦太基人本来天性温和柔弱,缺乏男子气,然而一旦开始着手促

进军事科学的发展,重视对人的培养和训练,就很快掌控了亚洲和非洲。日耳曼民族的例子更能说明教育的强大影响力:

> 日耳曼人自己承认,他们曾经与野兽没多大差别,如动物般在沼泽和丛林中游荡,出于某种根深蒂固的反感而回避知识。然而,如我们所见,他们现在的成就如此之多,似乎在人文学科方面胜过亚洲人;军事事务方面胜过罗马人;宗教事务方面胜过犹太人;哲学上胜过希腊人;地理学上胜过埃及人;算数方面胜过腓尼基人;占星术上胜过迦勒底人;在各个方面的表现都超越了所有民族。(第168—169页)

博丹在这章靠前处曾不遗余力地介绍日耳曼人如何粗鲁、如何不经大脑思考冲动行事,两处描述对比起来看,反差更大,更凸显教育对日耳曼人固有天性的改变。因此,博丹称日耳曼民族为教育改变天性的"最好例子"。

博丹说,教育的确会改变民族的天性,从而改变民族的习俗和理念,但除非一直保持,原初的自然特性会再次显现。也就是说,教育无法完全彻底地改变天性,即使强大如宗教力量,通过各种方式日复一日地影响人的思想和心灵,甚至改变人的习惯、融化人的性格,也不可能完全抹去我们与生俱来的性情痕迹。博丹同样以日耳曼人为例:

> 日耳曼人以其无穷的努力获得了所有伟大技艺的知识,然而在判断诸多事务方面,他们还是缺乏我们在希腊人和意大利人的作品里发掘出的那种规范性、美好、秩序性和计划性。他们身型庞大,书的部头也越来越大。马斯库鲁斯越写越多,马汀和伊拉斯谟也越写越多,任何人在有生之年都无法读完他们的作品。南方人却不同,只用寥寥数行就揭示了所有神圣事务和自然事物的秘密。他们以大脑的优势来弥补身体上的劣势,以少量的书籍起到最大的作用。(第170页)

天性不好,固然可以借由坚持教育来改良,正如中国人说的"勤能补拙"。但具有与生俱来的天性优势未尝不是更好。根据博丹之前的观点,天性最好的是地理位置最优的居民,也就是中部地区中心位置的居民——天性审慎的法兰西人。虽然拥有如此得天独厚的天性,然而,"没有哪种天生的好能够强大到足够抵抗错误的培育。"熟读柏拉图的博丹一定通晓他两千年前就总结出的经验：天性越好，若是因教育不当而入歧途，则越有可能成为更可怕的恶人（参见《理想国》491d—e）。教育既可以成为宙斯之权杖，也可以是达摩克利斯之剑。

教育，于个人是终身之事，于民族国家是千秋之业，能给国家和民族带来重大进步，但一刻也不能懈怠，必须置于国家的严格监管之下。

教育的目的是改变天性或者促进天性，在这种改变或促进中，起作用的机制是文字和规范。文字传承习俗和礼仪，约管进而塑造行为习惯。文字和规范通过博学之人的作品代代相传，每一代都有各自的佼佼者，记录各自的文化、习俗和特征，如此往复，生生不息。第五章最后一段初看有些奇怪。博丹之前罗列了一些重大历史事件和战争，然后在这段开头说：

> 曾几何时，有很多博学之人……柏拉图、亚里士多德、色诺芬、蒂迈乌斯、阿基塔斯、伊索克拉底，以及无穷无尽的演说者和诗人同时大量涌现。一个长时期的中断后，又出现了克律西波斯、卡尼阿德斯、廊下派的第欧根尼和阿克希拉斯。之后，瓦罗、西塞罗、李维、塞洛斯特成为同辈。维吉

尔、贺拉斯、奥维德、维特鲁威越来越著名。不久前，瓦拉、特拉佩尊提乌斯（Trapezuntius）、斐奇诺、加萨、贝萨里翁和米兰多拉成为当代著名人物。那么，如果有人曾收集过值得记录之事的文本，就应该把那些文本与这些伟大的传递比较，以确定哪些地区受到影响，哪些国家因此而改变。这样，就可以对各民族的习俗和天性有更全方位的了解；也就能对每一种历史做出更有效更可靠的判断。（第176—177页）

这似乎在说，关于重大历史事件的记录，需要和他罗列出的那些著名人物的作品对照，并了解各民族的习俗和天性，以确定其真实性。也就是说，博丹相信他列出的"博学之人"绝对可靠，或者，需要认定他们绝对可靠。这些人是谁呢？他一共罗列了24人，其中，古希腊时期的6位，柏拉图、亚里士多德、色诺芬位列前三；希腊化时期的4位，其中3人属斯多葛学派；古罗马时期共8位，瓦罗、西塞罗、李维、维吉尔名列其中；最后是博丹同时代的6位学者。

为什么说这一段初看奇怪呢？因为这些人并非全是史家，至少不是所谓的专业史家，更多被首先定义为哲人或政治哲人。然而，博丹却说，专业史家记录的文本，需要与这些人的著作对照，才能"对每一种历史做出更有效更可靠的判断"。换句话说，史家记录的文本，需要同政治哲人的著作比对，或者说以政治哲人的说法为依据和标准，才能"更有效更可靠"地阅读历史、鉴别历史、判断历史。

《方法》第五章到此戛然而止，随之开启全书中篇幅最长的第六章——关于国家政体类型的讨论。仅从篇幅便知，这是博丹最感兴趣也最重视的主题。而且，此章内容将拓展成为大部头经典《国是六书》。我们早已提及，博丹重视的是"政治史学"，那这种谋篇就是在强调，史书中最重要的是与政治和国家统治相关的部分。博丹要求从理解人的天性出发理解政治事务，要求理解历史和政治必须从研究民族天性为起点，正是柏拉图式政治哲学的观念，"政制是唯一最重要的政治事实，是人们的性情和生活方式的起因。[①]"

由是观之，尽管博丹在《方法》中对柏拉图和亚里士多德多有修正，尽管他站在现代政治哲学的开端，并对掀起现代性第一次浪潮的马基雅维利颇有共情，但却并未完全背离也不愿意背离起源于古希腊的古典政治哲

---

① Allan Bloom (1968), *The Republic of Plato* (2nd edition), Basic Books, p. 440.

学观。古典政治哲学企图"用关于政治事务本性的知识取代关于政治事务本性的意见",即"企图确实知晓政治事务的性质,也知晓正义、善和政治秩序"①。换句话说,博丹相信,要真正地理解历史,要让史学担当起为统治者和立法者"资治通鉴"的大用,必须通过对照政治哲学,真正了解政治事务的本性以及正当的或好的政治秩序的本性,才能"对每一种历史做出更有效更可靠的判断"。

---

① 施特劳斯:《什么是政治哲学》,第3页。

# 第四章 博丹论国家主权

博丹坦言,正是与史学的遭遇,使他的研究从比较、研究普遍法学转向历史的、哲学的比较研究政治学。"历史之酬赏中最丰厚之物就是关于国家政体形式(status rerum publicarum)[①]的史料。关于这一主题,我的论述比其他主题都多,因为鲜有人论及这一问题,而理解这一问题却至关重要。"("献辞",第9页)

若是我们顺着博丹前几章的思路行进:历史之用在

---

[①] 博丹在《方法》中只用了status rerum publicarum,后来在《国是六书》中区分了status civitatis和ratio gubernandi。有些研究者把前者译为"国体",后者译为"政体"或"政府形式"。韩潮在《博丹对混合政体的批评》中对此提出了疑问,但也没有给出确切的译法,全部以拉丁文代之。但鉴于惯常译法,为避免引起歧义,笔者暂且仍将status rerum publicarum译为"国家政体形式"。

于通过叙事探讨事关国家存亡、兴旺和幸福之道理，必须从历史中寻求依据以得出关于国家统治和司法体系的普遍法则；历史分为三类，应该首先研究人类历史；人类历史中对于普遍法则更有意义的是普遍历史，阅读历史时需要择取更可信更有实践依据的写史者；根据各民族的天性可判断历史事件的真实性，统治者需要根据民族天性采取契合的政体形式；那么，接下来顺理成章应该触及有关国家政体形式的问题。正如博丹自己所讲：

> 既然历史中绝大部分都记述有关国家及其内部的变迁，要理解历史，就必须简要解释国家诸起源、已经建立起来的各种形式、各邦国的目的，尤其是，因为这些是迄今为止所有历史中最富成效最有裨益的东西。（第178页）

历史中最有裨益之物，历史蕴含的精华，正是国家以什么方式存在和延续的问题，即政体问题。然而，正如柏拉图所讲，治国之术极其难懂，以至于没有人能够掌握，只能转而研究并掌握立法方法，将国家治理建立在法的基础上。如何获知关于法律和立法的之事？博丹认为，需要研究各个重要国家的变迁史，以及哲学家和史学家对这些历史的争论，"从这种讨论中我们可以

受益匪浅——更易于理解君主制下需要什么样的法律，以及民主制国家和精英制的国家需要什么法律。"（第154页）

在《方法》的这一部分里，博丹第一次完整提出了其国家主权理论，并根据主权的归属划分国家政体形式。

## 第一节　主权理论

博丹在第六章开篇依次提到了三个人的观点——亚里士多德、柏拉图、马基雅维利。首先，他引用亚里士多德对治国之术重要性的论述——对于人类社会的建立和维存，最重要的技艺是治国术。尽管博丹后文对亚里士多德诸多驳斥，但总体来看，他同中世纪和现代大多数西方学人一样，并未曾跳出亚里士多德的框架和语言体系。尤其是从下定义入手的方法，对旧形而上学、逻辑论证和古老和谐观的迷恋，以及百科全书式的追求和学识结构，处处透露出亚里士多德对他的影响。更不要说，他研究的很多问题从根本上都源于亚里士多德。

柏拉图式政治哲学理念对博丹的影响也可见诸于其作品各处，例如，他用柏拉图理性统领的概念来定义各种道德德性；他也认为正义蕴含着理性对激情的统治；他把世界存在由来已久的一些基本问题与时间结合在一起，以及把灵魂的构成与理性的性质和和谐结合在一起的做法，显然深受《蒂迈欧》的影响。我们或许可以说，在博丹的思想里，柏拉图—亚里士多德式政治哲学有重要地位，至少那些最重大的基本概念和基本理念——德性、正义之于国家和统治的不可或缺——对他的政治哲学观有深刻影响。

然而，博丹提到的第三个人似乎与刚才的结论有点不符——马基雅维利。他说，马基雅维利论述过很多关于统治的事情，这些论述在他看来，

> 是野蛮习俗在1200年前毁掉一切之后的第一个人。［他的话语］在每个人口中流传，无疑，若是他能将古代哲学家和史家作品中的知识与他的经验相结合，就能写出更充分更有益的东西，更贴合事实。（第179页）

博丹给予马基雅维利如此高的赞誉，也许是因为二者有诸多相同的政治诉求：建立强大的中央政府、消除统治权力中心点的模糊性和不确定性、消除权威的重叠、不惜代价创建和平稳定的政治局面等等。但是，博丹对亚里士多德与柏拉图及其之后的政治哲人的持续关

注，注定了他的思想不可能像马基雅维利一样，仅仅停留在应对现实政治环境层面。正如他自己对马基雅维利的批评——没有把古代哲学家和史家作品里的知识与自己的政治的经验相结合，所以写出的作品还不够充分不够对国家有助益。显然他自己打算这么做。不仅如此，他还要"研究哲学家和史家关于国家的争论，并将我们之前的帝国与现在的帝国相比较"（第180页）。要实现这个目标，按照亚里士多德的方法，首先需要厘清一些概念，正如中国人所言"名不正则言不顺，言不顺则事不成"，尽管这需要从批驳甚至推翻亚里士多德的定义开始。

## 一、国与国民

博丹批评亚里士多德对"国民"的定义只适用于民主制，因为亚里士多德把"国民"定义为司法管理、审议事务的参与者。博丹的定义是："国民是享有公共自由、受权威当局保护的人。"这两个定义的最大差别在于，前者认为国民是政治统治的参与者，后者认为国民是政治统治的对象或接受者；前者的国民积极主动，后者的国民消极被动。

博丹的"国民"定义中蕴含着一个非常重要的理

念——一国的国民必然在同一权威的统治之下,"我们提出的国的定义,适用于各个村落、城镇、城邦、公国,不管其土地多么分散,只要它们接受同一权力的控制,就可称之为国。"(第184页)"同一"或者"统一"权威理念意味着,若是受管于不同的政治权威,即便是同一屋檐下的两个居住者,也不是同一国的国民。这个定义延伸到当代实践案例,可见诸于不同国家国民之间通婚。通婚之后若一方没有舍弃原有国民身份或获得对方国民身份,那么对两方的保护或惩戒权就归属于不同的政治权威。没有同一,就无法达成统一,也就不成为一国。博丹为此特意举出很多例子,以说明是否归同一批官员管辖、是否需要遵从同样的法律、居住地在什么地方、在哪里出生、享受的国民待遇有多大差别等等,都不是判断是否是一国"国民"的关键因素,关键因素只有一个——是否受同一权威的约束和保护。

受同一权威的约管,意味着一个自然人在同一时间只能是一国的国民,遵守一国的法律。换句话说,一国国民不可能同时受制于两种不同的法律,否则,"如果一种法律令行,另一种法律令止,该如何是好?"(第192页)既然是一个国家的国民,承认该国的政治权威,便不得不受制于该国的法律。可是,或许会出现某些令人无所适从的特殊情况。例如,假如一个国民同时也是某个联盟的成员或者是某个宗教团体的教民,而这个联盟或团体的某些规定与国家法律有分歧,该如何是好?博丹说,联盟也好,协约国也好,都不构成一个国家,因为他们没有同一个最高权威。但是,四十七个拉丁国家却不同,他们由于"隶属于同一帝国同一皇帝而共同构成一个国家"。博丹继续推进——"还有更神圣的联盟",更神圣的联盟是什么呢?博丹说,这些城邦的君主彼此有友情但没责任和义务,他列出很多例子,乌特勒支、日耳曼、罗马、苏黎世、奥地利等各种联盟。最后博丹提到了宗教联盟:

> 有些人认为在神圣战争中违反协定条约不对,神圣战争是要庄严地禁止人们放弃已经接受的信仰。皈依者认为这种约定并不能束缚他遵守神圣法,更不能束缚他们的后代。有些聪明人依照这个原则——每个人应该享有自己的宗教、听从自己的统治者——提出了一些建议,其实,如果那些皈依者不采纳这些建议,似乎这件事也不会导致战争。(第196页)

宗教联盟内的人员并不具有与一国国民相同的那种特点,也就是说,宗教联盟并不具有与一国政府同等的权威，颁布的规定或法则不具有国家法律的效力，不管是当时各国组成的天主教联盟还是新教联盟（日内瓦的加尔文追随者也好，法兰西的胡格诺教派也罢）。博丹说得很清楚，不管每个信徒皈依了什么宗教，只要不采纳那些建议——那些建议不具有国家法律的强制性特征，就不会导致战争。

这种界定实际上暗中指出了"国民"不同于"教民"或"信徒"之间的本质区别，并在法律层次上把"教民"置于"国民"之下：国家法律对"国民"有严格的强制性效应，宗教规则对"教民"的约束却没有那么强硬。更重要的是，如果涉及到可能引发战争的情况，"教民"无需采纳宗教联盟的建议。《方法》写作之时，法兰西的宗教内战已然爆发，结合博丹的政治主张，假定当时身处巴黎高院的博丹此处的定义有深意，或许也不算牵强。

## 二、职官与主权

博丹也不赞成亚里士多德对"职官"的定义。亚里士多德把职官定义为"拥有权威、司法和审议能力的人"，却把"国家的所有职能都归于'职官'名下"（第198页）。博丹说，如果这样推论，那么"没有人能够当职官",因为几乎没有人能够同时分享审议权、司法判决权和威权。

不是所有公职人员都可以称为"职官"。博丹把职官定义为"拥有部分公共权力的人"(第198页)。"公共"意味着与父权对家庭成员的管理权、奴隶主对奴隶的管理权等私权有区别;"部分"意味着与"完全"或"最高"有区别,拥有"完全"或"最高"权力的人不是职官而是主权者。正是因为没有完全权力,职官的命令不构成具有普适性的法律。部分权力包括逮捕权、传唤权、惩罚权、商业管辖权、甚至鞭挞权和折磨权,其上限是执剑权。

职官权力的下限是传唤权和逮捕权,有办事员为他行使这权力。根据这个规定,私人法官和牧师不是职官,"他们没有传唤权也没有逮捕权,也没有传票送达员和侍从"(第200页),他们不拥有最起码的职官权力下限。

为何确立职官权力下限如此重要?"牧师既没有传唤吏也没有执束侍从,他们要么向职官索要传唤吏和执束侍从,要么职官们执行他们的死刑判决……"(第201页)。牧师拥有的权力没有达到职官的权力下限,意味着他们不拥有公共权力,在没有职官授权的前提下,不具备任何法律意义上的强制力。宗教约束力是另一回事,但在政治意义上,牧师对信徒没有行政权或强制力,双方都是认同同一个当局、受职官约管的公民。这部分最后,博丹再次强调,"公共职能的区分不仅必要而且更真实。"(第202页)

定义了"国"、"国民"与"职官",区分了国民与信徒、职官与牧师,理清了公权与私权,博丹奔向了他最重视的理念——主权,因为主权涉及到国家的类型。

博丹此章开篇在定义"国民"之前已经批评过亚里士多德,说他没有定义过"最高权力","他从未定义过最高权威(summum imperium),他称之为最高官职(κύριον πολίτευμα)和最高权力(κυρίαν ἀρχήν),包括君位和国家的决定性条件。他只是细化了国家统治的三种功能:审议公共事务、任命官员、处理司法事务"(第182页)。的确,亚里士多德在《政治学》第四卷中说:

> 一切政体都有三个部分或要素,一个好的立法者必须考虑什么样的组合才对个别政体有利……三者之中第一个部分或要素是与公共事务有关的议事机构,第二个要素与各种行政官职有关……第三个

要素决定司法机构的组成。（IV. 14. 1297b38ff.）[①]

在博丹看来，这段话不足以说明最高权力的归属，没有阐明一个城邦的最高统治权意味着什么。最高权力是那种不能授予任何一个职官的权力，而亚里士多德阐述的这三个要素，在博丹看来只有任命职官属于主权范围。随即，他提出了最高权力的其他四个表现，但此处并没有详细阐述，因为这时的目的是引出"国"与"国民"的定义。

完成了对三个基础概念的定义后，博丹终于列出国家主权的五种功能：创建并定义职官的权力、颁布和废除法律的权力、宣战或媾和权，接受终极申诉权以及法外恩赦权。他明确地讲，除非国家处于紧急或非常状态下，这些权力永远不能授予职官。可以看出，博丹完全从法权角度定义主权——主权是立法和国家人事、安全等方面的绝对权力。

从国与国民的定义出发，到定义最高权力，博丹花费了不少篇幅，其明晰定义内涵的每一步几乎都与亚里士多德《政治学》中的定义为对比，或者更确切地说，

---

[①] 亚里士多德：《政治学》，颜一、秦典华译，北京：中国人民大学出版社，2003，第145页。

为参照点展开批驳。那么，博丹与亚里士多德对最高权力的不同理解原因何在？或者说，为何到博丹的时代，精确定义最高权力的内涵尤其重要？原因或许是，在亚里士多德的时代，清晰定义主权概念及内涵的需求并不凸显，换句话说，没有必须要区分哪些权力属于谁，否则国将不国的现实诉求。而在博丹的时代，这种区分却必需且迫切。

整个中世纪中，泛欧洲的罗马教会对各个国家的政治有相当大的影响力乃至决定权，从文艺复兴开始到16世纪，随着王权国家民族意识的觉醒和王权的强大，整个欧洲最主要的政治主题是教会和世俗管辖权的分离以及随之而来的权力斗争。在一个既定的政治共同体内，教会法、各国君主的世俗法与各封邑地领主制定的私法共存，"有许多交叉重叠的问题会引起教会法院和世俗法院的管辖权竞合，而在世俗领域内，王室法院、封建法院、城市法院和商事法院之间也存在着管辖权竞合。"[①] 到底该以哪一个为准？当然只有拥有最高权力的人或机构群体才能对最重要的这五类问题做出裁断。

博丹明确提出应该把最高权力交予国王。《方法》英译者在"导论"中将16世纪法兰西严峻的权力争斗形

---

① 伯尔曼：《法律与革命》（第二卷），第5页。

势讲得很清楚：

> 封建政权和胡格诺派立宪主义者联合，与最高统治者手中的集中权力做最后的抗争。加尔文神权模式给其法国信从者提供了瓜分政权统治部门的权力的范式，这种范式能让他们从行政政策上为自己的分裂企图找到一些辩解理由。很多贵族，特别是在法庭上没什么影响力的，从胡格诺派提供的将国家联邦化的计划中看到了重新赢回领地实力以及获得地方权力的契机。因此，这就有了博丹在分析法国政权时不得不考虑的主权问题。他以阐释历史的方式来分析这一问题，从而将该问题放在了更广阔的背景之中。（英译本"导论"，第3—4页）

在这种政治局势下，博丹精确定义最高权力的内涵，实质上就是明确法兰西君主到底对哪些事务拥有最终裁决权。一国之中，只有君主享有这些权力——国家中重要官职的设定和职官任命、立法、宣战与媾和、法外赦免或处死。教宗、领主、高等法院、等级会议都没有。

或许，博丹对亚里士多德的批评略微有些不太公正。亚里士多德可能并不是不明白城邦政治中总有人／

群体拥有最高统治权,但他更重要的任务是回答"何谓正义政体",即他更多关注作为城邦整体生活方式的政体,这关乎到公民德性以及城邦正义。对于亚里士多德来说,

> 人的独特之处就在于,他具有善与恶、公正与不公正以及诸如此类的感觉;家庭和城邦乃是这类生物的结合体……人类天生就注入了社会本能,最先缔造城邦的人乃是给人民最大恩泽的人。(1253a5-30)①

亚里士多德关注的核心是公民德性和公共利益,政体是否体现了正义,是否不仅能容纳好公民,也能容纳好人,政治生活是否能让人生活得更好。对亚里士多德来说,政治生活里最重要的关注点是最佳政体问题,而非实际权力的归属。

博丹认为,正是这种古典政体理论让后来人误入歧途,尤其是那些钦慕并倡导混合政体的人。"在每个国家里,应该研究谁能赋予和拿走职官的权力,谁能制定或废除法律——是一个国民还是一小部分国民还是大部

---

① 亚里士多德:《政治学》,第5页。

分国民。确定了这点，就能明白国家政体类型。"（第209页）在一国之中，主权的归属只可能是以下三种情况之一，一人、少数人或多数人掌握主权；相应的，国家政体类型也只可能是三种情况之一，君主制、精英制或民主制。而且，亚里士多德进一步划分政体的依据——政体德性——在博丹看来也不成立，无需划分什么正宗政体或变异政体，"因为德性和恶性并不构成一种政体类型"（第209页），追问国家统治者善好还是邪恶，对于政体类型没有影响，分类标准只有一个——主权涵盖的那五项权力在谁的手里。

换句话说，柏拉图、亚里士多德等古典政治哲人是在更广泛的意义上使用"政体"一词，并没有意愿明确区分现代政治术语中的"立法权力"和"行政权力"。但是这两种权力的区分，在后世的政治实践中逐渐凸显。例如，在真正的君主制下，即不是现代有些国家实行的代议制君主制，"立法权力"与"行政权力"并没有分离，君主本人即政府，或说政府首脑，政府及其职官只是君主行使主权的工具。而在民主制或其他形式的政体中，由于立法权属于人民，即主权在民，但人民又从来不亲政，"立法权力"与"行政权力"便出现了分离。如此，明确立法主权以定义最高权力归属就变得重要且必要。

博丹显然不同于现代政治人的脑筋,他并不在意要避免什么所谓的"一言堂"专制。反而,在他看来,"立法权力"与"行政权力"的分离表明主权权力不完整。不仅如此,法学的专业素养和所处时代的学术和政治现实还要求他明确"立法权力"与"行政权力"之间的区分,并进一步明确这些权力的归属点。

经历了从中世纪到文艺复兴时期权力不明晰带给国家的祸乱,深知祖国面临的政治困境,博丹认为权力内涵和归属的明晰是分析和解决现实政治难题的前提。他对亚里士多德的批评就在于此:由于没有明晰权力归属,使历来的亚里士多德主义者都信奉"混合政体",而混合政体的权力归属不明晰使党争成为可能,造成国家在危机时刻没有人能及时行使主权,最终伤害了国家。因此他坚称,不存在所谓的混合政体,五项最重要的权力归属谁,谁就是主权者,一国的政体类型就据此而定。主权在一人之手的国家是君主制;主权在少数人之手的国家是精英制;主权在大多数人之手的国家是民主制。没有第四种,没有混合政体,因为主权不可分割,不可授予职官。

博丹也意识到,主权与治权不同,他引用阿库修斯(Accursius)的话来说明自己的立场:"正义与君主同在,但正义的实施,即实现却在于其他人。"(第204

页）关于主权与治权之间的差别，分散在论述主权的各处。提到最高权力时，也就是在提及正义的所在与实施之前，他说，"职官凭借其官职分配到了公共正义，但不能再把它委托给旁人。他们常常被称为司法的执行者和管理者。"提到法律与衡平时，博丹说，古代法学家们都认为，

  职官不可以把任何法律赋予他的职能托付给其他人……但是，不管他被授予了何种衡平权力，他都有权将其托给其他人。
  任何凭借其自身就有权威，或司法权、或任何这类权力的人，所具有的权力是专属于他，他可以将这种权力转托他人……被授权的人不能把授予他的任何东西再转授给别人；否则会被判偷窃（第204—205页）。

这些话语表明，职官权力的来源不是他本人，而是主权者，主权者以法律命令的形式授予治权，因此这些权力不能再次转授给他人。但是衡平权是职官凭自身职位本来就具有的权力，可以被转授给另外的人行使。换句话说，对于依法而判或依法而治的事务，职官没有任何偏离的余地，只能执行；而对于因身处某一职位而能

够衡量裁决的事务，职官不仅可以在权力范围内酌情处理，而且可以转交他人处理。

法律是主权者的命令，法定行为是依照主权者的命令执行的行为，因此法官职责主要是依法行事、依命而为，法官有衡平权但相当有限：

> 这些事情更有赖于法律本身而非职官……公共案件中的裁判官和法官不可以把这种权力转托给其他人，或者在判决中改变法律的严厉度或温和度……这样做的目的，是让国民们的声誉、生命和最终的财富不取决于某一个人的主观意愿，而是建立在法律意志本身的基础上。（第205页）

法律裁断不能取决于一个人的主观意愿，而是必须有赖于"法律意志"。那么，"法律意志"是谁的意志？有何重要内涵？

## 三、主权法律意志论

西方很多研究博丹思想的现代学者似乎都认为，写作《方法》时的博丹并没有完全明晰其立法主权论，没有把立法权作为囊括主权其他内涵的最重要权力。做出以上判断的最重要依据之一是,在《方法》中博丹列举主权内涵时只把立法权列为其中之一,没有特别地强调,甚至没有把"宣布或废除法律"列为主权内涵的第一条。而写作《国是六书》的博丹在谈及主权理论时首先提到的就是立法权,并且认为立法权是其他四条的前提。

持这种看法的研究者中,一直专注于博丹研究的富兰克林很有代表性。他认为博丹的主权思想从《方法》到《国是六书》有重大改变,其中最重大的改变是从《方法》的有限君主制思想转变为《国是六书》中的绝对主义倾向。富兰克林认为,博丹的这种转向体现在很多方面,立法主权思想从不显著到明确是表现之一,在《方法》中博丹认为立法权只是首要的主权权力,而在《国事六书》中,立法权明显成为普遍的命令权,隐含地囊括了所有其他权力。因此,在《方法》中,立法(即制定规则)与执法(即实施规则)之间的现代区分,在博丹这里还没有完全显现。[1]

在富兰克林看来,也正是这种明晰或区分,使得博丹转向了绝对主义。言下之意,博丹本来是支持有限君

---

[1] J.H. Franklin: *Sovereignty and the mixed constitution: Bodin and his critics*, in J.H. Franklin ed., *Jean Bodin*, 2006, p.25.

主制的，可是后来由于时事所迫，转而诉诸于绝对君主制。这种说法乍一看似乎确有道理，假如我们在阅读时可以仅仅看枚举顺序而不用深究整个文本的内涵或者综合理解整个枚举内容的话。

首先，我们需要严肃对待博丹明确提出的"法律意志"一词。博丹在《方法》第一章给历史分类的时候提出，自然历史有可能被神的意志干预，属人的历史大部分源于人的意志，在第三章解释人类活动时又指出，"活动是指所有出于人类意志的谋划、言辞和事行……由人的意志做主的活动，才是属人的活动……意志是人类活动之师"，神的活动源自神的意志，人的活动源自人的意志，以此推之，国家活动源于主权者的意志。既然法律是主权者的命令，那么法律当然体现了主权者的意志。

其次，我们需要综合看待博丹在《方法》其他地方对统治的表述。《方法》第三章论及人类活动时，博丹说：

> 首先要提及统治权，王室特权和专制统治，人民的状态和暴民的情况，精英们的统治和少数人的野心。我们得就以下问题展开讨论：国家审议、提议或取消法律，职官和个体国民，战争与和平，总

体上对国民的保护与驱逐外敌……（第34页）

"审议、提议或取消法律"都是涉及到立法的事务。也就是说，立法事务紧接着关于国家的权力特征之后出现，显然是最重要的主权属性。虽然有些学者过分关注第六章专门论述主权时的那段，博丹把立法列在第二位，位于职官设置之后，但在这里，立法权率先出现，先于职官设定和其他项。事实上，在先于《方法》构思和写作的短篇《普遍法的分类》（出版时间晚于《方法》）里，博丹就把立法权放在主权属性的第一位，他早就认识到主权的立法特征以及其与国家特征的关系，只是直到写作《国是六书》时，博丹才对立法主权展开广泛且激烈的论证。当然，也许的确受时事影响不得不详细论述也是重要原因之一。

即便只在《方法》里，博丹也无数次把立法权放在首位。审判中的判决执行和阐释、法律的轻缓调节、法律中未尽之例的规制是与"审议"和"权威"或"统治"混合在一起的话题。博丹也指出，法律的执行或活动是主权者立法命令的效果。立法权先于司法权，是主权的一个方面。此处，职官实施的法律活动或执行，就是因君主命令即法律而具有法定效力的结果。他强调法律的颁布和废除是比创设职官更显著的主权标志，且先于其他属性、例如宣战或媾和。所以，仅仅因为他偶尔把立法权放在第二位，就认为博丹在《国是六书》之前没有立法主权的概念，说服力显然不够。正如塔克在分析从博丹到霍布斯的主权思想演变时所讲，"虽然常见的说法是，《方法》没有展示出《国是六书》中那种对立法主权的集中关注，但其实两本书都认为，主权者最主要的权力就是立法权和职官任命权。"①

也就是说，博丹早就确立了以立法权为主权首要标志的地位，因为立法行为最好地体现着君主的法律意志。博丹在《方法》第一章给历史分类时把神的意志和人的意志相提并论，就透露出这种类比的内涵：世俗世界的主权者与神圣领域的上帝形象一致，上帝体现着神圣世界的最高意志，不受任何法则的约束；同样，主权者体现着世俗世界的最高意志，也不受人定法则的约束。

博丹的这一类比，说明他"完全站在中世纪以来的王权派传统当中，否认了教权高于王权，否认了教会的政治权威，否认了教会对王权合法性的任何控制"。②

---

① Tuck, Richard, *The Sleeping Sovereign: The Invention of Modern Democracy*, Cambridge: Cambridge University Press, 2016, p. 18-19.
② 李筠：《古今之变中的博丹主权理论》，《浙江学刊》，2018年第3期。

其政治目的非常明确：在上帝之下，主权者是世俗国家的最高权威，依据其意志颁布国家法律，决定国家一切事务，所有打着宗教信仰旗帜企图干涉国家事务甚至破坏国家秩序的说法都是无根之木，无源之水。博丹从历史中引证，西塞罗说过"只有平民或人民命令的东西神圣不可侵犯"，"雅典人的情况也一样，法令无法束缚人民或平民"（第208页），这些史实证明，主权者的权力在城邦中不可侵犯，超越一切人定法，其命令本身就是法。

既然主权的首要和核心是立法权，那就只有超越法律才能制造或者废除法律。这种超越，在富兰克林等现代研究者眼中便是绝对主义倾向。如果说这代表了绝对主义，那可以说博丹一直就有这种倾向。他从一开始就意识到他的时代的主权者在某些情况下超越实定法的重要性。关于博丹的"绝对主义转向"一说，我们到第六章再作详论。

事实上，主权的法律意志论也并非博丹原创，这是中世纪后期以来的传统，这种传统贯穿在政治学、法理学和法学领域。它的出现与推广，与罗马教廷的腐败和民族国家自我意识的觉醒紧密相连。主权的法律意志论对教权不利，它否认教权高于君权，否认教廷在民族国家中具有政治权威，因而教廷也就失去了对王权的合法控制权。君权高于教权，意味着国家统一高于不同的宗教信仰派别造成的分歧，这是博丹等政治家派极力追求的目标。在他们看来，这是解决法兰西宗教内战的良方。二十世纪的施米特回顾到，正是博丹这种紧贴现实政治局势的倾向，使他成功奠定了现代欧洲公法的基础：

> 他在与神学争论毫无希望的短兵相接的斗争中变成中立派。他从教派内战的各派之间，认识到特殊的政治性在于一种调解性的中立和宽容态度。出于对公共的安定、安全和秩序的强烈要求，他头脑中形成了最早的、法理清晰的欧洲国家法概念。①

从而，博丹的主权理论开启了现代欧洲主权研究的大幕，也开启了现代主权与政体研究的大幕，经由霍布斯、孟德斯鸠、卢梭、康德等人，形成了与古代政体理论完全不同的现代政体学说。但博丹把法律意志论引入立法主权理论的做法，使我们需要进一步厘清他如何看待主权者与法律之间的关系。

---

① 施米特：《合法性与正当性》，冯克利等译，上海：上海人民出版社，2015，第181页。

## 第二节　君主与法

博丹以主权归属确定国家政体形式，提出君主国是最好的政体。亚里士多德曾以获取统治权的方式是否合法为标准区分君主和僭主。公元436年，匈奴大帝阿提拉杀害其胞兄，统一匈奴帝国；公元751年，法兰克王国官相丕平篡位，推翻墨洛温王朝开创加洛林王朝，后来成为一代明君，其子便是神圣罗马帝国首位帝国皇帝查理大帝；同样，波旁王朝的亨利四世通过在"三亨利之战"中战胜另外两个亨利获得王位。按照亚里士多德的标准，这些著名君王都是僭主。博丹显然不认可这种标准，在他看来，君主国即主权归于一人之手，不管这个人是以合法还是非法的手段获得政权。

那么，君主是否应该守法？从有君主之日起，这就是被广泛讨论的重要话题。毋庸置疑，民众应该守法，职官也应守法。那君主呢？博丹说，君主守法与职官和民众守法是完全不同的两个问题。民众之上的职官拥有一定的权威和权力，可是这些权威和权力并不来自他本身，是君主所授。但君主的权力和权威就来自他自身，那么，君主应该受制于他自己立下的法吗？

亚里士多德曾严肃地讨论——如果真有一个在德性、财富和勇敢方面都显著高于其他所有人的人，是否应该立他为王,让他位于一切人之上,甚至不受法律的约束?答案是肯定的。可是这样的人也并不常见,就算能够找到,也不一定能一直保持贤良。只要是人,便免不了有七情六欲,受情感的左右,"不受激情支配的统治者总的来说比易于感情用事的统治者要强。而法律绝不会听任激情支配,但一切人的灵魂或心灵难免会感受激情的影响。"① 若是君主一旦有了私意,有了欲望,便是有了兽性,即便是最优秀的心灵也免不了被扭曲。所以,亚里士多德认为,君主应依法而治。

但是,如果已经定下的法律与当前形势明显不符或者有必要修改法律呢?"政治的难题就在于要调和对于智慧的要求和对于同意的要求"②,也就是最优秀之人的意志和其他人是否同意他的意志之间的矛盾。古典理论以为,智慧优先于同意,认同人与人之间智慧与德性的等级区分,视优秀的人统治普通人为理所当然;现代自由民主理论以为,同意优先于智慧,将人人平等的理念应用于政治领域,以为大家同意即是好。怎么样才能调和同意与智慧之间的矛盾呢?在古典政治哲人看来,

---

① 亚里士多德:《政治学》,第106页。
② 施特劳斯:《自然权利与历史》,彭刚译,北京:三联书店,2003,第143页。

最好的办法"是由一个明智的立法者制定一套公民们经循循善诱而自愿采取的法典。那套法典既然是智慧的体现，就应该尽可能少地进行变动；法治要取代人治，无论后者如何有智慧"①。博丹显然对古典自然正当的理论相当熟悉，并且在这个基础上更近了一步。在解释亚里士多德的观点时，他讲到：

> 法律需要阐释，虽然由于地点、事件以及原因等条件的改变，法律也无法涵盖所有的可能事件，他仍然认为有必要把一切能让法律涵盖的东西给予法律，剩下的就必须留给人类的衡平和良知了。若是如此，法律的执行似乎在于职官，而非国家中最高权力的拥有者或是君主。因为，颁布法律的人应高于法律，也就是，可以撤销、削弱法律，使之无效或增加，甚至若条件需要，可以废除它。而若是立法之人被法律所限，就无法行使上述权力。（第236页）

作为立法者的君主，在立法之时一定要高于法律，否则无法废除旧法，颁布新法；在出现例外案件即依照

---

① 施特劳斯：《自然权利与历史》，第143页。

现行法律无法裁断时,君主也需要高于法律,或法外裁决,或修改法律。但是,博丹又说,

> 法律措施一旦征得所有人的同意而生效,为什么君主不该受到他自己颁布的法律的限制呢?……君主若说他们自己不受法律的限制,就是在对民众玩弄诡计,这意味着他们不仅高于法律,而且也没有任何方法可以限制他们,更卑鄙的是,他们所喜欢的任何东西都具有了法律的效力。(第236—237页)

若是法已颁布且得到所有人的认可,那作为国之一员的君主,虽然身处国中最重要、等级秩序中的最高位,也要与众人一样守法。此时君主在法律之下。这二者之间看似矛盾,其实是分别阐述了不同时候、不同境况下君主与法的关系。施特劳斯在分析亚里士多德的自然权利学说与马基雅维利主义之间的差别时的那段话值得引述以分析博丹此时的思想:

> 要准确理解亚里士多德关于自然权利的学说与马基雅维利主义之间的分别,这一点很重要。马基雅维利否认自然权利,因为他不是把自己定位于

正常的状况下，在正常状况下，严格意义上的正义的要求乃是至高无上的法律；他是把自己定位在了极端处境，在这种处境下，正义的要求就被简化为势在必行的需要。而且，在偏离寻常以为正当的事物之时，他没有什么勉为其难的心理。相反，他似乎从对此种偏离的思考中感受到了很大的愉悦，他并不关心对于某些偏离是否实属必要进行仔细的探究。另一方面，亚里士多德意义上的真正的政治家，置身于正常状态和通常所认为正当的观念之中，唯有为了正义和人道本身，他才会勉为其难地偏离寻常认为正当的事物。[1]

在16世纪的博丹那里，现代人所谓的道德与法律的明确区分还没有凸显。法律，是主权拥有者的正确命令，目的在于保障共同体的秩序。秩序之于博丹和当时法国的政治家派，就是正义，就是国家存在的目的、法律的目的。从这个意义上讲，法律（ius）就是正义（just）。遵从自然法则是法制君主的标志，主权存在是为了实现国家目的——共同福祉，这两个理念都得到博丹及其同时代的思想家们的公认。

---

[1] 施特劳斯：《自然权利与历史》，第164—165页。

在西方思想传统中，法的起源是代表正义的神。赫西俄德在《神谱》中讲到：

> 宙斯领容光照人的忒弥斯入室，
> 生下时辰女神，
> 欧诺弥厄、狄刻和如花的厄瑞涅，①
> 他们时时关注有死的人类的劳作。②

忒弥斯是律法和正义的象征，她和宙斯生下的女儿分别为"秩序""正义"与"和平"，意味着正是神圣礼法孕育了秩序、正义与和平。这三位女神时时关注人类的劳作，因此，

> 人类生活的准则源于宇宙最高权力（宙斯）与礼法（忒弥斯）的结合，违反人间生活的准则，就是忤逆神。相比之下，城邦是一个自治的共同体，宛若一个小的宇宙，城邦的秩序、正义和和平同样

---

① 欧诺弥厄（'Ευνουμίην）意即"法度、秩序"；狄刻（Δίκην）意即"正义"；厄瑞涅（'Ειρήνην）意即"和平"。
② 赫西俄德：《神谱》，载于吴雅凌《神谱笺释》，北京：华夏出版社，2010，第152页。

源于最高权力与礼法的结合。①

希罗多德说,正是斯巴达国王列欧波铁司摄政时将法制引入,制定新法,并注意让所有人都要守法,才使得邦国得以建立,"由于这样的改革,他们就成了一个享有良好法制的民族……他们既然拥有肥沃的土地和众多的人口,他们很快地就强大起来,变成了一个繁荣兴盛的民族。"② 既然法来源于神,是正义、秩序与和平的象征,那么国家处于常态时,任何人都应该在法之下,受法的约管,包括代表神统治国家的君主。

博丹在后文中讨论国家起源时提到,按国家形成时崇尚的不同标准——武力还是正义——可以分为两类国家,以武力统治的和以正义统治的。最早的国家是一人之治,在德莫斯梯尼、希罗多德、荷马、赫西俄德的作品中都可以找到证据。从上述史家的作品中还可以发现,人们常常把裁决判案之人称为"国王""主"、"统治者"甚至"人民的牧者"。这些词汇的蕴涵让我们明白,这个人"所代表的不是权力和支配,而是关

---

① 吴小锋:《从灵魂的战争到城邦的战争》,载于吴小锋编译《希罗多德的王霸之变》,北京:华夏出版社,2011,第15页。
② 希罗多德:《历史》(1.65—66),王以铸译,北京:商务印书馆,2010,第31页。

心、关怀、统治和仲裁上的公平"（第251页）；"甚至如今我们的国王加冕宣誓时，首先会承诺给予无偏向的正义，看来这是创设君主的首要原因"（第252页）。如此，君主的首要德性是正义，君主的最初角色是裁断者。未有成文法出现之前，君主判案的依据自然法、神法和地方习俗，君主本人也需要遵守这些法则。

历史也证实，西欧大部分国家在经历各种尝试之后都发展成为依法而治的君主国。对此，博丹给出的原因是：地理上这些国家都位于中部，民族天性决定他们适合这种统治。中部的西欧人"比东方人更具有独立精神，无法轻易忍受僭主，因此，要么是他们强迫君主守法（没有什么比这个欲望更神圣），要么把僭主们赶下台"（第254页）。在西欧基督教政教合一的传统中，遵守教会法就等同于遵守神法、敬畏上帝，因此各民族国家君主虽为被拣选的国家之主，但与普通信徒一样是上帝的子民，不得不遵守代表上帝制定教会法的教宗及其教阶制度。在这种传统中，西欧各君主国的君主大多是守法君主。

博丹追溯法兰西的政体变迁史时提到，法兰西最初是王制，"先祖最初在国王们的统治下繁荣了很久"，后来变成精英制，虽然看似是由三个阶层选出来的代表构成了一个议会，然而实质上掌握最高权力的是德鲁伊教团。教团能让王国内的重要人物们都服从他们颁布的法律，不是采取强制手段，而是"完全利用他们对宗教的敬畏、利用神圣事物的禁令"。也就是说，在精英制时期，法兰西统治者能借用宗教信仰有效地约束国民。因为"对神圣事物心存敬畏的地方，虔诚、正义和所有德性就一定会盛行"。这句话看似在谈宗教事务，但如果我们记得博丹在给史学分类时就曾说过，神圣事务需要专门撰写，那是神学家的任务，而他感兴趣的是人类事务，就应该明白他还有深意，"我不是指最崇高的神圣事务和自然知识……我讨论的仅仅是国家"（第294—295页）。也就是说，不管是谈德鲁伊也好，或是之后的其他宗教也罢，或是神圣禁令什么的，他都是为了讨论国家事务。宗教信仰只要能够培养国民的敬畏之心，唤醒他们对正义的热爱，促进他们的德性，就是对国家统治有益之物。

博丹自豪地讲，法兰西在军事成就和民事成就两个方面都很卓越："很少有军事名誉保持得比我们更久的民族，更没有任何民族的民事事务比我们好。"（第296页）其民事卓越体现在法兰西的议院不仅成为本国国民而且成为外国人趋之若鹜裁断公正的地方。博丹说，能得到这样的殊荣，是因为国王与庶民一样遵守法律和法令。

法律与法令，更多是指法兰西古老的习俗法，其中有两部最重要。

一是关于继承的萨利法。萨利人是早期法兰克人的一个亚群，关于他们的历史记录最早可以追溯大概公元3世纪。那时他们住在莱茵河三角洲北部，即恺撒定义的罗马高卢边境以北。传说中萨利人是典型的好战日耳曼民族支类，常常被视为海盗。他们是第一个来自罗马高卢边界以外并永久定居在罗马土地上的日耳曼部落。随着时间的推移，萨利人完全接受了法兰克人的身份，从公元7世纪左右开始不再使用自己原来的族称。萨利法是第一任法兰克国王克洛维在公元500年左右编制的民法法典。据说是以拉丁文或半拉丁文写成。直到中世纪早期，萨利法仍然是法兰克法律的基础，并影响了未来的欧洲法律体系。

萨利法规定，女性无权继承家族的权力、封地和其他财产。博丹赞赏旧法的主要原因是，它规定女性不能继承王位。可是，到他的时期，这一条习俗法已经被打破，出现了很多因继承而掌权的女性统治者。她们中的大多数，博丹都不满意，说这不仅违法法律，违背自然法则，而且人民也怨声载道。现代读者也许会指责博丹歧视甚至敌视女性，但事实上，在16世纪的西欧，女性没有社会工作更没有社会地位，婚后就得改冠夫姓，在家相夫教子。更重要的是，不管在西欧还是全世界，那时强调的都是法权，所谓人权概念还闻所未闻，更别说女权。我们是否能够要求一个生活在那个时代的学者尊重女权呢？

第二部重要的法兰西习俗法是土地法。其中有两条博丹最重视。第一条是君主不可以在没有得到三级会议同意的情况下割让公共土地。博丹认为，这一条可以有效避免国王在王室财务紧张时通过割卖土地换取财产以作私用，侵害国家利益。事实上，他也身体力行地带头反对亨利三世在财政紧缺时以扩充国库为由割卖王室土地。第二条是禁止君主出于私愿索要公共土地、任何外国人的土地，或死刑犯的土地，这一条有利于规避君主为了满足一己之欲以残暴的手段强占国民的私人财产。

博丹说，法兰西"所有法律中最神圣的是，国王法令必须要保持公正、符合真理，否则没有强制效应"。（第299页）他举了很多国王守法的例子，对其不吝赞词。他的主要意图当然不是唱赞歌，而是以史为鉴分析当下问题提出警示，紧接着他痛心疾首地讲：

> 当习俗逐渐被废弃，我们慢慢背离了惯例。我们本可以以先祖们的德性为榜样啊！先祖们宁愿舍弃生命也不放弃自己的理念。而儿孙们宁愿舍弃国

家和声誉，只为保住官职。（第300页）

习俗和惯例中蕴含着德性，追求这些德性是祖先们的理念，如此才能维存国家，让国家与声誉都达致久远。然而现世之职官，完全放弃了这些高贵的追求，只求眼前的官职！法兰西政局当时的情况的确如此：各派势力角斗，国家濒临分裂破碎。博丹怎能不严肃警示？

12世纪以后，随着各国民族意识的苏醒，各国的"政治统治者都制定法律，试图侵入宗教法律的领域……早期现代欧洲的重要政治斗争涉及崛起的君主，他们凭借新颖的主权原则，将自己置于等级制度的顶部，以取代上帝"[1]。例如博丹推崇的法兰西君主弗朗索瓦一世。这位君主一向不重视高等法院登记国王法令之前的进谏，坚信立法权只应该在自己手上。王权在很大程度上限制了出身显贵的各郡郡守的权力。其实，"在法国大革命之前的基督教欧洲，上帝拥有制宪权的观念仍然具有支配地位，君主的专制权力从法理上讲不过是代表上帝行使地上的主权。"[2] 所以，君主国必然

---

[1] 福山：《政治秩序的起源：从前人类时代到法国大革命》，第268页。
[2] 刘小枫：《百年共和之义》，上海：华东师范大学出版社，2015，第78页。

专制，同上帝统治人间的专制如出一辙。专制也并非无法无天，甚至可以说，君主专制制度既有"法"（自然法、习俗法）也有"天"（西方的"上帝"，中国古代帝王的"天道"）。

也许正是因为这样的传统背景和现实状况之间的冲突，让博丹在论述君主是否应该受制于法的时候出现了一些看似的矛盾。

当国家处于常态时，每个人都需要守法。从柏拉图和亚里士多德设想的王制，到博丹所考虑的君主制，乃至孟德斯鸠讲述的君主政体，没有哪一个离得了"法"，"法"是君主制的根本。

但在有些情况下，例如国家建立之初制定法律时、旧法不再适用需要废除重立新法时、国家被外敌威胁战争一触即发时、国家陷于内乱有存亡之忧时、国家已经四分五裂亟待统一时等等，应被视为非常状态。"主权就是决定非常状态。"[①] 常态下各个机体、组织、邦国可以按照标准程序运转。对于国家统治来讲，这个标准程序是实定法。而"非常状态并没有被纳入现有的法律制度中，它最好被描述为一种极端危险的情况，威胁到

---

① 施米特：《政治的神学》，刘宗坤等译，上海：上海人民出版社，2014，第24页。

国家的存亡，或诸如此类的情况"。[①] 在这种涉及到公共秩序和国家安全的紧急情况下，决断问题至关重要。决断者即主权者。施米特说，只有这种紧急状态或意外状态才切合主权的问题。所以，如果我们探讨的话题是作为主权归属者的君主，他当然高于法律。因为，正是这个拥有主权的"统治者决定是否出现了极端的紧急情况，以及采取何种措施消除这种情况。他置身于正式生效的法律秩序之外，他绝不属于这种秩序，因为正是由他来决定是否完全搁置宪法"[②]。从这个意义上讲，在紧急情况下，主权者必须且只能置身于正式生效的法律程序之外。

16世纪诸多有识之士都认识到这一点。在马基雅维利时代，意大利被分裂为若干个城市共和国，马基雅维利的政治现实是祖国被分裂。面对那种现实，他认为只有依靠强有力的王权，才能摆脱教会的控制，收复各封建贵族的土地和势力，结束封建割据状态，实现国家统一。当时意大利的境况就是施米特所谓的例外状态，需要主权者以强有力的姿态出现，迅速决断。就如同处于风暴中的航船，作为舵手的船长此时需要抛弃一切教科

---

① 施米特：《政治的神学》，第25页。
② 施米特：《政治的神学》，第25页。

书式的规则，根据风暴的情况随时做出最及时的反应，因而他应该也必须高于那些规则。

从博丹的论述可知，他所谓的主权也是指非常状态下的决断权。首先，从主权的五项内容来看，设定职官的职责以及任命职官、为国家设立基本法等。一般是在建国之初急需解决的大事；宣战或媾和、法外赦免和奖赏，也是在事关国家存亡或进入紧急战争时候需要决断的事宜；终极上诉权旨在解决依照常规法律无法解决的问题。也就是说，主权的这五项内容所涉及的问题，国家处于常态下并不会经常遇到。其次，在讨论罗马共和国政体时，博丹的分析是，罗马共和国时期，元老院、执政官和护民官都不是主权的拥有者。可是在极端情况下，例如战争时期罗马民众会设立独裁官，独裁官在任期间拥有一切最高权力，即独裁官在那段时间里被"委托"了主权。那么，真正的主权拥有者应该是委托人——罗马民众。独裁官的设立仅在国家处于战时或其他紧急状况下时，也就是说，只有在这种情况下主权才得以凸显。因此，博丹讨论的主权，是拨开一切迷惑性表象后的最高权力，是以紧急状态为契机而凸显出来的主权，必然高于国家常态时依照的实定法。

我们无法预知国家的这种紧急状态或例外状态会在什么时候发生，会如何发生，更无法提前明确其具体的细节，因此无法像制定法律一样尽可能详尽地假设各种条件。这种紧急状态是否可以根除，也不是政治实践可以讨论的问题，而更可能是一个哲学命题。而且，若是紧急状态果真能够被消除，那随之消除的就是主权的概念，也就不存在我们在此处探讨的主权者。

其实，君主与法的这两种关系最终可以归结为：君主在任何时候都必须谨记且遵循国家成立的最初目的——国家利益。不管是在法之上还是在法之下，不管是创立新法还是废除旧法，都不能损害到国家利益，都不能违背国家创立的初衷——公共福祉。

正是秉承这个宗旨，博丹坚持，君主不能未经三级会议同意而随意更改各个城市的习俗和古风，不能侵犯国民的个人财产，不能违背在上帝面前许下的誓言——加冕誓言。对于普通国民来讲，习俗与古风皆是法律。一般来讲，习俗之所以形成，乃是因为各种习惯法符合人们关于正义、公平等诉求的基本观念，是特定民族的生活方式和文化传统的长期积淀，得到人们的接受和遵守。所以，相比于服从实定法是一种强制义务，人们遵守习俗更多凭靠自觉，习俗从而成为维护社会秩序的重要工具。在历史久远的国家，对于很多国民来讲，习俗与法律一样神圣不可侵犯，对于维持国家稳定必不可少。

在国家财产问题上，博丹同意塞涅卡的名言：君主是一切权力的拥有者；个体国民是财产的拥有者。其实，国家统治者不能强取豪夺国民私人财产是中世纪传承下来的主流观点。然而，仍然有些罗马法解读者将omnia principis esse这句在《法典》中出现过三次的句子解读为"一切属于君主"，包括国家的一切财富，如博丹所提到的雅森（Jason）。博丹反驳说，这种理解显然有悖常理，如果这种说法成立——一切财富都属于君主，个体国民一无所有，那君主国中根本没必要有民法，也不必有律师，因为不可能存在任何民事诉讼。试想，甲若偷了乙的钱，乙有什么资格诉诸于法律要回呢？甲不是物主，乙也不是，只有君主是物主；既然都是君主的，在甲手里与在乙手里又有什么分别？

博丹在国家财产问题上的看法始终一致。不管在《方法》中还是《国是六书》中，他都坚持，君主不得任意征税，不得割让王室土地。他在《国是六书》中提出，增加税收须得征得三级会议的同意。在博丹看来，财产权是不可侵犯的自然权利，具有自然正当的特点。财富是家庭的必要构成要素，家庭是国家的基本构成单位。任意征税的实质就是搜刮民财，破坏的是国家的基本构成单位，也就是损害国家。国民赋税过重可能起而叛乱，不利于国家安定。在1576年召开的三级会议中，作为第三等级代表的博丹身体力行地反对王室加重税收。[1]同样，王室土地也是国家财产，不可任意割卖或出让。保存王室土地，一是为了保证王室费用的来源，保证君主有足够收入，而不致频频向民众征税。二是为后任君主着想，也就是为国家的保存和延续着想。所以，这一主张也是为了保护王朝自身，保障下一任国王的权益不受损害，帮助国家健康可持续地发展。

博丹也一直坚持，君主必须遵守契约，不管是与个体臣民的契约，还是与其他国家的契约。博丹在《方法》第六章中特别讲到了君主的加冕誓言，并盛赞法兰西君主的加冕誓言不仅言辞优美，颇具古风，蕴含思想的分量和尊严，而且意义重大：在牧师前，君主以永生的上帝之名宣誓，予他所统辖内的各阶层公正的法律和正义，正直虔诚地裁决。宣誓以后，他就不能轻易地违背信仰。

从某种意义上讲，加冕誓言就是君主与国家、与臣民的契约，约定君主拥有最高的世俗权力，同时也对世俗王国和国民有最高的保护责任。两百多年后，法兰

---

[1] 然而，博丹并不希望三级议会把同意增税这一权力作为限制国王在其他公共领域的权力的一种凭借，由此改变绝对权力赖以建立的各种制度性关系。对此问题，富兰克林的分析比较合理（J. H. Franklin, *Limitations on Absolute Authority*, J.H. Franklin ed., *Jean Bodin*, 2006, pp.153-175, esp. pp. 170—174）。

西的另一位君主拿破仑在其加冕仪式上，虽然也做了弥撒，但他没有让教宗庇护七世给他戴皇冠，而是从教宗手中接过皇冠，为自己戴上，再亲手为皇后戴上。他在加冕誓言里讲：

> 我立誓护得共和国领土完整；我发誓尊重《政教协定》、礼拜自由、政治与公民自由以及国有财产交易不可撤销的准则，并使它们受尊重；我发誓无法律规定绝不加税；我发誓维护荣誉军团制度；我发誓只为法兰西人民的利益、幸福与荣耀而统治。①

这个誓言处处透露出宣誓者对国家利益的尊重。

可以说，君主与法的关系到底应为何，需要看是否遵循比实定法更高的"国家之法"的规定，"主权在法律上只受'国家之法'（leges imperii）的限制，正如它在逻辑上涉及一位现实君主所在之位一样。"② 用后人霍布斯的话讲，君主服从国家之法就是服从自我保存的本能——保存王国和国王自身的本能，具有自然正当的特点。

---

① 罗伯茨：《拿破仑大帝》，苏然译，北京：社会科学文献出版社，2016，第433页。
② J. W. Allen, *A History of Political Thought in the Sixteenth Century*, 1957, p. 422.

## 第三节 君主角色嬗变

在博丹看来，研读历史最重要的任务是获得与国家政体和法律相关的真知，明白什么是最好的政体，应该以何种法律统治。在《方法》中，他花费大概全书三分之一的篇幅回顾欧洲各国政体的演变历史，最后得出结论，最好的政体是君主制。既然如此，我们有必要回顾一下，君主制中最关键的那一人即君主，在西欧历史中究竟扮演着何种角色。

中世纪以降，自康斯坦丁大帝立基督教为国教之后，王权极盛、教权成为依附。西欧王权与教权之争成为历史发展的主线。二者的争斗基本上呈现出如下规律：王权强势时则教会弱势妥协，王权衰弱时教权则趁机开始扩张。总体来讲，早期神圣罗马帝国皇帝的权力一直能压制教宗，教会处于依附于帝国的状态。"丕平献土"后，罗马教廷获得自己的领土，成为"准君主国式的政治单位，这为后来的教宗萌生打造'拉丁基督教帝国'的想象奠定了地缘政治基础"[1]。教会的权力在此之后日益壮大，通过教阶制度参与并进一步企图支配

---

[1] 刘小枫：《拥慧先驱：走向政治史学》，上海：华东师范大学出版社，2019，第171页。

西欧各王权国家的政治事务,当然,这是历届教宗不懈努力的结果。

由于王权与教权的长期结合,帝国皇帝每每登基之时都接受教宗的加冕,不管是教宗自愿还是皇帝强逼。随着西方文明进入以基督教为中心的时期,一个观念在人们心中形成并稳固下来:

> 基督以肉身降临之后,地上的王权就相应地发生了变化。要在上帝救赎秩序的统摄之下才能发挥正确的功能。新约下的君王们不再表现为基督的"预表",而是"代表",是基督的效法者。①

皇帝虽然是一个人,却因其地位得到恩典和圣祝,获得了某种似神的性质。由此,他的存在具有了二重性——同时是人和神,就像同时是神和人的基督一样。皇帝既然代表了基督,地上的王国便因而受到神的眷顾,与上帝之城有了某种联系。

---

① 康托洛维茨:《国王的两个身体》,徐震宇译,上海:华东师范大学出版社,2018,第125页。

## 一、作为代理人的君主

基督道成肉身后,同时具有神性和人性,"道"是其神性的体现,肉身则是其人性的体现。作为"基督的摹本"(typus Christi)的国王也同时具有神性和人性,其神性体现为他是受到恩赐的政治体的"头",人性体现为他的自然之体是作为国王的人。

> ……[在国王里面]有一种双重人格,其一来自于自然本性,其一来自于神恩……通过其一,依赖自然本性的条件,他与其他人相同;通过另一人格,依赖[他的]神圣化的尊贵,以及[祝圣]圣礼的能力,他超越其他所有人。论到这一个人格,他按自然本性,是一个人;论到他的另一个人格,他依靠神恩,就成为一名受膏者/基督(Christus),亦即,神-人(God-man)。①

中世纪著者称国王为"基督的摹本",反映其职能的两个方面,重在解释其存在的"基督的形象"和重在强调其统治职能和行为的"基督的代理人"。作为"基

---

① 康托洛维茨:《国王的两个身体》,第124页。

督的代理人",皇帝在地上的职责是代表基督统治王国内的人民。也就是说,在国家政治权力与基督教逐渐结合的过程中,帝国皇帝从宗教中获得了神性,增强了其统治的正当性,巩固了帝国及其统治的根基。然而,这个称谓同时也隐含着另一层不利于皇帝统治的深意:其权力来源不在他自身,而在于他无法掌控的居于上位的基督。作为代理人,其代理权随时面临被收回的危险,假如授权方认为他不再有资格代理的话。这正是教会权力逐步增强、谋图夺权时频频诉诸的理由。

事实上,在中世纪政治、法律观里,帝国法律的来源的确不是君主,而是上帝的意志。皇帝也好,神职人员也罢,其主要义务或职责不是自己制定法律,而是维护上帝为人类立下的律法。这也为教宗从帝国皇帝手中夺权埋下了伏笔。

教会权力在10—11世纪迅速增长,个中原因与帝国皇帝权能衰退和接连上位的两位强势教宗不无关系。教宗尼古拉二世(Nicholas II,1058—1061)上位后第二年,就借助修会的力量召开拉特兰宗教会议(Lateran Synod, 1059),拟定新的教阶制度。其总体思想是严格规范教士的个人行为、防止教会内部的腐败。其中非常重要的一项措施是,不再允许各地封建领主任命主教和修院院长,将这一权力收归教会;教宗也不再由罗马贵族选举，而是恢复由大主教团自主选举的旧规。这无疑对于提升教会权力极为有利。然而事与愿违，出于各种利益博弈的原因，2年后德意志境内的主教们居然推翻了他的做法。也许是上帝还要这个腐败的教会再等10多年吧。

1073年，托斯卡纳人希尔德布兰德（Ildebrando，1015—1085）当选第157任教宗，法号格雷高利七世（Gregory VII）。格雷高利七世上任仅两年便颁布《教宗敕令》（Dictatus papae），明确列出教宗拥有的各项权力，包括废黜皇帝、解除臣民对领主或国王的效忠誓言、任命地方主教、修院院长等等，企图把教会的权力再次延伸到地方主教一级。这一举措激起了地方权贵和各地王族的反对，著名的"主教授职权"之争由此引发。"主教授职权"之争的实质是，此时的神圣罗马帝国缺乏稳定统一的秩序，缺乏政治意志坚定且政治经验丰富的统治者，不像之前入主罗马的康斯坦丁大帝、统一西欧的查理大帝、打造德意志帝国的奥托一世等君主那样，有足够雄心和国力压制教宗。按照之前查理大帝的规矩，地区主教掌管地方的政治事务，任命地区主教是皇帝的政治权力，教宗只能管主教的信仰是否纯正。而格雷高利七世却宣布教宗拥有任命地方主教的权力，显然是希望染指地方政治事务，与皇帝竞争世俗统治权。

当时德意志帝国的皇帝亨利四世（Heinrich IV）才20多岁，虽有心巩固王权、统一帝国，奈何他面对的是50多岁有丰富政治经验和野心的格雷高利七世。面对教宗的敕令，亨利四世坚决不放弃授职权，他任命自己的教士为米兰大主教，甚至召开宗教会议宣布废黜教宗。格雷高利七世也不示弱，宣布革除亨利四世的教籍。亨利四世也许并不在乎那个他不承认的教宗做了什么，然而帝国内部的大贵族大领主却以皇帝被废黜为借口、趁机侵占属于皇帝的领地财产。迫于压力，亨利四世亲自前往卡萨诺城堡向教宗认错，才被允许恢复教籍。至于是否真的如传说那样在雪地里光着脚等了三天三夜，就众说纷纭了。显然好事者们希望将此事渲染得更加多彩，反对皇帝的叙事者们也希望以侮辱亨利的笔法记录此事。

接下来的确是史实：8年后，亨利四世出兵罗马（1084年），另立克莱门三世为教宗并勒令他给自己加冕，格雷高利七世只能南逃，据说最后客死在一个岛上。但他所开启的这场斗争还没结束，斗争带来的影响力也波及甚广。直到1122年，皇帝亨利五世（Henry V）和教宗卡里克斯图二世（Calixtus II）签订"沃尔姆斯协定"（The Concordat of Worms），"主教授职权"之争才宣告结束。协定规定：德意志帝国的主教不再由皇帝任命，而由教士选举产生，但选举须在皇帝或其代表的出席下进行；主教在其领地上的世俗权由皇帝授予，宗教权由教会授予。高级教士有双重身份：作为教会神职人员既需要服从教宗，作为帝国封建领主也是皇帝的属臣。①

我们看到，相对于康斯坦丁大帝和查理大帝的权力而言，此时帝国皇帝的权力已经大幅缩减，对教权丧失了完全控制；另一方面，教权也没能实现以宗教为籍口一统拉丁帝国的梦想。55年后，教宗亚历山大三世与斯陶芬王朝的弗里德里希一世（Friedrich I，1122—1190，俗称红胡子皇帝）激战获胜，逼迫红胡子皇帝签订《威尼斯和约》（1177年）承认自己的权力，并在2年后"修改教宗选举办法，将一致通过改为2/3通过，让教宗选举彻底摆脱了帝国皇帝的束缚"②。

伴随着这一系列政治争斗，关于皇帝与基督联系的观念也有重大变化。前文曾提到"基督的形象"与"基督的代理人"这两个方面的区分。在罗马帝国早期，帝国皇帝对教权有强大控制力，这两个方面的区分不太明

---

① 参见《辞海：缩印本》，上海：上海辞书出版社，2000，第2230页；刘小枫：《拥慧先驱：走向政治史学》，第188页。
② 刘小枫：《拥慧先驱：走向政治史学》，第196页。

显。然而，随着奥托王朝和萨里安王朝时期教宗权力的增强、帝国权力的衰退，教士们开始提出，"基督的代理人"的职能是圣统制的特权，皇帝怎么有资格僭取基督的地位呢？教会法学家们也力证此观点。比萨的胡果奇奥（Huguccio）在其《教令大全》（*Summa super Decreto*）中写到："是谁说，唯有教宗是基督的代理人？就那种权力的充分性而言，这是真的；但是在另一方面，每一名司铎都是基督和彼得的代理人……"[①] 这说明，在他的时代，"基督的代理人"几乎已经是教宗的专属称号，也得到广泛认可。之后，在教宗英诺森三世发布的教令里，教宗是"基督的代理人"的说法第一次出现在了官方文件中。国王失去了"基督的代理人"这一职能，意味着其统治行为失去神圣支撑；更确切地讲，被教会篡夺。教宗英诺森三世在位期间，教廷的权力达致顶峰，他四次发动十字军东征、镇压法兰西南部异端阿尔比派，西欧多国国王不得不向其低头。

上文提到的被教宗亚历山大三世压制着的红胡子皇帝雄心阔志，当然不甘心。其法律顾问随即建议，要摆脱罗马教会的控制，首先得从意识形态上入手，只要还依附于基督教意识形态，便始终不得不承认教宗威权在

---

[①] 转引自康托洛维茨《国王的两个身体》，第185页。

其之上。精神上的问题历来影响深远,而且在影响初期常常难以察觉,若是到了引起人们不得不关注之时,或许已经很难改变,至少要改变就不得不伤筋动骨。帝国另谋的依据是古老的罗马帝国王权论。为了摆脱基督教意识形态,各个王国的法学家们纷纷转向罗马法寻求世俗依据。由此,非基督教的法律化帝国理论开始崭露头角并最终促使了现代国家的诞生。

## 二、作为命令者的君主

既然要摆脱基督教意识形态,就不能再使用教会那套话语。帝国法学家们开始把皇帝描述为"地上之神"(Deus in terris)。因为,根据从罗马法典中获得的资料,根本没有"君主是'上帝的代理人'或'基督的代理人'"这种说法,君主高于所有这类所谓的代理人。如此,以基督为中心的统治观被帝国法学家以罗马法渐渐抹除,替而代之的是,君主作为"地上之神"如父般统治臣民的观念。"自此以降,教宗作为'在地上的基督'(Christus in terris)与皇帝作为'在地上的神'这两个观念就开始并行。"①

---

① 康托洛维茨:《国王的两个身体》,第186页。

红胡子皇帝去世后30年，他的孙子，"伟大的"弗里德里希二世（Friedrich Ⅱ，1194—1250）于1220年被加冕为神圣罗马帝国皇帝。尼采称这位君主为"第一位欧洲人"，[1] 并说他是自己的近亲。弗里德里希二世的实际身份只是西西里国王，但他以自诩的神圣罗马皇帝的身份编订《西西里宪制》（*Sicilian Constitution*，亦称《皇上书》*Liber augustalis*）。在这部法律中，皇帝宣称：

> 人民通过仔细的商议和明智的斟酌，通过《君王法》（*lex regia*），向罗马君主同时授予了立法的权力和统治（imperium），这样同一个人（依其权力统治……人民）就可以同时构成正义的来源和对正义的保护。因而，出于可证明的功用和必要性的理由，就做出规定，使一个人同时成为正义的源泉和正义的保护，以免强权（Vigor）消除正义，或者正义消除强权，所以恺撒就必须同时是正义的父和子，它的主人和仆人作为父亲和主人，创设正义，并保护被创设的内容……[2]

---

[1] 尼采：《善恶的彼岸》，魏育青等译，上海：华东师范大学出版社，第138—139页。
[2] 转引自康托洛维茨《国王的两个身体》，第193—194。

法律中提到的《君王法》乃罗马皇帝忒奥多修斯（Theodosius）发布，这位皇帝曾专门说明，虽然他在道德上有责任遵守法律，但并不受法律约束。显然，弗里德里希二世制定的这部法律是在宣告自己对罗马帝国的正当统治权。他从罗马古法中获取依据，将权力的来源追溯至人民，完全不提上帝或基督，尽管仍然在使用父与子的比喻。这无异于宣告，神圣罗马帝国虽然有"神圣"之名，但掌握神权的教宗没有依据插手政治事务的最高决断，最高决断权只能在皇帝手中。从政治思想史的角度看，

> 首先，这一史例证明，宪制国家最早出自帝王之手，走向宪制国家未必非得有一场反王权的革命。第二，弗里德里希二世的制宪和立法，使得西西里王国成为西方历史上第一个理性化国家，开启了政制观念的世俗化变革，即凭靠法学而非神学来证成国家的合法性。①

或许这就是尼采称弗里德里希二世为"第一位欧洲人"的原因——他完全撇开宗教，以古法为依据，以亲

---

① 刘小枫：《拥慧先驱：走向政治史学》，第137页。

自立法为举措，宣告对自己王国的统治权。

遗憾的是，帝国内封建领主的分裂势力太强，皇帝本人的天命又太短（只活了56岁），最终没能实现统一德意志帝国的抱负。他和他短命的儿子去世之后，帝国经历了20年没有皇帝的"大空位期"，博丹在《方法》中对此有所提及，并以此为理由反对皇帝选举制度（第282—283页）。

法兰西王国与神圣罗马帝国的情况又不同。神圣罗马帝国皇帝显然从来没有忘记当初统一的法兰西王国的其他地方，而法兰西王国的皇帝不但不愿俯首称臣，甚至还一直惦记着收回中法兰克和西法兰克。

随着对罗马法的研究日益推进，法兰西王国的法学家们最终提出，法兰西国王是"他王国内的皇帝"，从而赋予国王与帝国皇帝同样的威权。甚至，从14世纪开始，法兰西的法学家们力图进一步证明，神圣罗马帝国本身就没有存在的必要。从事实上讲，神圣罗马帝国的皇帝逐渐徒有虚名，连帝国内部的各选侯帝都压制不住，更没有权力也没有理由干涉其他国家的国政。14世纪初曾流传过两本匿名小册子，题名为《和平王》（*Rex Pacificus*）的那本提到，在已经长期和平地占有的特定领域（王国）内，法兰西国王拥有所有最高权力；题名为《探究整体与部分》（*Quaestio in Utramque Partem*）

的小册子提到，研究历史可知，法兰西王国不仅在事实上而且在法律上也独立于帝国，因为法兰西从未臣服于皇帝或其他任何人；作者还大胆宣称，法兰西是一个"帝国"（imperium）。在中世纪语境下，"帝国"这一概念意味着至上的、不受控制的、独立的权力。该书作者反驳英诺森三世的有关教令时说，王国独立是一个已经转化为习惯法上的权利的事实，这一事实皇帝从未怀疑，教宗也一向公认。[①] 另外，从罗马法中，法兰西法学家们还找出了"君王之决断有法律之效力"[②] 的说法。

阿奎那的学生罗马人艾格狄乌斯（Aegidius Romanus）著《论君主的统治》（*De regimine principum*）并将此书题献给法兰西王储，即后来的法王腓力四世。据说当时此书的阅读量和引用量极大，因为作者界定了接下去许多个世纪都会探讨的主要问题。艾格狄乌斯称君主为"正义的保护者"，这个保护者通过定义法律来维护正义，他解释道：

---

① 参见陈颐：《腓力四世到路易十四时代法国的法律与国家构建》，博士学位论文华东政法学院，2006，第24页。
② 塞诺博：《中古及近代文化史》，陈建民译，台北：台湾商务印书馆股份有限公司，1969，第117页。

> 国王或君主是某种法律，而法律也是某种国王或君主。因为，法律是某种不活的君王；而君主，则是某种活的法律。这样，鉴于那活的超越不活的，国王或君主就必定超越法律。①

从"活的国王高于不活的法律"，艾格狄乌斯进一步推论为"受国王统治比受法律统治好"，后来的法学家将其总结为"好国王好过好法律"（Melius est bonus rex quam bona lex）。然而这并不等同于说国王高于一切法律，因为艾格狄乌斯的结论中还包括"实在法在统治者之下，正如自然法在其之上"②。

我们看到，法兰西法学家们抛开教会法依据，转向罗马法，从中找到各种理论依据，证明君主是王国中保护正义的命令者，既可以作为法官裁断，也可以为了维护正义立法。而就后一层意义来讲，他的命令就是法律，必须得到执行。

但正如博丹所讲，历史是最好的教师，它告诉我们法兰西国王与神圣罗马帝国皇帝之间的争斗更多在理论上而非实权上，毕竟那时皇帝的威权已日益衰落。

---

① 转引自康托洛维茨《国王的两个身体》，第239页。
② 康托洛维茨：《国王的两个身体》，第240页。

相比较而言，法兰西国王与教宗之间的权力抗衡更实在、火药味更浓，尤其是腓力四世与教宗卜尼法斯八世（Bonifaci VIII, 1235—1303）之争。

卜尼法斯八世希望能重整政教合一、教宗一统的昔日辉煌，腓力四世则想要罗马教会重新向君权低头。两位强势的统治者互不相让，组织法学家和各方政治力量斗法。腓力四世在卢浮宫召开秘密会议审判卜尼法斯八世，起诉他背叛上帝。腓力四世列数出卜尼法斯八世29条罪名，并决定公审他。随即又联合教宗的政敌——意大利科伦纳家族，让其派出人马，把卜尼法斯八世抓来囚禁在卡达尼宫，并殴打凌辱逼其辞职。虽然三天后卜尼法斯八世就被救出，但或许年事太高经不起肉体与精神的双重折腾，很快便撒手归西。

继任的教宗本笃十一只干了9个月也去世了，接下去的七任教宗全是法兰西人，法兰西国王与教宗联手，不仅把教权置于王权之下，而且取消了延存近200年的圣殿骑士团，并瓜分其财产。圣殿骑士团的解散不是本书重点讨论的内容。只说一点，这个团体中有大量贵族和教会活动家，财富丰厚富可敌国，有巨大影响力。更可怕的是，这是一支强大的职业军队，由四个阶层组成，等级分明、各司其职，作战能力极强。在任何一个王国内，这种有军队、有财富、有宗教领袖的集团的存在，都会对国内安全和秩序构成极大威胁。任何一个国王，若是在其领土内有这样一个掌控范围外的团体，恐怕都会寝食难安。由此我们可以明白腓力四世取消圣殿骑士团的原因。

圣殿骑士团可以解散，但王国内的宗教信徒却是芸芸众生，构成国民主体。作为国民的平信徒们对宗教的笃信始终是王国统治者无法回避的问题，这也是属灵的统治与世俗王国统治在西欧纠缠不休此消彼长的重要原因之一。国王最初仅仅是神的代表，只具有礼仪性质的王权，但逐渐演变为以法律为中心的王权模式。然而，为了巩固自己的统治并让国民深信其统治的合理性，国王开始宣称自己的公共行政机构也具有与宗教同样的永久性。

## 三、国王不死

1302年，教宗卜尼法斯八世为了对抗腓力四世，曾在其"神圣一体通谕"中总结且教义化了罗马教会共同体理论。他阐述说，神圣的罗马教会具有公共性，体现为一个奥秘的身体，基督就是这个身体的头。作为教会的头的基督当然不可见，但这个奥秘之体也有一个可见的头，即基督的代理人罗马教宗。

教会是基督身体的概念，上可追溯到圣保罗，"奥秘之体"这个词直到加洛林时期才出现，但它"在加洛林神学家那里，根本不是指教会，更不是指基督教社会的整体性与合一性，而是指经过祝圣的圣餐"①，后来经过一系列奇怪的发展才用来指基督教会这个有制度有组织的实体。之后，在很多支持教阶制度和教宗的作家笔下，教会被描绘成一个"基督教政治体"，而教宗作为这个政治体中的头，当然也就成为其中的王。

然而，一旦教会被理解为与其它世俗共同体类似的政治体，事实上它也具有类似的管理和统治结构，"奥秘之体"这一概念就不再局限于指教会，而可以反过来进入世俗政治体。例如，从方济会修士佩拉吉乌斯（Alvarus Pelagius）的"教宗所在之处即是基督的奥秘之体"的论断，以及古老的"皇帝所在之处即是罗马"的格言出发，法学家巴尔都斯推出"国库所在之处即是帝国"。甚至皇帝弗里德里希二世也曾说，"我们的人和我们国家的贵族在哪里，哪里就是日耳曼议会。"随着"奥秘之体"越来越具有指代实体的含义，其"奥秘性变得越来越弱，最后变得只是指作为政治体的教会，或者，通过借用，指世俗世界的任何政治体。"②。

---

① 康托洛维茨：《国王的两个身体》，第308页。
② 康托洛维茨：《国王的两个身体》，第320页。

在法兰西，把世俗政治体比作"奥秘之体"的用法根源更深厚。上文提到巴尔都斯的说法，事实上是法学家们用来论证国库财产不可让渡时的论据。他们想要论证，统治者接受王冠的时候，就相当于与自己统治的王国结婚。加洛林时代以来的君王在加冕礼上除了接受王冠权杖等象征物，还会接受一枚戒指就是这个道理，戒指是一种记号，意味着君主与他的国家这个"奥秘之体"结婚。正如丈夫是妻子的保护者，君主也是国家的保护者。法学家论证说，在这个特别的"道德与政治婚姻"中，国库是国家这个新娘的嫁妆，国王这个丈夫有权使用妻子的财产，但不可以将其让渡。14世纪的法学家佩纳（Lucas de Penna）在其著作中充分阐述或者说总结了这个比喻。后世的诸多法兰西法学家，肖邦（René Choppin）、霍特曼、格雷高尔（Piérre Grégoire）等都使用过这个比喻，博丹也在《国是六书》第六书第二章里也运用了这个比喻，说明国王不可让渡国库财产。

14世纪初期的时候，国家是"奥秘之体"这个提法在法兰西还有更重要的意义。但当它与古罗马"爱祖国"的观念结合起来，并因为法王腓力四世与教宗卜尼法斯八世斗法而在国内引发爱国主义大爆发时，法兰西内部便掀起了一场爱国主义宣传，并且明确提出了国民"为祖国而战""保卫祖国和王冠"等观念。

康托洛维茨比较系统地讲述了这个过程，他提到一篇颇有代表性的匿名教士讲道辞。讲道者提到，既然国王是王国的头，那王国内的其他部分就是这个共同体的肢体。这些肢体部分应该听从头的指挥，而且应该愿意为了保护头冒风险。因此，在王国内任何一个地方，攻击国王就是攻击头，就会威胁到包括自己在内的整个身体的安全，最后的结果是毁灭头的同时也毁灭自己这部分。这进一步意味着，为了王国而战，等同于为了国王的安全而战。换句话说，政治体的头与政治体一样，是国家安全的象征，值得整个政治体内的人为其冒险甚至为其牺牲。

另一本可能是王室法学家撰写的小册子里提到，法兰西的信徒与教士共同构成的法兰西教会，是法兰西整个政治体的一部分。这种描述的实质，是把教士与国民定义在同一层面。由此，从法兰西整个政治性的奥秘之体出发，能超越教士与信徒的二元区分；更重要的是，这种描述显然让国家奥秘之体高于了教会的奥秘之体。也就是说，每一个法兰西人，不管是教士还是普通信徒，都有责任保卫这身体，也都有责任保卫作为这个政治体的头——国王。如此，事实上是从宗教的角度、以宗教的方式来理解"为政治体献身"或"为祖国献身"，从而把民族国家的重要性推向了神圣的顶点。

生命可贵，自古以来能让有死之人为之献身的往往是不朽之物，比如荣誉、名声、神灵，有死之人通过这种献身无限趋近于不朽。教会奥秘之体的头是基督，具有神一人二性，他是永恒的；但国家奥秘之体的头是国王，国王不管象征了什么，始终是有死之人，无法如基督一般永恒。这个矛盾如何化解？即如何让国王不死？

答案是"拟制"。"拟制"作为法学用语，指"视为，依据法律政策而拟定，并以立法的手段做价值判定"，经拟制的东西与推断不同，不允许以反证推翻。因此，经过法律拟定的东西被视为完全实现。公元633年的第四次托莱多会议确定了"教会永远不死"，经过各种教令集的传递，这句话最终进入格拉西安的《教会法会要》。作为当时事实上教会的上位单位，罗马帝国当然也获得了永久性。

忒奥多修斯颁布的《君王法》规定，罗马人民享有不可剥夺的权力，可以将治权及其所有权力授予君主。如果罗马帝国永恒，那就有充分的理由认为罗马人民也是永恒的。无论谁替代了最初的"人民"，在某一个具体的特定时刻，总会有具体的人居住在罗马，代表着罗马人民。罗马法阐释者们尤其认同"进步有变化但是保持同一"的原则。换句话说，构成"人民"的具体个人会被替换或改变，但"罗马人民"作为一个拟制，始终不变，具有延续性和同一性。这就是后来的注释派法学家们论证的"形式"的延续性。巴尔都斯清楚地提出："只要物的形式没有改变，就可以说此物本身没有改变。"因此，人民不会死亡（quia populus non moritur）。

13世纪末巴黎的约翰（John of Paris）不断重复这一理念：人民行事，上帝默示（populo faciente et Deo inspirante）。如果王朝或国王乃依照人民的自由意志构建，国王就是"顺应自然"在统治。既然人民行事有上帝的默示，那依照人民自由意志创建的国王统治，也是依照神意而为。

同是13世纪的阿库尔修斯（Accursius）也说，"上帝通过他的许可设立了帝国，而人民通过上帝的特许设立帝国；或者也可以说，上帝以他的权威设立帝国；而人民是通过执行来设立。"也就是说，从古罗马法典中寻求依据，会发现《君王法》赋予人民永久的尊荣，因而被有永久尊荣的"人民"构建的王国或"国王"也具有永久尊荣。作为拟制的"人民"具有延续性和永久性，"国王"也因拟制而获得了永久性：

> 国王有两个职能，因为他有两个身体，其一是自然之体……受制于激情和死亡，另一个是政治之

体,其肢体就是他的臣民,他和他的臣民一同构成了这个合众体(Corporation)……他与他们联合,反之亦然,他是头,他们是肢体,并且他是他们唯一的治理者,这个身体不会像其他人那样受制于激情,也不受制于死亡,因为就这个身体而言,国王永远不死,而他的自然死亡,在我们的法律上并不称为"国王的死亡",而成为"国王的转移",这个词并不表示国王的政治之体死亡,而是说两个身体发生了一种分离,政治之体从现在已经死亡或说移除了国王的尊荣(Dignity royal)的自然之体转移和让渡出去,赋予另一个自然之体。[①]

每一个作为自然之体的国王在死亡之时即刻把作为拟制的国王的尊荣转让给新的自然之体,但作为拟制的国王永不死。此后,"国王永远不死"(Le roi meurt jamais)的说法在法兰西逐渐常见。博丹在《国是六书》中提到:

> 诚如我们的古语所言:国王永不死。在他撒手人寰的那一刹那,他族群的下一个男性子裔即刻掌权,

---

① 转引自康托洛维茨《国王的两个身体》,第83页。

因而王权交接在加冕前就已经完成，这王冠不是承自其父，而是依据大地的法；否则王国的延续得不到保证，而对国家来说没有什么比这更危险。①

我们发现，16世纪时法国早已形成了这样的习惯：对新王的效忠宣告仪式紧接着对已故先王的祷告仪式。在故王的葬礼上，所有送葬者都着黑或戴上哀悼标记，唯独举官罩的巴黎高等法院主持法官身着红袍，他们被豁免服丧。因为法官身着象征国王本人的服饰，代表"王冠和正义永远不死"。这些仪式最后被简化为人民不间断的喊声：国王死了！国王万岁！（Le roi est mort! Veve le roi!）。

## 小 结

伴随着西欧王权与教权相互依存相互争斗的过程，人们对君主（不管是皇帝还是国王）位份和权职的认识发生了一系列改变。君主的位份经历了从"上帝的代理

---

① Jo. Bodini, *De Republica libri sex*, Parisiis: Lugduni, et Venundantur, 1586, p.105; Jean Bodin, *The Six Bookes of a Commonweale*, Trans. Richard Knolles, London: Impensis G. Bishop, 1606, pp.112—113.

人""基督的代理人"到"正义的保护者"、最高"命令者"的转变。为了摆脱教权对王权的控制，法学家们从罗马法而非教会法中为君主的世俗权力论证，在这个过程中，君主身上的宗教色彩逐渐蜕去，法律的色彩逐渐浓厚，国王的权职来源经历了神（宗教）——神意要求的正义（半宗教）——王国习俗（去宗教）的过程。正如博丹在上述引文中的说法，王冠的继承不是来自乃父，而是源自大地之法。既然如此，王冠的合法性即来自脚下这土地、这王国，这无异于正式提出了以民族国家为本位的理念。约四百年后，将有一位著名的德意志法学家以此理念展开他的国际法论说，并将其著作冠名为《大地的法》。

国家终于独立于教会，但却仍然需要国民的崇拜，类似于教徒对宗教的崇拜。因此，当国王的权职在一种意义上完成了去宗教的过程后，又在另一种意义上主动走向了宗教化的过程——即从神的崇拜转变为对王国和王冠的崇拜。通过将国家宗教化、塑造"人民"永远延续、宣传王冠的共同体性质、强调国王尊荣不朽，法学家们最终确立了"国王不死"的观念。国王不死，作为共同体的王国才能不死，因而共同体中的每一国民都有为保卫王国和国王献身的义务。作为共同体的头的国王，其意志即是法律，他承接大地之法、习俗之法，而他本人为国家和国民所立之法，需要得到每个人的遵守和尊重。

博丹明确主权概念和内涵、擢拔民族国家至超越其他联盟体的最高地位，从这个意义上讲，他的确为现代主权国家理念奠定了基础，拉开了现代的序幕。然而，博丹不仅是法学家和政治家，他也是哲学家，哲学家追求本质，不可能在此处停下。

# 第五章 博丹论君主制

法兰西王国的前身是查理大帝建立的法兰克人的国——法兰克王国。查理大帝去世（814年）后，王国分裂成东、西、中三个王国（843年），西法兰克王国所在地大概就是如今我们熟悉的法国。在加洛林王朝时期，罗贝尔家族的雨果·卡佩（Hugues Capet，公元956年继承其父的"法兰西岛公爵"称号）于公元987年开始称自己为法兰西国王，由此开启了卡佩王朝，西法兰克王国从此改名为法兰西王国。

博丹在追溯法兰西政体变迁史的时候说法兰西以王制的形式延存了很久，而且指责日耳曼人把查理大帝称为他们的族胞是胡说八道，显然把法兰克王国时期甚至可能把克洛维伙同哥特、汪达尔等日耳曼部落南下时期都计入了法兰西王国的历史。当然博丹追溯并比较各国政体的变化历程是为了探究古典政治哲学关注的终极问题：何为最好的政体，那我们不妨看看博丹以为的最好的政体是什么，与他的祖国有何关联。

## 第一节 君主国与君主

博丹将国家的起源追溯至家庭。他提出，世间最古老的关系是夫妻关系，是囊括了灵魂、肉体和财产的共同体。孩子的出生扩充了家庭这个最小的共同体，但真正使原来的共同体发生质变、直至分裂的是兄弟关系。兄弟关系促成新共同体的形成，即兄弟与其妻、子形成的新共同体。这类共同体的基础是血缘。

第二种共同体的基础是德性，博丹并没有细说这种基础，仅仅只说以此形成了朋友关系。第三种共同体的基础是邻里关系，或者也可以说是地缘关系：因为彼此居住地的接近，因为共用一口井同喝一口泉而成为了一墙以内的人。于是，有了我的氏族（pagi）与你的氏族、我的财富（opes）与你的财富、我的城（polis）与你的城之分。

### 一、属己的政治

博丹说，"天性决定，人越是喜欢某种东西，越是想要将其据为己有，真正的专有，不想与人分享。所以，自然允许事物共有，历时还不太久"（第249页），指明了人对属己之物的爱。

人从爱自己的身体、爱自己的血与肉出发，爱与自己身体有血缘关系的子女、父母、兄妹，爱属于自己的财产，进而推广到爱自己的伴侣、邻人、村落、城市、国家。人对属己之物的爱永远超过对属他之物的爱，这是人的天性。就算近旁有更美更好之物，我们依然会偏好属己之物：我们对配偶的爱大多高过其真正品质。我们更偏爱自己爱欲的产物：即使自己的孩子不漂亮不聪明，我们也爱他们胜过爱那些聪明漂亮的孩子。

博丹将国家的起源追溯至家庭，而非如现代政治学那样追溯至个人，显然与他的所处的时代对古典学问的发现和重视有关。我们不应忘记，博丹撰写此书的目的是给立法者提供指导，他在"献辞"中明确指出，立法者们应该去读柏拉图。读柏拉图的什么？当然是读柏拉图关于国家、关于政治的学说。那么，关于国家的起源，关于属己之物，柏拉图说了什么？

柏拉图在专门讨论爱欲的作品《会饮》中分出了对属己之物的爱。阿里斯托芬讲述的人类起源故事（《会饮》，189d—193a）告诉我们，每个人起初都是被切成了两半的符片，总在寻求自己的另一半符片。爱欲是对自己另一半的日夜渴求，是找到之后想要双双生活在一起。人在世间寻找自己的另一部分，意味着他在寻找自己的血肉，因而爱欲指向的是自己。"喜剧诗人阿里斯托芬是唯一教导爱欲本质上具有属己性的人"，他将"证明，他最终要说的是爱，本质上是对属己之物的爱"①。

在现实生活中，爱属己之物的形式有多种，最公共化的一种是爱国主义，爱自己的同胞公民，并由此爱自己的城邦，这是政治体赖以存在的基础和保障。正如博丹引证奥古斯丁的话，"家庭内社交扩展为政治性社会，曾经仅局限于同一家族各家庭间的友谊扩展至所有临近区域。"（第250页）即政治性社会是以血缘关系为基础的家庭微型社会为雏形，逐渐扩展而成。它表明政治共同体得以存在和延续的基础是对属己之物的爱。

当然，这只是爱欲的一种，按照《会饮》里阿伽通的说法，爱欲还包括对美的事物的爱，以及第俄提玛提出的对善的爱。苏格拉底支持阿伽通，不同的是，阿伽通定义的爱欲只指向美的事物，而苏格拉底则认同爱欲有不同的种类，既有对属己之物的爱，也有对美和善的

---

① 施特劳斯：《论柏拉图的〈会饮〉》，邱立波译，北京：华夏出版社，2012，第190、203页。

爱。而且，似乎他还认为，对美和善的爱欲高于对属己之物的爱。

对属己之物的爱是否的确低于对美和善的爱？为了回答这个问题，我们首先需要明白，对美和善的爱分别指向什么？根据阿伽通的说法，爱神很美，"一经爱若斯触碰都会成为诗人，即便以前不谙缪斯技艺也罢"（《会饮》，196e）；不仅如此，"所有生物的制作都不过是爱若斯的智慧"（《会饮》，187a）。① 在阿伽通看来，爱欲是一切技艺的来源，因技艺而卓越，因卓越而获得荣誉。对美的爱与荣誉和野心相关。然而，阿伽通提到，即便是不谙缪斯技艺的人，在被爱欲启蒙后，都能够"制作"诗。在希腊神话中，缪斯是阿波罗的侍女，阿波罗是理性的象征。不谙缪斯技艺、只受到爱若斯的触碰就制作出来的诗，就是只有激情却缺乏理性思维的诗作。用今天的话说，不就是"为赋新词强说愁"的纯粹情感宣泄之作吗？甚至，我们从亚里士多德那里明白，制作诗根本不是如我们今天所理解的纯文学的创作，作诗之艺本身意味着制作诸样式（eidos），指

---

① 柏拉图：《会饮》，刘小枫译，收录于《柏拉图四书》，刘小枫编译，北京：三联书店，2015，第216页、第217页。

代所有立言方式，尤其是论说式立言。① 因此，从事作诗之艺，仅凭靠爱欲并不够。如此看来，指向美的爱若斯的确重要，却无法在内涵上自足。

第三种是对好或者善的爱欲，即第俄提玛提出的"爱若斯是对总是自己的好（άγαθόν）东西的爱欲"②（206a11）。άγαθόν意为"好，高贵"，这种爱若斯落实在行为上就是身体或灵魂在美中的孕育和生产（207b）。凭身体孕产好理解，凭灵魂孕产的产出是什么？

> 更多是在灵魂中而非身体中受孕，以贴近灵魂的东西来孕娠和生育。什么是贴近灵魂的东西呢？就是实践智慧以及这个德性的其余［部分］，而这些东西属于所有诗人以及所谓搞发明的艺匠一类的生育者。当然咯，最大、最美的实践智慧……则涉及治邦和齐家的［制度］安排，其名称是节制和正义。③

---

① 关于亚里士多德对制作诗的具体讨论，参见刘小枫，"何为诗术？"，收录于刘小枫，《巫阳招魂——亚里士多德〈诗术〉绎读》，北京：三联书店，2019年。
② 柏拉图：《会饮》，第238页。
③ 柏拉图：《会饮》，第244页。

这样看来，第三种爱欲的确高于第二种，这两种又高于第一种。然而，这三种爱欲显然并非只有高低之分，更重要的是，它们之间的关系是以第一层级为基础层层递进。对卓越对荣誉的爱，是爱属己之物的最高形式——因为爱自己和与自己相关的人和物，而渴望获得荣誉，即对美的爱。更进一步，因渴望美的不朽，孕育并生产美，即对善好对高贵的爱。所以这三种形式的爱欲从根本上并非完全不同，更不是彼此矛盾，而是层级依赖关系。对善好的爱最高，反推回来，对善好的爱以对最低的属己的爱为基础。

我们已经提到，属己的爱在实践中的最好体现是爱国主义。施特劳斯分析《会饮》中最高形式的爱若斯时提醒我们注意，"第二种形式的爱欲根本上与德性的生产有关，在最高情形下还跟最美的审慎——亦即政治审慎，治邦者的审慎——的生产有关。"① 爱属己之物是人性，但需要升华。仅仅停留在对属己之物的爱可能使人低俗或自私，但离开对属己之物的爱而把全部爱若斯指向空洞的美或善，要么如斐德若一般幼稚，要么空洞无物，因为"那初看起来毫不起眼的东西，某种意义

---

① 施特劳斯：《论柏拉图的〈会饮〉》，第311页。

上更直接地反映了最高的东西"①。这种最高无关乎诸神，它仅仅关注人，整全意义上的人。

> 在柏拉图［离世］很久以后，有人尝试理解整全意义上的人，进而也尝试去理解整全意义上的政治生活，此人使用的正是这第二次部在理解人时用的措辞；也就是说，［两者都］基于这样的前提：人身上最高的东西乃是对不朽声名的爱。那个人就是马基雅维利。②

不同的是，马基雅维利停在了对荣誉的爱这一步，没有进一步追问并关注孕育和生产美，因而忽略了这最美的审慎——治邦者的审慎。这或许是博丹起初赞同马基雅维利而后又批评他的原因：在柏拉图之后，他开始从整全意义上的人出发去理解政治生活，却狭隘地被阻碍、停在极度渴望荣誉的爱若斯这一步，放弃了对不朽的美亦即善好的追求，放弃了对治邦者审慎品质的关注，他所理解的爱若斯因而与柏拉图所理解的爱若斯相去甚远。

---

① 施特劳斯：《论柏拉图的〈会饮〉》，第328页。
② 施特劳斯：《论柏拉图的〈会饮〉》，第311页。

再说一遍，对属己之物的爱虽非最高，却是爱国主义的根基，在政治实践中具有核心意义。毕竟城邦里的大多数人并不愿意关心也没有能力关心作诗或是治邦，"对所有尚未完全理解自己的善的人来说，对所属的爱才统治着爱欲：爱欲都始于爱我们的所属"；连自己的亲人都不爱的人，我们还能指望他爱邻人爱祖国吗？"对所属的爱是如此根深蒂固，以至于在传统道德中占据显要地位：在他人看来，不顾所属的人不值得信任。"[1] 所以，治邦者需要唤醒并维系大众臣民们对属己之物的热忱和忠诚，并将其引向对国的热爱和忠诚。正是在这个意义上，博丹强调婚姻关系、血缘关系和近邻关系对共同体形成和维系的意义，强调共有、专有等心理对政治的重要性。

更重要的是，我们不仅爱属己之物，作为可以思考而且有情感的动物，我们还会为自己的爱欲和爱欲对象寻求正当性。"对属己之物的爱导向意识形态，对美的爱则导向真理。如果最根本的事实是对属己之物的爱，人们就会把属己之物绝对化，就会为此寻找理由，这就

---

[1] 路德维希：《爱欲与城邦》，陈恒译，上海：华东师范大学出版社，2013，第387页，第388页。

是意识形态。"① 推升到国家政治的层面，不同性质的共同体（不同政体）会为各自不同的国家欲求（国家目的）寻求不同的正当性理由，从而形成不同的政治意识形态。因政治意识形态的不同，区分出属己与异己，在某些情况下上升为敌我之分。

博丹重视血缘或属己之物，也没有忽视另一个重要因素——德性。"除了以通婚为基础的联盟，下一个群体是以德性为基础的朋友关系。"（第248页）德性，尤其是治邦者的德性，正是马基雅维利丢失的善好。没有血缘关系的人们能够在千万次的擦肩而过中认识彼此、聚集在一起的原因，是因为自己的德性和对方的德性——被对方的某种或某些德性吸引，对方也看中自己的某种德性。在很大概率上，双方具有的是同一种德性，中国人把这叫作"人以群分"。所以德性是友谊的基础，包括人与人之间的友谊，家庭之间的友谊。"友谊是人与人关系的纽带，靠着这种联系，一个家庭扩展为多个家庭联盟，再扩展成为村庄、市镇、城市、民族，继续扩展直至联系起全人类，人，靠友谊维持。"（第249页）。这句话将共同体形成的两种要素都展示出来：以血缘为基础的家庭——对属己之物的渴求，以

---

① 施特劳斯：《论柏拉图的〈会饮〉》，第248页。

德性为基础的友谊或联盟并让其扩展——对美与善好的渴求。

## 二、国家的起源

最初把国家的起源追溯至家庭的人是亚里士多德。一方面，家庭是城邦的原始状态，城邦是家庭扩张的结果。另一方面，城邦是自然的产物，并不是所谓扩大版的家庭。[①] 正是在提出了城邦是自然的产物之后，才有了"人是政治的动物"的著名论断。换句话说，"城邦自然性"论断在逻辑上和顺序上都先于"人的政治性"论断。城邦不仅是从家庭、氏族和村落开始自然生长而成的自足的共同体，而且对人有身体之于手足一般的统摄关系。城邦如同身体一样，需要由发号施令的大脑和听从安排的四肢有秩序地共同协作。博丹将会把城邦与身体各部分做比拟，更进一步论证秩序之于城邦共同体和宇宙共同体的重要性。

仅仅具有共同体形成的要素还不够，国家还起源于关键物的匮乏。博丹说，共同生活虽然有很多好处，但同时也会带来问题——资源争夺。这种争夺是一种普遍

---

① 参见亚里士多德：《政治学》，1252a—1253a15。

的自然倾向。对属己之物的渴求是人的天性，人人都渴望把自然界有限的资源归为己有，付诸于行动即是资源争夺。于是弱肉强食成为普遍现象。

争夺中难免弱者伤死，否则强者如何夺取其资源？弱者无法自保，为了逃脱被强占或吞噬的命运，便求助于强者。强者有两类，一类靠练肌肉变强，一类靠行正义变强。求助者聚集在这两类强者周围，便产生了"两类不同的国家——一类主要靠武力建国，另一类主要靠衡平建国"（第250页）。靠武力建国的，用拳头解决问题，不服打服。靠衡平建国意味着裁断，或者用亚里士多德的话说靠"分配正义"。做出让人信服的裁断，既需要智慧也需要德性，这样的裁断才能称作正义（ius）。也就是说，博丹指出，国家起源的基石要么是强权，要么是立法（ius）。再一次，法即正义。

正义在国家中不可或缺，"即使是靠不法手段获得政权而建立起来的国家，要维持下去也需要正义，因此僭主们自己不得不培养这一德性，不是为了德性本身，而是为了自己。"（第251页）熟悉柏拉图的或许会想起苏格拉底驳斥忒拉叙马科斯时的论据：完全不义的人聚集在一起没法干成任何事，若是他们能够做成任何事，那么他们中间一定存在某种正义（δικαιοσύνη），因为地道的无赖和全无正义的人没有任何行动能力（《理想国》，352e）。这个"某种正义"是什么？当然是规则或秩序。就算是强盗或匪徒也得听命于强盗头子的指挥，所谓"没有规矩，不成方圆"，群体一盘散沙只能内斗或解散。因此，"正义"意味着规矩和等级。

博丹接下去的话印证了我们的推断：

> 由此，人们投奔最公正最贤明的那个国民，以自己的血肉之躯保护他，以免他受到伤害。然后，这个人公正地统治国民们。
>
> 即使缺乏历史的引导，我们也能由此知晓，每个人的充分自由，即没有法律和权威的情况下如己所愿地生活的能力，从各个分离的国民手中交出、予以一个人；那最初建立的国家形式就是一人之治，这个人被称为仲裁者，选出他是为了让人们可以享有正义。（第251页）

世间最初并没有法律和权威，正是因为人们既有共同生活的需要，又害怕遭受弱肉强食的伤害，才愿意承认一个人的权威——王，遵守一个人拟出的规则——法律，承认这两者的目的是"享有正义"。由此推断，最初的国家形式一定是"一人之治"，选出这一人是为了裁断正义，解决纠纷，因而最初的政体形式是"王制"。

虽然博丹说"缺乏历史的引导",但他还是罗列出不少史学证据来证明这点:荷马和赫西俄德的史诗,德莫斯梯尼和希罗多德的史志,李维和瓦罗的史书等等。从这些史学证据中可知,根据习俗、国家和地区的不同,对王的称呼有多种:王、主人、统治者、牧羊人、人民的牧者、审判者、士师等等。不管哪种称呼,最重要的职能都一样——"关心、关怀、统治和仲裁上的公平",为了履行这种职能,他们被赋予了控制人民的权力。

博丹的这种国家起源论至少传达出两点:第一,国家起源与君王创设都与宗教无关,是属人的现象,是人们的意志选择。第二,先有君王,后有法律。在属人的生活里,法律的创设者是君王。由此我们看到,博丹的国家起源故事完全蜕去了神的因素或者宗教因素,故事的中心线索仅仅围绕着君主与正义展开。

## 三、君主的德性

博丹将人类之间的亲情、对朋友卓越的钦佩之情视为联系和维持人类共同体重要的东西,从家庭父权推导出国家君权,或许也是希望国民能将君主视为国家中的父亲,如同尊重父亲一样尊重君主。

西欧人口中的Pope（教宗）一词的原文是希腊语Papas（爸爸），最早用于称呼高级神职人员，二世纪产生主教制后用来称呼所有主教。教阶制成型后，主教以上的高级教士都占有土地，享有政治、经济和司法权，从而都拥有世俗政治权力，教宗由高层教士层级逐级推选出来。从"丕平献土"开始，基督教的精神领袖成为事实上的君主，以教宗为最高权力中心建立的教阶制度，实质上是以对上帝的爱与信任为基础的政治法律秩序。后来，当各民族国家纷纷开始寻求摆脱教阶制的控制时，同时失去的也是教宗这个代表着神的人间精神领袖。当国家选择让自己宗教化，也是希望君主不仅能在世俗国家里成为政治领袖，同时也能接替教宗成为国民的精神领袖。

从神与人之间爱与信任的基础出发，当时人们也普遍认可统治者与被统治者之间相互信任的关系。借用"自然"世界的比喻，这种关系类似于羊群与牧羊人的亲密关系，或是孩子与父亲之间的关系。在这样一个国家，君主被认为是神的拣选，不仅出身最高贵，而且应该拥有最高尚的情操，成为道德的楷模。臣民相信君主的良善，认为他会主动遵从神与自然的律法和经由习俗而形成的"王国法律"。布德在《论君主的教育》（*De l'institution du prince*）中完美地归纳了对君主的信任：

"君主在智德、高尚、公平等各方面都应是完美的,因此无需像对待其他人那样,出于担心和令之服从的必要,为他们设定限制性的规则和成文法律。"① 因此,君主与臣民之间的关系是信任、尊敬与爱戴。对个体而言,爱是对构成共同体的许多家庭的爱,对于王权君主而言,爱是对臣民的爱。②

在这样的背景下,不难理解为何博丹把国家起源追溯至家庭与行会。在家庭中,父亲有责任捍卫家庭的财产,保护家庭成员,为家庭成员争取幸福的生活,要实现这些目的父亲还需要有管制家庭成员的权力,毕竟孩子们需要适当的管教才能成长;家庭成员出于爱与信任,同时也是出于义务,无条件地服从父亲的命令。这个父权,就是仁慈全能君主的原型。家族成员之间因共情而产生联系,行会或各成员有同等权力的团体同样也是因为关心与互助而聚合在一起。因此,国家不过是遵守同样规则、秉持着共同目的、拥有共同利益的众多家庭或行会的联合。③ 我们每个人都关怀自己的亲属,如同国王关怀他的国民。正如家庭与行会之间联系的纽带

---

① 转引自茹阿纳《圣巴托洛缪大屠杀》,梁爽译,北京:北京大学出版社,2015,第271—272页。
② 参见Jean Bodin, *The Six Bookes of a Commonweale*, 1606, p. 1。
③ 参见Jean Bodin, *The Six Bookes of a Commonweale*, 1606, pp.20—21。

是爱与互助，国家存在的目的是追求国民的共同福祉。在博丹这里，君主国中拥有主权的君主，就类似于家庭中拥有父权的家长。君主有责任使国家实现其存在的目的——共同福祉，要实现这个目的必然拥有绝对主权；臣民出于对君主的爱与信任，同时也是出于义务，服从君主的法律与命令。① 因此，随着民族意识的加强，臣民与君主之间的爱，成为教皇与教民之间的爱被弱化后的一种补充，国之父的形象得以凸显，正如天父和家庭中的父权。

虽然我们希望智慧有德的君王的后代也同样智慧且有德性，但事与愿违，受到同样拥立的君王后代往往德不配位。事实上，如奥古斯都、恺撒或摩西那样的君王，其降临只是偶然，完全是机运或命相的缘故，并没有什么规律可循，也没有什么高贵的血缘可以保障。

但大部分君王们并不这样想，"国王仅从一个家族里选取，因为最有权力的人总是把统治权留给其后代"；而且人们在无法预见机运的情况下只能相信血缘的纽带作用，就像中国老百姓说的"龙生龙、凤生凤，老鼠生儿会打洞"。所以"因其正义而备受尊敬的人，不仅在生前而且死后也受人崇拜，人们把他们的后代拥

---

① 参见Jean Bodin, *The Six Bookes of a Commonweale*, 1606, p. 21。

立为王，珀律比俄斯说，因为他们认为这些人会像他们的父辈们一样"（第252页）。如果正义君王的后代开始只关注个人利益并变得贪婪，忽视了其权力的基础——正义时，王制就变成了僭制。

这里似乎出现了矛盾。在定义主权时，博丹明确提到，只有三种政体形式：一人之治的君主制、少数人之治的精英制和多数人之治的民主制，没有第四种。而且他还批评亚里士多德提出的正宗—变异政体划分没有道理。但在此处论述国家起源时，博丹不但引入了德性标准，而且还按照这个标准进一步区分了王制和僭制、贵族制和寡头制、民主制和暴民制。为什么呢？其实并不难解释，以主权归属来确定国家政体时，的确并不涉及到合法与非法获得主权的问题，也不涉及统治者是有德还是无德的问题，仅仅只集中一个问题——该国的最高权力在哪个人或哪些人手里。更具体一点，即当国家面临那五类问题时，谁说了算。但涉及到国家的具体运作、统治手段、统治方法等问题时，德性问题必然凸显。因为不管从国家的起源还是国家的维持来看，都无法回避正义问题。如果一定要给这两个角度做一个区分或定义，那就是博丹在《国是六书》里明确地区分出的政体形式和政府管理形式。

有德君王的出现只是偶然的命相，更常出现的情况是君王失德沦为僭主。被统治者无法忍受而奋起反抗，统治被推翻，政体被改变，历史证实了这种变化。在博丹的笔下，正如在亚里士多德的笔下一样，统治者总是在有德和失德之间转换。有如中国人的太极图展示出"动极而静，静极复动"的哲理，博丹总结到"最邪恶的专制之后总接着最公正的君主……君主们逐渐偏离正道，直到又出现另一个极其邪恶的君主。这种永无止尽的变迁是所有君主国的特征"。（第253页）

博丹说，君主制有可能转变为民主制或精英制，但这种转变并不具有柏拉图所讲的必然性。在他看来，是否转变、如何转变，要看该国人民的天性："除了极少数地方，其他地区全都发展为守法君主国，这种形式与所有天性一致"（第253—254页）；北半球中部地区的人无法忍受僭主的原因是"中部地区的人天性适合管理事务"，所以这片地区没有僭主制，更多选择守法君主制或者民主制和精英制。我们看到，第五章提出的地缘与民族天性的影响再次被引入，影响国家政体类型的选择和转变。

## 第二节　最佳政体

君主德性有变是引起国家政体转变的内部原因之

一。国家政体变化，还有可能是外部原因引起。要么是国家主动愿意交出主权，外来统治者改变了政体类型，但这种情况很罕见。更常见的情况是，国家被外敌入侵占领后强行改变政体形式。毕竟，政体形式变化的实质，是国家发生了质变。

## 一、政体变化的实质

政体变迁的内部原因大致分两种，无暴力的改变或是武装强行改变。

无暴力的改变源于统治者的堕落。博丹列举了史上很多统治初期执政明智、逐渐卑劣德性占了上风而残暴统治的君主。他说，"从正确到错误的转变，轻而易举，因为人的天性就易于犯错，跌入恶行……因此，无需任何外力影响，王政几乎总是会演变为僭政，贵族制演变为寡头制；民主制演变为暴民制。"（第255页）人性是政治演变中的恒定因素，统治者的德性变化会决定政制的变迁。

博丹的人性假设悲观又直接——人性本恶，因而政体演变的方向总是越来越低劣。结合博丹与亚里士多德的术语，在主权归属人数一定的情况下，从正宗政体变为变异政体，往往无需暴力介入，而是自然而然地发生。或许博丹写作这段的时候，一直记着亚里士多德的警示："逻格斯……无力使多数人去追求高尚［高贵］和善。因为多数人都只知恐惧而不顾及荣誉，他们不去做坏事不是出于羞耻，而是因为惧怕惩罚。"[①]（1179b8—13）既然大多数人的本性并不良善，如果因掌权而可以逃脱（部分）惩罚，那统治者的贪欲就可能因无法控制而危及城邦，所以若无有效的外控，政体总是从正宗向变异演变。

暴力的政体改变往往伴随着主权者人数多寡的改变，"僭主制到民主制的转变几乎总是诉诸于暴力，即僭主被杀死。"不管是僭主的压榨还是寡头们的盘剥，民众们的日子苦到无法忍受时，就会奋起反抗，杀死残暴的统治者。"通常，平民们本能地会从屠杀僭主走向另一个极端，即民主式权力。"（第255页）。接下去又会如何变化呢？博丹通过追溯史实，非常详尽地描述了人民如何被愚弄、被欺骗，重新把权力心甘情愿交给一个人的过程。人民渴望自由，然而"像难以驯化的野兽，繁荣时欢欢喜喜；一旦逆运降临，立刻崩溃"（第256页）；僭主诡计多端，收买、驱逐、暗杀、恐吓、监

---

① 亚里士多德：《尼各马可伦理学》，廖申白译，北京：商务印书馆，2003，第312页。

听、离间、转移矛盾、有意树立公敌骗取民心、背叛、掠夺等等，无所不用其极。由于民众的无知，民主制难以长期维持，总会演变为寡头制或僭制；僭制也无法永久维持，因为所有人都憎恨一个人并以他为敌。

与其说这是政体变化，不如说是国家更替。因为，从本质上讲，政体是一个国家特定的生活方式：

> 政制是作为共同生活的形式，是社会的生活和生活在社会中的方式。因为这种方式最终取决于某一类人的优势，取决于某一类人对社会的明显主宰。政制意味着那种整全，我们今天习惯于主要用一种支离破碎的方式看待它：政制同时意味着一个社会的生活形式、生活风格、道德品味、社会形式、国家形式、政府形式以及法律精神。我们可以试着阐明如下简单 -元的思想，它就表达在politeia一词本身中。①

Politeia（πολίτεία）一词源于polis（πόλις）。Polis在希腊语中原本有四层意思：（1）城、城市，在古雅典特指卫城；（2）城邦、国家；（3）由公民组成的自

---

① 施特劳斯：《什么是政治哲学》，第25页。

由城邦，共和国；（4）成为公民的权力，公民权。由polis派生出的politeia主要含义体现为两个方面：第一大方面，可以指公民权、公民身份，公民的生活，全体公民；第二大方面，可以指政府、行政，国家体制、政治体制、政体、国家、共和国。① 可以看出，这两个词在很多方面意思有重叠，然而总的来讲都指国家政治生活的整体。Politeia在现代英语里的对应词是regime（政府、政权；体制；政治制度），在法治国家体系里，国家以法的形式确立本国的政制，这法便是constitution（宪法；政体）。现代宪法学大师施米特将此定义得非常清楚：

> 绝对意义上的宪法首先可以指具体的、与每个现存政治统一体一道被自动给定的具体生存方式。它的第一层含义是，宪法等于一个特定国家的政治统一性和社会秩序的具体整体状态……第二层含义是，宪法等于一种特殊类型的政治和社会秩序……第三层含义是，宪法等于政治统一体的动态生成原则……绝对意义上的宪法指一种根本法规定，

---

① 以上解释参见：罗念生、水建馥编《古希腊语汉语词典》，北京：商务印书馆，2004，第700页。

即一个由最高的终极规范构成的统一的、完整的系统。①

首先,绝对意义上的宪法即政体;其次,国家与其宪法(政体)共生共存:国家存在,则政体已定,无论有没有文字形式的表述;再次,宪法(政体)指国家存在的具体方式,是该国的根本法。

从一国的宪法中,我们可知其具体形态、政治秩序、动态生成原则。例如,根据《中华人民共和国宪法》的"序言"可知我国的建国历史;我国的主权、领导权、社会形态、政体形式、国家的根本任务、政治指导思想等要素,这个序言体现了"历史叙事+基本国情+国家任务+基本国策+地位与效力"等内容所构成的"多元共生"的价值构造模式,这种价值构造"有具体的针对性、突出的政治性和浓厚的意识形态色彩"②。

对比西方国家的宪法,例如美利坚合众国1787年颁布的第一版联邦宪法,我们发现,不仅其宪法的"序言"部分非常短,而且整部宪法的篇幅也很短。"序

---

① 施米特:《宪法学说》,第4—10页。黑体字系本书作者所加。
② 宁凯惠:《论宪法序言的价值构造》,博士学位,华南理工大学,2019,第1页。

言"译为中文仅52字。按照美国宪法学者自己的解释，这个序言表达了两层意思，一是指明了宪法的由来，二是说明了宪法建立的政府追求的六点目标。这不难理解，毕竟美利坚合众国是一个联邦国家，每个州还有各自的宪法。正如学者宁凯惠所言："这篇序言仅阐明了制定美国宪法的理论基础和目的。"但他同时也认为，由于"We the people of the United States"这一开头"改变了邦联时期主权在州的传统，把联邦宪法和联邦政府的权力来源放置在全体合众国人民授权的基础之上，这就使根据新宪法而运作的美国不再是一个松散的邦联，而是联系更加紧密的联邦"，因而这个序言"明确了主权在民原则"。[①] 主权在民也就意味着这个国家是民主制国家，正如当前大多数知识分子的认知。他同时指出，这一联邦宪法需要同《独立宣言》和《联邦条例》结合起来理解，这几乎是大部分美国宪法研究者的共识。但研究者万绍红根据同样的共识却得出，"制宪者们对民主政治和自由主义是不满意的，他们要给美国人民制定的是一部'共和'制的宪法，而不是单纯自由主义的或者所谓的民主宪法"，甚至"制宪者认为民主下的自由是放纵的自由，它不但戕害了自由，也颠覆了民

---

① 宁凯惠：《论宪法序言的价值构造》，第91页。

主本身。'共和'而非'自由主义'或者民主政治才是美国宪法的原旨"。更"可怕"的是,"反联邦党人甚至认为……联邦党人应该称为国家主义者更合适"。[①]至于美利坚合众国的政体到底是哪一种,是否其序言以"人民主语+价值目标的模式进行价值构造,体现了以自由主义为核心价值的宪法序言价值结构"[②],学界有争论,政治人也自有看法,但可以明确的是,的确从其宪法中可窥端倪。

政体改变同时也意味着意识形态的改变,因而政体类型之争背后就是意识形态之争。斯巴达打败雅典后,将其民主制改为了精英制。现代政体演变历史更加证明这一点,二十世纪九十年代初期东欧某大国的政体巨变,既是从意识形态的变化开始,也是意识形态战争的结果。

总之,政体变迁的实质是,包括生活方式和意识形态在内的国家整体的实质性变化,也就是说,原来的国家不复存在,政体变化后的国家是一个全新的国家。换句话说,政体的改变意味着旧国的覆灭和新国的开启。

---

[①] 万绍红:《美国宪法的共和主义原旨解读》,《浙江学刊》2006年第5期。
[②] 宁凯惠:《论宪法序言的价值构造》,第1页。

## 二、作为最佳政体的君主制

博丹在《方法》和《国是六书》里都花费重墨考察各国政体变迁史，目的是通过考察历史并比较辨识出最佳政体。

探讨什么是最佳政体时，博丹首先排除了亚里士多德列出的三类变异政体。因为在他看来这三类都是僭制，一个人的僭制、几个人的僭制和群氓的僭制，这三类一个比一个坏，一个比一个对国家有害。最坏最糟糕的是没有统治，即无政府状态。这种状态下，已经没有人裁断也没有人在乎好与坏、善与恶的差别，"对功绩没有奖赏，对罪行没有惩罚"，没有道德伦理的任何规范。排除亚里士多德的变异政体，就只剩下三种正宗政体，即民主制、精英制和王制作为最佳的候选项。

博丹说，本来民主制的弊端显而易见，都无需多说，可是居然还有不少人支持它，因此得多啰嗦几句，指出他们的错误。他率先批评的是李维和马基雅维利二人。马基雅维利给李维的史书作疏，被李维说服，认为威尼斯共同体采用民主制，是最好的政体。博丹首先引述马基雅维利本人的观点予以反驳：在《君主论》的第一章里，马基雅维利自己首先假设只有两种政体——君主制和混合制，连民主制这个选项都没有，何谈好？

其次，博丹说，古往今来，几乎所有的史家、哲学家和伟大人物都一致认同民主制非常糟糕，而马基雅维利却反其道而行之。博丹引证来支持自己论点的人都是西方思想史上极具盛名之人：色诺芬、塞涅卡和亚里士多德，说他们都批评民主制与德性为敌，与良善相悖。那为什么后人还有为民主制辩护的呢，他说：

> 错误从柏拉图处开始发端，他建立了一个民主国家后，引入了危险的均等。然后，来自他学园的学园派者放大了他的论证，认为社会靠和谐维系，和谐靠正义的均等维系，均等靠民主国家维系。（第316页）

这种说法让我们觉得很奇怪，博丹之前明明说过，立法之人治国之人都应该好好去读读柏拉图呀。

那我们就好好读读柏拉图，看看错误的发端处到底是什么。博丹说柏拉图建立了一个民主制国家，可是稍微了解一点古典政治哲学的人都知道柏拉图的政治哲学思想中以痛恨民主制著称。在其著名的讨论个人灵魂和国家灵魂（政体）的《理想国》里，柏拉图借苏格拉底之口说，"民主制……从表面上看，它是一种取悦他人、毫无专制、形式多样的城邦政体，它把某种平等均匀地分配给地位相同和地位不同的人们"（558c），[1]与民主制这种政体特性相符的个人灵魂会倾向于选择它。一个人的灵魂是怎样滑入倾向于民主制的泥潭的？

> 当一个年轻人，如我们刚才所说，在缺乏教育、充满吝啬的环境中被人抚养至今，当他尝到雄风的蜜糖，并和一帮性子暴烈、脾气可怕的恶棍混在一起，因为这帮人能向他提供各种欢乐，花样繁多、应有尽有，也许就在这里，你能想象，存在着他转变的根源……倾向寡头统治在他心中开始转变为倾向民主统治。（559d—e）[2]

柏拉图说，个人灵魂的这种变化和城邦灵魂/性质的变化雷同，即如果城邦内部各派本来存在矛盾，其中一派从外邦引入帮手，引入的一般会是和自己党派心性相投的，以加强自己的势力。年轻人与支持他可怕欲望的那些人经常混在一起，纵容欲望的那一面就会得到增强。如此，倾向于欲望的那部分"就会彻底占领这个年轻人的灵魂的堡垒，因为它们发现它是空的，这里既没

---

[1] 柏拉图：《理想国》，第306页。
[2] 柏拉图：《理想国》，第309页。

有知识，也没有高尚的追求，也没有真实的话语"①。
（560b5）年轻人的灵魂中逐渐被欲望填满，其他的爱好和高尚追求进不来，就算偶尔进来了也会立刻被挤出去，还会被抹黑、嘲笑、扼杀。这些年轻人不仅放纵自己的原有欲望，也会以同样的方式对待新出现的一切欲望，声称任何欲望都必须得到相同的尊重，没有高尚的欲望和低劣的欲望之分，也就不存在应该尊重一些克制另一些的问题。这不正是现代民主制的特点？在现代民主制的发源国、推广国里，解放欲望、彰显欲望、歌颂欲望已经成为主流文学艺术的重要主题，而推崇欲望控制和管理的作品却往往被斥为卫道士作品或虚伪作品。人们将一切欲望从隐秘的角落拉出来，摆在展台上公开展示、分析、吹捧，让青年们认为纵欲并不可耻，而是个性的彰显，并给它冠上一个自以为高贵的名称：自由。所有的欲望，对德性的欲求与对肉体的欲望，都被一视同仁，这种一视同仁代表了他们的最高利益：

> 民主制把它认作是最高利益的东西，难道不是因为无穷贪婪这一东西而同样弄垮了它……因为大概在一个受民主统治的城邦中，你会听人这么说，

---

① 柏拉图：《理想国》，第309—310页。

> 自由是最美好东西，正因为如此，对于任何一个本性自由的人来说，这是唯一值得他居住的地方。（562b5—562c）①

这毋宁是在说，只有灵魂中不分好坏、不辨善恶、不做或者没有能力做价值判断的人才会喜爱民主制。而且，灵魂如此的人不仅要求自己这样，还会苛求别人跟他一样：

> 它斥责听从统治者的公民是一批甘心充当奴隶的人和不值一钱的家伙，相反，对那些如同被统治者的统治者，以及那些如同统治的被统治者，无论在公共场合和私下场合，他总给予赞美和推崇。（562d5）②

这种人不管对错，统治者倡导的他们就反对，统治者反对的他们就赞成。不反对统治者的人就被他们批判为"贱民""奴隶"……这样下去，国家也就不是国家，家庭也就无所谓家庭，因为一切区别和差异都被打

---

① 柏拉图：《理想国》，第312页。
② 柏拉图：《理想国》，第312—313页。

破，一切都必须均等对之：

> 正如父亲使自己习惯于像孩子，害怕自己的儿子们，儿子却使自己习惯于像父亲，既系不知廉耻，也不害怕自己的父母，一心想成为自由人，外籍居民的地位等同于本城居民，本城居民等同于外籍居民，外邦来客也同样如此……不仅这些还出现其他诸如此类的小事，在这种地方，一个教师不仅害怕自己的学生，而且还要吹捧对方，而身为学生的人却瞧不起教师，对自己的私人辅导也一样，并且，以全盘的规模，年轻人模仿年纪大的人，不管是言论还是行动，他们极力和对方竞争，上了年纪的人竟然也和年轻人平起平坐，充满了诙谐和风趣，一味模仿年轻人，这样他们就不会显得令人讨厌或主人气十足。（562e—563b）[①]

这种状态，不就是《论语》中的"君不君，臣不臣，父不父，子不子"吗？如果我们能抛开根深蒂固的成见来理解这句所谓包含着封建主义的"君君，臣臣，父父，子子"的主张，很容易理解到这句古训强调的不

---

① 柏拉图：《理想国》，第313页。

仅是臣与子有忠与孝的义务,更强调君与父有教育、引导、守护、保卫的责任;否则社会失序,双方都有可能陷入"虽有粟,吾得食"的境地。上述引文中讲的也是这样的状态,老子不像老子、儿子不像儿子,是失了长幼之分,乱了伦常;本邦人等同于外邦者,是失了亲疏之分,乱了主次。在一些细节的地方,学生不像学生、老师不像老师,老师甚至害怕还要吹捧学生,那么专业与非专业、有知与无知之间的差别也就没有了。如此下去,结果必然是"最终他们根本不把那些法律放在眼里,不管是成文的或是未成文的条例,目的是不让任何人以任何形式当它们的主人"。(563d)[1]

一个国家,没有了法纪,好人得不到保障,违法犯罪者得不到惩罚,对法律失了敬畏之心,社会将陷入混乱和暴力之中,人民便会深受其苦。因为——

> 过度的自由渲染不会导致别的,只会导致过度的奴役,对个人和城邦都是这样……僭主制并非产生于其他什么城邦体制,而是产生于民主统治制,最彻底、最原始的奴役,我认为,产生于极端的自由。[2]

---

[1] 柏拉图:《理想国》,第314页。
[2] 柏拉图:《理想国》,第314页。

可见，柏拉图不齿于民主制及其中意的自由原则。在《理想国》卷六里，他用航船比喻城邦时提到，谁的德性最好最高贵，谁最出类拔萃，谁才有资格成为城邦这艘船的舵手，即成为统治者。在《克力同》里，苏格拉底告诉克力同，涉及到某一个专长，例如正义与否、有利于身体健康与否时，不必在乎多数人的意见，只需要考虑"最出类拔萃者的意见"（44c），而若是国家统治这样的事儿，那就只能听"唯一那一个人"（47d）的意见。

由此我们可以看出，柏拉图并没有像博丹说那样"建立民主国家，引入危险的均等"。那他为何这么写呢？要么是误读了柏拉图，要么是他故意以这样的方式引起读者关注这一条表述，尤其是后来放大了柏拉图本人论述的"学园派者"，认为"民主制维护均等、均等即正义"的那些人。

博丹直截了当地说，民主的实质就是主权均分（imperii summi aequatio），可是——

> 统治智慧却是极少数人才有的天赋能力。还有谁比平民更愚蠢？还有什么比这更无节制？还有什么比把平民撩拨起来反对好人更歇斯底里？李维说得对，"大众之天性就是，要么温顺地被奴役，要

么粗鲁地统治。（第317页）

博丹指出，有很多人称赞罗马人的民主，那只能说明这些人根本不了解罗马历史。从历史中可以就可得知，罗马共和国时期，国民之间的斗殴无处不在，甚至可以在神庙中刀剑相见，国民集会常因谋杀、奸计等等各种可耻的原因而解散。法律缺乏持久性，常常朝令夕改，因为掌握立法权的平民们本就不具备立法智慧。同为民主制的古雅典也一样：

> 雅典人进入国家的议事会本该是神圣的事情，可是平民们常常垂涎此机会；那就是错乱之人、狂暴之人的智慧。如阿那卡西斯（Anacharsis）精辟地指出，在雅典人中间，聪明人在国民大会上表达意见，而蠢货们裁决。（第318页）

施特劳斯指出，"民主制或多数人的统治就是由未受教育者来治理。"[①] 人类生活的目的是德性，而德性通常只有通过教育才会出现，但教育要求一定程度的财富，这决定了大多数人负担不起教育，也就无法具备治

---

① 施特劳斯：《什么是政治哲学》，第28页。

国所要求的那种德性。西塞罗讲，

> 对于这样一个完全由大众掌权的政府，我会比其他任何政府都要更断然否定共和国的称号……暴民的统治和一人统治的暴虐差不多，甚至是更为残酷的暴虐，因为没有什么比假冒人民之名义和外表的怪物更恐怖。①

即使是在今天，民主被如此崇尚甚至几乎被推上神坛之时，人们仍然在反思其本质和目的，"拥有民主制度这一事实，并不表明其治绩的优劣。未克履行民主所允诺的好处，可能是民主制所面临的最大挑战。"② 国家的起源过程说明，"国家源于对人民基本生存权的保障，为了形成国家又要求国家具有型塑公民的权力，这是霍布斯的自由主义国家学说的根本要义。国家没有完整的主权，国民的基本人权也就不可能得到保障。"③

---

① 西塞罗：《国家篇 法律篇》，沈叔平、苏力译，北京：商务印书馆，1999，第106页。根据英译本（Cicero, *On the Commonwealth* and *On the Laws,* edited by James E. G. Zetzel, New York:Cambridge University Press 1999, p.76）略有修改。
② 福山：《政治秩序的起源：从前人类时代到法国大革命》，毛俊杰译，桂林：广西师范大学出版社，2012，第5页。
③ 刘小枫：《百年共和之义》，第85页。

任何一种国家政体都只是国家存在的外在形式，国家的目的是要保障国民的生活和共同福祉，如果一种政体形式连国家主权都无法维护，连人民的基本生存权都无法保障，遑论最佳？

统治能力绝非每个人都具有，每个城邦、每个民族、每个国家中，天赋迥异且德性出众者历来可遇而不可求，王者的出现往往只能等待机运的青睐。博丹说，像雅典和佛罗伦萨这种能维持较长一段时间民主制的国家，"一定是因为阿里斯提德、伯勒克勒斯、科农、柯西莫·美弟奇和洛伦佐·美弟奇这些人。"（第318页）也就是说，总有一个杰出的统治者，打着"第一公民"的旗号行王者之事。

王制优于精英制的原因，博丹讲得很简略，主要是引证亚里士多德的观点："要找出一个正直且具有最高德性的人都难的话，找出许多好人就更难。"（第320页）民主制和精英制国家在做决策时往往采取投票、一人一票数票数的方法，但是德性端正、能力卓越的人并不多，在人群中是少数派，少数派的投票往往会被多数人的票淹没，因而最终少数优秀者的意见得不到重视。

对博丹来说，所有这些证据足以表明，就任何一种共同体秩序而言，超出一个统治者就"违背自然"。他已经通过诸多历史事实论证，一人之治最有效。自然秩序证实了君主制的合理性，历史证实了君主制的有效性。接下去他将论证，王室权力合乎自然，因为它由上帝创置；王室权力是权宜之计，因为它被经验证实。这两种论证相互补足，却截然不同。同时，用博丹的政治观点的基本前提来讲，形而上的主题无疑必定比历史经验更加根本。君主的政策，本质上也应该与上帝的政策一致，温和且持重。

博丹说，从各个方面都可以看出，君主制是最好的政体形式。

首先，自然界中，君主式统治无处不在：每一种动物都追随其首领；每一物种中都会有一个超凡者，如太阳之于群星。更进一步，天国中只有一个上帝。与生俱来的天性是一切事物最重要的东西，世界的天性是不等和差序。世界是"由各种不平等的部分、彼此不一致的成分和各领域的相反运动所构成。若是除去由差异性构成的和谐，世界就会被毁掉"（第317页）。

自然是最好的原型和典范，因为自然是那个最好的万物之主所创造。所以最好的国家也必须效仿自然天性而建。

国家的稳定性与持久性就在于凝合指挥者与服从者、仆人与主人、强大者与贫困者、善与恶、强与弱，正像把具有不同思想的人混合在一起一样。同样，单音并不能带给人愉悦享受,悦耳的和声是由高低不同的音符依照某种规则组合在一起构成。和谐不是单音,单音没法达到和谐。国家也一样,若是想要持久强大和谐,必须以自然为典范建立:有不等和差序,从最高到最低渐变,中间阶层以适当的比例分散,让各阶层相互补充、协同行动、彼此契合。这种与宇宙帝国一致的结构与权力阶层,才是最好最稳定的结构。

其次,人类历史、诸多史学家和哲学家都证实,行一人之治符合万物的天性。文学上,博丹引荷马、欧里庇得斯和西比拉的诗歌为据;历史上,古罗马共和国时期,奸计谋杀不计其数,法律朝令夕改,公民大会往往成为闹剧或混战。博丹引述李维的话,"三个具有执政权的护民官其实提供了一个警示:战争时期几个人无法同时统治。"(第321页)佛罗伦萨共和国的历史也表明,"在所有的国家中,没有哪个比长时间处于民主式统治中的佛罗伦萨更不幸。"(第319页)他还引证16世纪臭名昭著的索里曼弑子悲剧,说明一国中如果出现多个势力威望相当的人,可能造成何等惨剧。

同样,德意志人付出惨重代价后终于学会一个道理:众人无法指导任何事物;希腊罗马人都明白,危机时分要将最高权力交予一人之手才能渡过难关;佛罗伦萨、热那亚、威尼斯共和国在遇到危机时也会如此行事；伟大的土耳其帝国、波斯帝国、印度人的国家、非洲的阿比西尼亚国以及西班牙等等都实行一人之治。

总之，多人统治的弊端在于，指挥过多，听命的人会无所适从，尤其是在战争爆发、内讧乱国等紧急状态下，没有一个人作为最高统领迅速做出决断，社会容易陷入混乱，国家和人民容易无所适从陷入危险。事实上，现代军队严格的等级制度和"军令如山倒"的传统，正是因为军队的舞台是战争，而战争状态即紧急状态。所以博丹说，很多国家和民族都行王制，他们不是接受了什么政治教育，而是依从天性，依从自然。

最后也是最重要的因素是，政治帝国的等级制度与宇宙等级制度一致。正如他论述政治的等级制度从上到下依次是：主权者（最好是一人之治的王）—职官—国民，不久之后他会更详细的论述，宇宙等级制的排列从上到下依次是：上帝—天使—个体。

> 上帝用其光点亮他的子民之心，如太阳照亮他们的身体一般。正如明君会以同样的方式管理他的国家，在任何地方、对任何事务都分配行政长官和职官去负责。高瞻远瞩的宇宙管理人把他的天使们派到各处去履行职责，各司其职，也就是说，有的在天上、有的在空中、有的在水里、有的在陆地、

有的在地下、有的在乡村、有的在城市；最后，他把好与坏都分配到动物、植物、矿物、元素和每个人那里。①

这种等级关系进一步还具有层级相套的管辖权："上帝统治高级天使，他们依次统治低级天使，低级天使统治人，人统治野兽，灵魂统治身体，理性统治激情。"② 可以看出，博丹的宇宙政治体制是王制，上帝集所有权力于一身。因此，世俗的政治体制应该仿效宇宙秩序，行王制最佳。

### 三、君主制的维存

世俗政制为什么应该仿效自然，为什么政治秩序要与宇宙帝国秩序一致？这与博丹面临的现实政治问题相关——当时法兰西正处于宗教内战的失序之中。在这个已经是君主制的国家里，如何才能解决危机将这种最佳政体维存下去？在一个社会里，阶层提升是大多数人都想企及之事；可是当国家处于政治动荡中，不管是贵族

---

① Joan Bodino, *Universe Naturae Theatrum,* Hanoviae, 1605, pp. 527—528.
② Joan Bodino, *Universe Naturae Theatrum,* Hanoviae, 1605, p. 528.

阶层还是平民阶层，想提高自己的地位，都有可能导致国家更加失序。一个地位卑微的人"突然升到最高层、可以获得荣誉"时，会认为他自己就是地球上的神，这是最无法让人忍受的。绝对平等在自然界里既不可见，也无法在操作上实现。换句话说，政治上的失序，根源在于精神上的失序——对同一个启示真理给出了多种不同的解释，人们便凭着自己对不同解释的选择划分出政治派别。恪守等级的精神和要求盲目平等的精神之间存在内在张力。灵性世界观的不妥协，在现实领域导致了世俗政治上真刀真枪的战斗。因此，"在自然的编录里寻求上帝的启示，对博丹来说有助于建立一种宗教来超越于各种对启示基督教的失序性解释"[1]，这进一步将有助于找到解决政治问题的方案。

博丹找到的解决方案是强化王权。从宇宙帝国来看，上帝的权威不容置疑，在世俗王国中也应一样，王权绝不容质疑和侵犯。只有国王能凭借其强力权威消除内讧、达致统一，使国家不至分裂。

接下去，博丹花了很长的篇幅谈威尼斯共和国。威尼斯共和国为何如此重要？因为"我们很多人都奇怪，威尼斯人的国家，既然其创建违背天性，何以还维存了

---

[1] 沃格林：《宗教与现代性的兴起》，第194页。

800年之久"（第322页）。博丹一直在论证，王制是最好的政体，是最有利于国家延存和发展的政体形式，可是就在他的旁边，就有一个邻国，以非君主制的形式维持了800年！这是个明显有悖于他的论证的事实，需要专门对待，详细讨论个中原因。

威尼斯城市共和国始建于公元687年，是拜占庭帝国的属国，建国之初就设立了总督为最高职官。由于威尼斯地理位置优越，商业发展迅速，很快富庶起来。据说在中世纪，拥有威尼斯公民证，相当于有免费领黄金的资格。大概10世纪末威尼斯获得独立。十字军东征期间，威尼斯是军队的聚集地之一，借着其优越的地理位置和前期积累起来的财富，她不仅巩固了自身在爱琴海地区的地位，并且还趁机吞并了很多之前拜占庭占领的土地。最初的威尼斯总督有召开会议、任命职官、叙任神职官员、战争与媾和的权力，而且是终身任职。博丹说，最准确地记录了威尼斯共和国历史的吉安诺蒂提到，"威尼斯民族的王权即君主制一直持续到西亚尼时期，即1175年。"（第322页）也就是说，从创建到1175年，威尼斯以王制的形式延存了488年。这之后，总督的权力大幅度下降。

13世纪末到14世纪末，威尼斯共和国与其邻邦也是其强有力的贸易竞争对手热那亚连续打了四次海战，中国人熟知的马可·波罗先生参加过其中一次,博丹在书中还批评马可·波罗关于杭州(当时欧洲人称其为行在城)的记录不实,太过夸张。战争的最后结果是威尼斯打败热那亚,成为地中海和黑海地区的强国。

战争胜利后,威尼斯进入其全盛时期,财富剧增。同样是自13世纪末,即1297年,选举大议会议员的权力范围被缩减,仅限于几百个大姓贵族。1310年一次暴动后贵族们又增设了十人委员会。看上去威尼斯似乎是精英制,因为似乎是贵族们在决定着大部分国家事务。但是博丹之前曾说过,"把掌控着威尼斯的那些人称为'贵族'不对,因为他们仅仅只是国民,而其他人是外邦人"(第221页);而且,康塔里尼的记录证实,"正是全体国民团体,除了外邦人,拥有最高权力:上诉权、创设所有官职和职权的权力,以及最终的立法权"(第221页);从本博的记录可知,宣战权和生杀权也在全体国民手里,"他们与教皇尤里乌斯和法王路易之间的战争,人民投票并下令之后,他们才宣战。"(第221页)博丹认为,这些事实可以证明,总督权力下降之后,威尼斯共同体实质上是民主制。

那么,为什么威尼斯在民主政体下仍然延存到他的时代,而且看起来国家还发展得不错呢?

首先,因为威尼斯的法律习俗卓越。博丹说,威尼斯能够让人们觉得它好，必是以下四种原因之一：要么是军事技能杰出，或是法律公正，或是帝国幅员辽阔资源丰富，或是技艺多样。然而，军事技能他们最烂，各种技艺也不出色，赶邻国差远了，国家也不大，那就只剩下一个原因了，即法律习俗。"威尼斯人以极大的热情保持其城市的各种古法；这是他们最大的功绩"（第323页），其古老习俗包括对盟友和外国居住者友好；通过联姻手段获得财富但却不能太露骨，重视高贵出身；重视国家议事，并带着智慧参与重要的议事，在决定战争、结盟等事务时必先充分考虑。

第二，威尼斯能够长期维持的重要原因是其优越的地理位置。"虽然这些措施都非常有效，然而能捍卫统治的更重要原因是下述事实——其位置很难接近，因而能轻易地打败所有攻击。"（第323页）博丹显然也意识到地缘政治的问题，遗憾的是他并没有以此展开。这也可以理解，毕竟法兰西的地理位置没有那么复杂，当时面临的地缘冲突也不及几十年之后那么突出，地缘政治因素没有成为他重点考虑的问题。

第三，威尼斯的精英们很团结。博丹说："精英们相互之间团结一致、与国家融为一体，这对于统治稳定性的贡献，不止一点点。因为如此异邦众军无法轻易颠覆他们，而不团结时很容易被推翻。"（第324页）威尼斯的总督需要准备公共宴会，给市民们准备礼物，这种公共宴会很频繁，贵族们经常参加这些宴会，促进彼此沟通和相互联系，国民之间的团结度增强，国家容易黏合在一起。博丹也举出了反例，尼多岛（Cnidus）的贵族们本来能和平分享荣誉，后来却发生内讧，被外国人和平民们驱逐出去了；日内瓦的寡头们争权夺位，也被平民们赶下台；柯西岛的贵族们因为内讧引发众怒，被投入监牢折磨致死，等等。

现在我们也许可以觉察到，与其说博丹是在分析威尼斯共和国得以延存长久的因素，不如说他在讨论维存法兰西王国需要关注的重点问题。除了地理位置，法兰西也有悠久的被历史证实的法律习俗，这些习俗值得尊重，不能随意违背，更不能轻易废弃。同时，他也提请法兰西贵族们警惕：贵族的不和将给国家带来严重的危机，贵族内讧祸可覆国。而如果贵族们和谐一致，则权力不易被撼动。

威尼斯共和国的政体虽然不是博丹心中的最佳，但是由于他们的精英们团结，善于通过议事解决问题——"如果说威尼斯人在某种德性方面出众，我认为那就是议事和精明。我既不想埋没他们其他方面的德性也不想过多地称赞他们"（第323页）。所以在王制之后，他们还能以最不被看好的民主制维存了360年。言下之意，法兰西选择的君主制是符合宇宙帝国的秩序，在这个国度，只要贵族们齐心协力不搞内斗，应该可以延存更久。

当然，威尼斯共和国也有一些弊端值得研究且规避。首先，威尼斯共和国忽视了军事训练。他们没有常备军，在外敌入侵需要投入战争时，他们都是出钱请雇佣军。博丹说，这非常危险，所有军事领袖都一致认为，这是导致城市或国家沦陷的最频繁的因素。毕竟，雇佣军是拿钱办事儿，对国家没有从属己之爱延伸出来的忠诚感和荣誉感，关键时刻容易贪生怕死，不容易战斗到底。当然也有例外，然而博丹列举得更多的是因为请雇佣军而导致统治权丧失、国家倾覆的例子。由此，他借康塔里尼之口警示到，国家在任何时候都不应该忽略军事训练，因为忽略了军事训练，再好的民事教育也无济于事。

其次，威尼斯对外邦人的管理存在漏洞，或者说，境内外邦人太多，成为巨大隐患。"整个城市1555年的人口普查表明，除了贵族，还有159459名异邦居民。"（第327页）外邦人太多，且知道自己的数量，亦即知道自己的力量，心存不满时就存在谋划造反的危险。博丹说，旅居者、异邦人对威尼斯人更多的是惧怕，而不是爱。言下之意，所谓"非我族类，其心必异"，一定要牢牢管控住异邦人，不要奢望他们能对自己的邦国有多少真情实意的热爱，否则有可能造成大患。这看似与我们熟悉的现代政治语境下的"世界公民""普世价值"背道而驰。然而我们不应忘记，政治的基础源于属己之爱，正是因为这种爱，我们要保卫自己和属于自己的人或物，推而广之，才形成了政治体。因此，我们不能不说博丹的担忧不无道理，追溯历史，历来外族入侵都会极大地改变乃至颠覆国家。

最后也最重要的一条是，人们称赞威尼斯最多而博丹却不敢苟同的观点，即威尼斯人享有极大的自由。因为人们口中的这种自由，其内涵是没有限制的欲望满足：

> 在一个人人都如此热切地纵容自己的习惯和欲望的城市里，德性当然几乎没有栖息之地。如果我们衡量人幸福的标准是财富、荣誉、领地、愉悦和无限制的自由，那这个国家中处处充满了幸福；但如果我们以更优越的德性为标准，我不明白为何威尼斯是最杰出的国家。（第325页）

国家的目的不是自由，而是让国民生活得好。当然，好的标准有很多。有些国家认为有财富即是好，有些国家认为自由即是好，博丹说得很清楚，他的标准是德性。在谈到德性的时候，博丹再一次提到柏拉图，仿佛是在提醒我们，"何为德性？"这个问题，需要去柏拉图那里寻求答案。柏拉图说："国家治理得不好的最明显证据就是，职官多，医生多。"（第325页）职官多意味着犯罪率高，医生多意味着国民身体不好，需要救治。

也就是说，衡量一个国家好坏与否的标准是看其国民的身体（医生治管）和灵魂（职官约管）是否健康，而不是看国民是不是可以随心所欲想干啥干啥。毕竟，如果一个国家的国民中大部分都患有疾病，病入膏肓、濒临死亡，甚至已经有大部分国民因患病而死，自由还有何意义呢？或者，如果一个国家中大部分国民的灵魂已经糟糕到无视常识、不相信科学技术、仇视朋友，那所谓的自由便只能加速其国民的堕落和暴动的发生。这样的国家我们能定义为治理得好吗？或者说，这样的国家，我们能相信它的政治制度值得普世推广吗？

从这个角度出发，我们或许能够理解为何博丹在论证最佳政体时突然提到了希伯来人的帝国。

首先，希伯来是圣经中记录的最古老的民族，希伯来圣经与基督教圣经的《旧约》，内容几乎相同。在基督教文明下如果要从史书中寻求什么是最佳政体，当然应该追溯到最古老的民族。

其次,博丹的重点是关注希伯来人帝国的性质。希伯来人的国是王制,重视习俗和法律。博丹说,犹太人斐洛在创设人君那一卷教导我们,"建立君主一人之治的模式是上帝的命令。"(第329页)博丹指的是《申命记》的第十七章。这一章里,摩西命令国王学习法律:

> 要把这部存于利未祭司面前的圣法,给自己抄一副本。带在身边,天天诵读。从而终生学习敬畏耶和华——他的上帝,谨守遵行这圣法的每一条规定,每一个字。如此,他就不会妄自尊大、蔑视同胞而背离这诫命一寸一分。就能传位于子裔,在以色列世世为王。①

这段话一是说明君王需要遵守上帝制定的法律,二是说明上帝命令君王之位要传给子裔,即王位要世袭,三是表明国王一人之治是上帝命定的世俗王国统治形式。而且标题"国王"说明,王制甚至是上帝命定的唯一形式。

---

① 《摩西五经:希伯来法文化经典之一》,冯象译注,北京:生活·读书·新知三联书店,2013,第361—362页。

博丹说，摩西命令国王学习法律的不同戒律，遵循神法统治民众；而且只承认王制，"汝等不可恶言民之君主；这就是对一人之治的肯定……充分地描述了犹太人中存在的王权君威。"（第329页）所以，博丹很可能是想通过考察《旧约》中记录的最古老民族的例子说明王权君威的内涵。

摩西在立法、挑选议事会成员和职官和创立祭祀时，从来不问任何民众或贵族的意愿，在一次性处死四万暴民时不问任何人，立约书亚为王的时候也是根据自己的一人之愿。若用现代眼光去审视，摩西的统治方式可使他被斥为不折不扣的专制暴君。可是，民众们并没有不满，也没有起来造反推翻他。我们知道，据史书记载，正是在摩西的带领下，他的族人才摆脱了被奴役的命运，历经40年的跋涉和苦难，到达富饶的迦南。当然，需要指出，摩西统治的国不是处于常态下的国，不是和平时期重点在于发展经济促进文化的国，而是处于内忧外患的非常态下、随时可能亡国灭族的危险之中。外有埃及追兵紧咬不放，内有愚昧民众挑事儿抱怨，在这样的情形下，任何一个决策失误，任何一处心软而致的分裂，任何一丝意志不坚带来的后患，都有可能导致整体被奴役的灭族之灾。

博丹说，当希伯来人改为精英制之后，贵族们为了争权起内讧，民众们忍受不了，主动寻求回到王制。果然，王平息了骚乱。因此迈蒙尼德记录到："神法禁止犹太人在拥立一个王之前建立神庙，那个王才可以以权力制止混乱从而统治。"（第330页）

接着，博丹提到法兰西，说国人都以为是高等法院在颁布法律，其实不然，颁布法律是国王的专有权力，是主权，高等法院只有公布法律的职责。博丹提到这一点，乍一看比较令人费解。他本是巴黎高等法院的上诉律师，而且他在讲述法兰西政体变迁史时还几次提到高等法院冒死谏诤、不登记他们认为不合理的法令。事实上，法兰西高等法院的"注册"或"登记"（registre）与"谏诤"（remonstrance）是自14世纪末以来才形成的惯例，在一定程度上，高等法院成为王权的审查者或者监督者。高等法院的这种职能在一定程度有利于防止昏庸君王滥用权力，但潜在的弊端是可能使王权在关键时刻得不到及时执行。

法兰西王室与高等法院之间的博弈时有发生，距离《方法》出版最近的一次是在宗教内战期间。1563年，国王颁布"安布鲁瓦敕令"，以结束第一次宗教战争，这是王室呕心沥血与天主教和新教调停换来的结果。双方虽然都妥协了，但对这个结果并不满意。新教徒认为他们的权利被约束了不少，天主教徒则认为给予新教徒的优待和宽容太多。因此，多个地方高等法院没有及时登记国王的敕令，拖延好久才勉强通过让其生效。这种拖延的实质是违抗君令，使君主调和国内政治矛盾的措施得不到及时有效的执行。

博丹提到摩西治理非常态下的希伯来帝国时，再提高等法院之事，不能不让我们联想到这个最近的政治事件。某种程度上，各地高等法院的这次违令，为1567年第二次宗教战争的爆发埋下了伏笔。这时距《方法》初版不到一年。由此观之，博丹在书中担忧或者警示立法者和统治者"君威不可灭"，暗指国家非常态状态下强化王权的重要性不无道理。

然后，博丹重申了王制下的元老院以及各国的类似机构都没有主权的观点，最后他总结到，王权顺应天性和宇宙秩序，得到优秀史家和哲学家的推崇，是"经过奥古斯都与米希纳斯和阿格里帕严肃地讨论后建立……得到名声最好的民族的认可……历经长期经验的验证"（第332页），因此，是最好的政体形式。既然法兰西已经是王制，最好的政制，那么需要考虑的就是，如何让这种政体形式继续好好地维持下去，如何让君王更好地守护他的国家。

## 第三节 君位继承与君主教育

王位应该通过继承还是选举传递，一直是西方实行君主制国家争论的话题，就如同中国人争论帝位是该禅让还是继承一样。

### 一、君位继承

提倡选王制度者不少，其中以亚里士多德最为著名。他认为选王比世袭更文明。然而博丹却不同意，他说，如果这个观点成立的话，那么地球上除了实行精英制和民主制的国家，所有实行王制的国家都不文明。

博丹指出，选举君王最大的弊端有两个，一是存在空位期，二是不具有操作性。

显然，不可能在现任国王在世时就选举新王，否则新王可能因为迫不及待要掌权而谋反，或者现任国王可能出于害怕被谋杀而先发制人。所以，新王选举只能在先王驾崩之后。但这样就存在一个空位期。而空位期极其危险，"因为无君之国，正如无舵手的船，会因叛乱的风浪而动荡不安，常常因此而沉没。"（第333页）大海航行靠舵手，没有舵手的时候，国家之船若是遇上外患内乱，无人指挥岂不是要面临沉船之危？在博丹的时代，实行选举君主的国家就在隔壁——德意志神圣罗马帝国。博丹说，弗里德里希二世去世后，由于选帝侯们内讧，王位空缺18年。另一说空位期是12年。是18年还是12年我们无需争论，但空位期的确给危机诸多可乘之机：

> 选举制则会造成几个月甚至几年的王位空悬，还会不可避免地对政府和行政管理造成负面影响。在帝国的例子中，保留这种制度的根本原因在于强调帝国的重要性和独特性：帝国不会像其他财产一样被移交给其他人，而只有经过基督教世界里地位最高级的贵族举行的庄严、深思的选举，然后经过由教皇亲自举行的加冕礼认可后，方可被交予。在理想的情况下，这是一套行之有效的程序，而在16世纪的欧洲，这意味着大规模的行贿受贿。[①]

选举制意味着谁都有机会上位，毕竟，就算是以才德为选举标准，每个人对才与德的认知和判断标准都不同。关于选举制没有可操作性的问题，我们可能会有

---

① 诺威奇：《四君主》，蔡雨玹译，北京：民主与建设出版社，2018，第49页。

质疑。毕竟，以现代人的脑筋去理解，当代不是很多国家都实行选举制吗，甚至似乎不选举就不正当不合法一样。可是，博丹认为，通过选举获得主权的人事实上并不是主权者，"第三个奥托皇帝希望自己通过选举而不是继承的方式当选。这使国家转变为贵族制，因为帝国的主权完全转交到各诸侯和贵族手中。"（第241页）也就是说，按照主权归属决定政体类型原则，神圣罗马帝国根本不是君主制。在《国是六书》中，他也反复强调，选举君主制历史上倾向于转变为贵族制。既然一个王可以被选举出来，那么另一个王也可以随时被选举出来替代他，只要那是选举者的意志。如此，被选举者的权力就不是凭借他自身而具有，选举者反而有权随时罢黜、替换他。这种国家就不再是君主制。

事实上，现代政治现实也证明这一点，在所谓全民选举的国家，大部分公民既没有投票的智慧，也没有投票的意愿，甚至根本不认识候选人，更谈不上对其做出客观的评价。因此，结果必然是由少数人来选举。而这又有可能引发民怨，甚至各方不接受选举的结果。古罗马就多次发生过这样的事：

> 罗马元老院和执政官们长期严重不和。元老院喜欢的人军团不喜欢，分布在各地的军团常常同时

创造出几个皇帝，有一次竟同时选出30个。因此，内战爆发，出现谋杀、财物没收等情况，整个帝国陷入最不幸的混乱之中。更悲惨的是，每个获得权力的人都非常邪恶，而好人却主动拒绝承担这负担。如果偶尔有个君主贤明，希望能指定一个好人作为他权力的继任者，如涅耳瓦、图拉真、哈德良和安托尼努斯皮乌斯所为，君主的选举者们又认为这种做法野蛮。（第333—334页）

这段话指出了选王制可能引出的另外两个问题。一是选举让持各种意见、代表各方利益的人都有机会当选。若是选出来的人能服众能平复各方冲突固然好，然而更有可能出现的情况却是各方相持不下、引发内讧。二是选举出来的君主突然上位，容易引发身边旧人的嫉妒和不满：一个之前还和自己差不多与自己平级的人突然就成为了发布命令高于自己的人，而自己却成为必须要服从命令的人。如果被选举出来的人之前还有作奸犯科或其他不道德之事，那就更可能引发人民的不满，而不利于国家稳定。

历史表明，西班牙、英格兰和法兰西是率先形成民族君主国的西欧强国。上文曾追溯过世俗王权与拉丁天主教统一帝国之间的博弈，王权的存在和延续，若是没有合理的解释,不足以让民众信服。柏拉图在《理想国》中曾讲述过一个关于人类的故事:大地是人类的母亲,城邦中的人彼此是兄弟,但是人被生产出来的时候,亦即从土地里长出来的时候,本质上已有了金银铜铁之分,分别对应于在城邦中不同的职分和地位(414d及以下)。这个故事,无疑是为了让城邦的臣民们安守秩序,尤其让卫士们履行职责。秉承类似的目的,天主教教宗企图干预世俗王国政治事务时,给出的叙事是:教宗是基督在尘世的代理人,代表神统治人类,因而有权力约管各王国的国王或皇帝。而各王国在寻求其自身脱离教会干涉的过程中,找到了另一条与宗教无关的路径——国家的土地法和国王的血缘关系。博丹的国家起源故事从夫妻—兄弟—氏族—村落讲起,正是把大地原则还给人类历史,土地与血缘是世俗王国起源、存在和发展的基础,法兰西国王是因世袭权力、土地法而继承王位,既不是因为教会加冕,也不是因为人民的选举。

血缘和土地的关系如此重要,只有王位继承才能保持或延续高贵的血缘,继承王位制度更重要的意义就在于让臣民更加忠诚。博丹列举了诸多例子:"是什么给帕提亚人和土耳其人带来了那样的荣耀?难道不是两个帝国都唤起了其民众的崇敬和忠诚吗?土耳其人依靠其种族和奥斯曼人的信仰,帕提亚人信任阿萨息斯的子孙们。"（第336页）瓦卢瓦的查理为何能平定佛罗伦萨的骚乱，是因为"对血统和宗族的尊敬如此有效，竟然能通过共同的尊敬和良意把人们团结起来"（第337页），"亚述人、波斯人、埃及人、马其顿人和法兰西人……安定平和地兴盛了那么多时代那么多世纪，只因为他们都从一个皇室里挑选国王"。（第336页）这里例子说明，王位继承最有利于国家的维存。而维存得最久的国家，一定是政体最好的国家，"我们能为构建良好的国家找到的最好证据就是其持续时长"（第336页）。时间是最好的证明，一种政体、一种共同体的生活方式，能够在没有大变化的情况下让一国长期延续、甚至强盛，能够让国民生活安宁幸福，难道还不能证明它是最好最适合的政体吗？难道常识和事实还不足以战胜假想？

博丹曾经说过，国家构建得好，也就是其政体好，外部和内部的因素都难以将其摧毁；反之，一捅就破、一遇到灾祸就乱成一锅粥，各个政府机构各执政层级不知如何应对、无法协同作战的政府，难道能称为好的政府，好的政体吗？

事实上，博丹对王位继承如此看重，甚至超越了他反对女性统治的观点。在谈到法兰西人的政体变迁史时，他曾明确赞成萨利土地法禁止女性统治。然而耐人寻味的是，他亲自翻译的《国是六书》拉丁文首版出版之时，封面最下端刻意印有如下字样：Cum Privilegiis Caesareae Maiestatis et Regis Christianissimi, Serenissimaeque Angliae Reginae。求证史实，我们得知博丹在1581年曾跟随阿朗松公爵出访英格兰，传闻说女王亲自接见过他，并且当面质疑过他反对女性统治的观点。

《国是六书》拉丁文版于公元1586年、明神宗万历十四年面世，据《国是六书》法文版首版（1572年）面世已经14年。这一年，英格兰发生了一起震惊欧洲的阴谋，以**安东尼·巴宾顿**（Anthony Babington）为首的天主教徒密谋刺杀伊丽莎白，拥立虔诚的天主教信徒但同时也是手段毒辣的玛丽为英格兰女王。阴谋败露之后，巴宾顿与玛丽双双被囚。伊丽莎白女王明知，处死玛丽将是对天主教世界的极大挑战，甚至可能引发战争。但至尊的地位不可侵犯，国王的威严不可丧失，谋逆若罪不至死，将给王国埋下巨大隐患。于是她果敢地判处了玛丽死刑。后来的文学家、史家、政治家对这一事件津津乐道，众说纷纭。

博丹将自己刚刚译出的倡导绝对君权的作品封面印上那句话，称伊丽莎白为盎格鲁最尊贵的最高统治者，不由得让我们联想到他的观点和用意。1586年，法兰西仍然处在宗教内战的泥沼之中，最关键的"三亨利"之战已经开启,三位新王候选人打得如火如荼,智勇双全的亨利四世还没有取得绝对优势。此时的博丹有没有可能在反思,只要有那么一位强势的君主能够黏合法兰西这艘快要支离破碎之船,男或女有什么关系呢?私底下信仰什么宗教有什么关系呢?毕竟,能拯救国家的伟大君主的出现更多有赖于机运或天命,不得不承认,当时的英格兰已经获得了垂青。

其实只要王位是继承,谁继承都可以,最关键的问题是,谁继承能最大可能地保障王国的平稳过渡。毕竟,国王的子嗣不止一个,甚至为了王位继承有保障,国王们都会想方设法多生子嗣。博丹从史事中找出的答案是长子继承。事实上,法兰西在1270年,英格兰在1272年,在没有颁布任何法律或法令的情况下,都承认长子具有与生俱来的王位继承权。

长子继承制的优越性在于,能更好地避免王室子嗣自相残杀。博丹曾提到过奥斯曼帝国弑子弑兄的例子。导致这种情况的重要原因之一是,王室继承人不明,王室子嗣们认为自己都有机会,结果导致王室家族的大多数男性成员被绞死。而"如果只有长子有继承帝国的希望,其余的就会忠诚于他,就像我国的情况一样,没有关于兄弟相残的记录"。(第337页)

如此,博丹确立长子继承的君主世袭制为最好的政体类型。这样的政体象征着正义,因为这种政体中的君主就会"像四季不断的源泉,汇聚着整个帝国的最高权威"(第338页),把秩序与和平带给王国。

## 二、君主的教育

国家政治的品性有赖于统治者的品性。君主的教育是君主国中非常重要的政治问题,因为"关于最好国家的法律都被指向最好的君主教育"(第340页)。君主的教育问题对于国家统治和国民教育至关重要,因为君主作为位居最高的那一人,他的思想、爱好、行为会引导整个国家全体民众的思想、爱好、行为。博丹对柏拉图的这一句话"君主为之,国民亦皆为之(Principes suerint, tales fore cives)"推崇备至,认为这句话具有神性,其真理性得到了长期经验的证明。

统治者的教育问题历来是古代作家的中心问题。柏拉图在《法义》第三卷分析波斯帝国的古今状况时,其主要着眼点是波斯四代君主的教育,认为国家政治得失取决于君主教育的成败。亚里士多德在《政治学》中谈完所有的政体问题和国家维存问题后,也落脚到教育问题,从卷七的最后两章到整个卷八,都谈在教育,承接下去的《诗学》也是在教导如何作诗。博丹大加赞赏的色诺芬的《居鲁士的教育》更是专述君主教育的佳作。中世纪之后,随着各国民族意识的觉醒、各君主国独立诉求的凸显,君主的教育问题更加广受关注。伊索克拉底在论述这个问题时说到:"不能以为,所有人都会合乎秩序地生活,王者们都会守规矩地生活,相反,以你自己的节制为典范来衡量其他人,就会认识到,整个城邦的习惯都是在模仿统治者。"①西塞罗把这句话用为:"在共和国里,领导人是什么样,其余公民就是什么样。"也就是说,君主教育的良善与否决定整个国家国民性质的良善与否,也就决定国家的良善与否。

《居鲁士的教育》里,居鲁士有一段与下属的这段共勉之言,典型体现了古代思想家们对国家统治者的期望:

> 假如我们把自己的生活过得懒散而又奢侈,假如我们生活奢靡,而又认为奴隶和辛勤极为糟糕,只有摆脱艰难才是最幸福的,那么,我们很快就会变得十分卑劣,同时伴随着荣耀的丧失也会使财富丧失殆尽。曾经英勇,这还不够;假如一个人不能

---

① Isocrates, *Ad Nicoclem*, 31.转引自刘小枫《王有所成》,上海:上海人民出版社,2015,第195页,注释1。

将自己的英勇坚持到最后,那么他就不可能保持自己的勇气;正如技艺如果稍有不慎也会功亏一篑,身体原本虽然十分健康、灵敏、却只因为有了懒散和懈怠便会每况愈下;甚至精神、性情、自我约束以及勇气,假如我们都懈于锻炼的话,也会丧失殆尽。我们丝毫不能懈怠,我们绝不能沉湎于生活的甜美之中。在我看来建立一个帝国虽然是十分重要的一项工作,但是,更为重要的是要使其安定、安全。拿下这个帝国仅仅依靠一时之勇就可以做到;但是,要守住这个成果,如果离开了自我约束和对自己的要求,离开了不断的努力,那便绝无可能。我们决不能忘记这一点:从现在开始,我们要比夺取胜利之前更为勤奋努力,我们要不断地锻炼自己,使自己更加出类拔萃。(VII. V. 74—77)[①]

这段话成为此后一直到文艺复兴时期的"君王镜鉴"。文艺复兴的精神领袖伊拉斯谟(Desiderius Erasmus)题献给查理五世的《基督教君主的教育》(*The Education of a Chirstian Prince*, 1516)即以此作为

---

① 色诺芬:《居鲁士的教育》,沈默译笺,北京:华夏出版社,2007,第400—401页。

样板，提请君主时刻关注自己的德性。

西欧各国的民族意识觉醒后，各王国纷纷寻求建立独立于天主教会的民族王国，统治者的教育问题再次成为热点问题，涌现出不少专论此题的著作，如伊拉斯谟著《论基督教君主的教育》、马基雅维利著《君主论》、布德著《君主的教育》、德圭瓦拉（Antonio de Guevara）著《君主的日晷》、埃里奥特（Thomas Elyot）著《统治者必读》等等。一方面，以伊拉斯谟为代表的诸多政治思想者主张按照培养古典式哲学家的模式教育君主，要让统治者体现"最高和最纯形式的美德"，强调君主的德性问题。另一方面，马基雅维利却直白地指出，君主是不是具有真正的德性无关紧要，只需要表现出德性即可；从某种意义上讲，君主甚至还不能太有德性，否则可能于统治不利。

伊拉斯谟坚持僭主在所有事情上都必须表现出德性："一个王国也最好是交托给比其他人都更好的具备国王之资的人，这些国王之资也就是智慧、正义、节制、远见卓识，以及对于公共福祉的关怀。"[①] 君主应该具有最高一等的高贵身份，这种高贵身份不仅是出身的高

---

① 伊拉斯谟：《论基督君主的教育》，李康译，上海：上海人民出版社，2003，第8—9页。

贵，还包括德性与善行的高贵、最好的教育的高贵。①

柏拉图在《理想国》中为培育统治者制订了详细的教育计划，并明确提出统治者最首要最典型的德性是热爱智慧，应是城邦中最热爱智慧最明智之人。

博丹显然熟悉柏拉图制订的教育计划，认为统治者首先应该热爱智慧。他反复提及法兰西国王弗朗索瓦一世：弗朗索瓦一世之前的国王都不太重视文学，但是他却非常热爱人文思想；正是因为他的这一喜好，"贵族们立马效仿，其他阶层也开始热切地研习好的文学艺术，因而涌现了大量博学之人。"（第288页）弗朗索瓦一世不仅自己接受人文主义教育，大力资助艺术家，而且号召臣民多读书。他于1530年建立王室学院，用于专门研究希腊语、拉丁语和希伯来语，任命著名的纪尧姆·布德为首席作家。不仅如此，弗朗索瓦一世在前两任君主黏合法兰西国土的基础上，从司法改革入手，扩大国王的司法权力，将国家统治的最高权力集中于御前会议，控制各封建领主，大大加强了君主的实际权力。

对弗朗索瓦一世的赞赏恰好印证了博丹在不同作品中都恒定表达出的三个立场：一是对强大王权的推崇，

---

① 伊拉斯谟：《论基督君主的教育》，李康译，上海：上海人民出版社，2003，第22页。

希望法兰西王国能继续以这种最佳政体发展；二是对人文主义教育的重视，特别是应该让君主接受人文主义教育、倡导人文主义教育，以此推动整个民族国家的人文素质；三是博丹虽然倡导宗教宽容政策，但是也同样明确表示，宗教不能侵入王权，或者更确切地说，不能危害国家秩序。

在谈到君主教育问题时，博丹强调，要培养君主对荣誉的渴望，要注意引导君王"诸多难以约束的欲望（eros）"，将其引向荣耀。熟悉古典政治哲学的博丹明白，人具有爱若斯是自然之事，在爱若斯的作用下，人既可能成为恶魔，也可能成为英雄。如果君王的欲望被用于"寻求财富和愉悦"，就会"变成强盗且荒诞无度"，历史上出现过不少这样的僭主；但如果君王的欲望被引向荣耀，就会主动远离一切卑劣事物，不仅把成为圣王作为自己的目标，而且能够以身作则在王国内部引导善好，约束邪恶，达到治国理政的崇高目的。

然而，如今西方人念记最多的，既不是《居鲁士的教育》，也不是《基督教君主的教育》，更不是博丹的《方法》，而是马基雅维利的《君主论》。

《君主论》与西方古典政治哲学的显著区别在于，西方古典政治哲学强调培养君主真正的德性，《君主论》则提出君主只需要显得有德即可。这是对君主传统要求的巨大颠覆。

马基雅维利也把色诺芬的居鲁士视为典范,他在《论李维》中曾到过居鲁士的各种德性,然而与伊拉斯谟以及之前古典政治哲人的不同在于,他认为居鲁士的完美形象只是色诺芬使用的障眼法。这种障眼法只能迷惑住一般读者,他这样的杰出读者却能读出色诺芬的真正意图:

> 色诺芬在其关于居鲁士的生平事迹的著作中展现了这种欺骗的必要性,因为居鲁士对亚美尼亚国王的第一次远征充满欺诈,而且他占领亚美尼亚国王的王国也是靠欺骗,而不是靠武力。色诺芬从这种行为中只能得出一个结论,那就是一个君主要想做大事就必须学会欺骗。除此以外,他还记述了居鲁士用多种方法欺骗米底的国王,也就是他自己的娘舅居亚克萨勒。他指出,没有这种欺骗,居鲁士不可能达到他所达到的那种伟大。①

通过这种解读,马基雅维利成功地让强调培养君主德性的色诺芬为自己背书,提出君主只需要显得有德

---

① 马基雅维利:《君主论 李维史论》,第362页。

性即可。不仅如此，君主还得学会一整套欺骗的伎俩让自己显得有德性。马基雅维利独树一帜地提出，一个君主根本不可能具备居鲁士的全部德性，就算真的具备，那必会有害于其政治统治，因而他只需要显得"慈悲为怀、笃守信义、合乎人道、清廉正直、虔敬信神"就行。

施特劳斯告诉我们，色诺芬与马基雅维利的不同，正是西方古典政治哲学与西方现代政治哲学的根本不同。色诺芬"一直避免使用'国王'这个词"，因为他是在劝告一个"专制者应当努力像好国王一样统治"①。国王与僭主德性上的差异，在色诺芬这里有清晰的区分和界限，色诺芬通过他的教导凸显这些差异。居鲁士的确是僭主，色诺芬却努力教导他像国王那样统治。而马基雅维利的"《君主论》明明是一部'僭主论'，但他却偏偏在全书中刻意避免使用'僭主'一词，这是因为马基雅维利……以有意忽视'君主'与'僭主'的区别为前提"②。

博丹对这一问题的看法如何？《方法》第六章最后一段话说到，"真正的价值仅在于把德性外化为行

---

① 施特劳斯、施米特：《论僭政》，第83页。
② 甘阳著，"从色诺芬到马基雅维利"，载于色诺芬，《居鲁士的教育》，前揭，第4页。

为。"德既需要内在于心,也需要外化于行。博丹推崇的政治哲人是柏拉图、亚里士多德、色诺芬、西塞罗等人,由此便多少可获知其倾向。十年之后,博丹将在《国是六书》中声厉色疾地批判马基雅维利误导君王做恶。

在当代西方,《君主论》比《居鲁士的教育》《方法》或是《国是六书》都畅销,"在二十世纪八十年代被西方国家一些舆论界列为当代最有影响的世界十大名著之一。"① 《君主论》有没有被有意无意误读暂且不论,但事实上西方现代的宗教界、政界和学术领域的确都更关注《君主论》,而不是《居鲁士的教育》或《方法》。甚至绝大部分读者,读《君主论》比读《居鲁士的教育》或《方法》有更大的共情,读得更顺畅。这种现象的确值得我们深思,西方现代政治思想的内核和精神品质到底是什么。

博丹说,为了规避君王毫无节制的荒诞行为、沦为窃国之盗,从小就得施以严格的训练,不要让他太过舒适愉悦,要让他重视荣耀、懂得以自己的行为来赢取荣耀:

渴望荣耀的人不仅会远离恶名和生活中的卑劣

---

① "译者序",载于马基雅维利《君主论 李维史论》,第1页。

事物，而且懂得真正有价值的只在将德性表现为行为。这样，他可以控制邪恶，守护善好，以赞扬和奖赏推崇勇者和聪慧者的行为，而给予邪恶者永恒的羞耻。（第341页）

这是第六章的最后一句话。博丹将君主的教育问题放在《方法》最重要的一章"国家政体类型"的末尾来讨论，以扬善惩恶结束全章，正是在重复并强调他国家观中的一个重要理念：国家统治的目的是，通过扬善惩恶达致公共善好，实现公共福祉。达成这一目的的关键在主权者。既然君主国是最好的政体形式，那么实现目标的关键就在于君主。君主渴望荣耀，国家就有德性；君主心存敬畏，国家就有正义的秩序。因为"任何统治形式都是且只能是少数人治理多数人，是否有良好的治理，则取决于这些少数人是否有政治德性"[①]，主政的少数人若是德性不佳，做出了错误的政治决定，国家和国民则很可能蒙受耻辱和苦难。法国、中国和其他国家的历史中，这样的案例比比皆是。特别是当国家处于生死存亡的危难关头时，"考验的首先是政治共同体的领袖和这个共同体的担纲者阶层。晚清以来中国面临的根

---

① 刘小枫：《百年共和之义》，第167页。

本危机是，皇朝无政治才干，靠地方儒生平定太平天国，已经预示这个王朝必然衰落。韦伯说过，德意志第二帝国的崩溃，不是由于德军在战场上无能，而是由于帝国缺乏政治才干。"[1] 因此，君主之德性、政治担纲者之德性，决定国家之德性、国家之强大。那么，对君主的教育就不仅仅是简单的教育问题，而是事关国家统治和法律的最重要之事务。这就又回到了《方法》的主旨：国家统治者和立法者的养成。

政治哲学研究的主题是最佳政治秩序，而最佳政治秩序必然涉及最好的法律文本，所以立法无法回避的问题也就是最佳政治秩序，法的问题源于政治哲学问题。[2] 博丹认为，历史之重在于为统治者与立法者提供借鉴和立法依据。因而，在指导立法者、统治者方面，历史与政治哲人的角色和功能殊途同归。

---

[1] 刘小枫：《百年共和之义》，第87页。
[2] 施特劳斯：《什么是政治哲学》，第70—71页，第74页。

# 第六章 博丹与法兰西危机

史家布赖萨赫指出,《方法》的成书与当时法兰西王国面临的政治危机有直接关系:

> 博丹的《易于认识历史的方法》是为其政治学巨著《国是六书》所写的前期作品。法国在1550—1600年遭受的深刻危机使得优雅的叙述和个人退居次席,而对社会制度、习俗和法律的描述和分析具有头等重要的意义。看来,只有这种作品和关于各个社会的比较史能够提供必需的答案。①

那么,法兰西当时面对的政治危机到底是什么?危

---

① 布赖萨赫:《西方史学史:古代、中世纪和近代》,第245页。

险到了何种程度？

## 第一节 法兰西危机

有抱负的法兰西国王们从来没有忘记过从法兰克王国分出去的中法兰克和东法兰克的土地，一有机会就希望能够在自己的治期实现帝国统一梦想。

### 一、意大利战争

1494年初，那不勒斯国王斐狄南一世去世，法王查理八世宣称，他作为安茹王朝（安茹家族在1480年继承了对那不勒斯的统治权，但由于无暇亲自管理，斐狄南便继续统治着）的继承人，有权占领这片土地。查理八世可不仅是说说而已，当年8月，也应米兰统治者斯福扎（Ludovico Sforza）之邀，他帅兵越过阿尔卑斯山，入侵意大利。史称的"意大利战争"拉开序幕。

查理八世来势汹汹，势在必得。另一方面，威尼斯、西班牙、神圣罗马帝国和教宗都害怕法兰西势力进一步扩大而威胁到自身，遂组织反法的"神圣同盟"联合抵抗法军。次年7月，法军与联军在塔霍河谷激战，法军被联军围攻，兵败后向北突击。10月时，法军终于成功突围，但法兰西王国此时已经深受战争的拖累，遂于1496年撤出那不勒斯。

1499年，法兰西国王传至路易十二，他仍然没有忘记意大利这块肥肉。他率军远征米兰，几次交战后占领了米兰和整个伦巴第地区。西班牙眼见形势危急随即出兵，西军于1503年在切里尼奥拉战役中杀死法军统帅内穆尔公爵而获胜，之后在加里利亚诺河之战中又获胜，使法军不得不放弃之前与西军共同占有的那不勒斯地区，让给西班牙独有。从1494年至此时，史称意大利战争的第一阶段。

1508年，法兰西、西班牙、教宗国和神圣罗马帝国共同创建"康布雷同盟"，后来佛罗伦萨共和国、费拉拉、曼图亚和其他一些意大利城市国纷纷加入同盟。1509年，法兰西出兵威尼斯，占领其在伦巴第的领地，之后又在阿尼亚代洛战役里击败威尼斯军队。法兰西在意大利西北部势力的壮大威胁到了同盟的其他主体。

1510年，威尼斯与教宗国、西班牙等订立神圣同盟，希望能将法军逐出意大利。路易十二率军转攻拉文那，西班牙军队紧急增援。在1512年的拉文那战役中，法军大胜，威尼斯旋即投靠法兰西。然而，在接下来的战役里，法兰西却被瑞士雇佣军背叛，于1512年被迫退出伦巴第。威尼斯军队也在拉莫塔战役中战败。

1515年，法兰西王位已然传到著名的开明君主弗朗索瓦一世头上，他对祖上心心念念求而不得的意大利也一直挂记。弗朗索瓦一世亲率大军再征意大利，这次一举击败米兰公国的雇佣兵，之后与西班牙约定：米兰归法兰西，那不勒斯归西班牙。这段时期被视为意大利战争的第二阶段。

意大利战争的第三阶段从1519年算起，这一年西班牙国王卡洛斯一世成为神圣罗马帝国的皇帝查理五世。这位哈布斯堡王朝的开朝国君雄心勃勃，极力要把法兰西势力逐出意大利。他联合英格兰、教廷和佛罗伦萨共和国组成盟军。1521年的第一次交战中，法军的雇佣兵失利，但这并非决定性战役。1522年弗朗索瓦一世再率重兵翻过阿尔卑斯山占领米兰，直逼帕维亚。虽然法军的军事力量明显占优势，但弗朗索瓦一世却战败了，而且本人还被掳到马德里成为俘虏，被迫签订合约。

第三阶段的意大利战争基本上以法兰西和西班牙为主导展开，最后以1559年签订《卡托—康布雷西和约》为终点。法兰西朝意大利扩展的梦想破灭，回头应对国内一触即发的内讧。西班牙则在意大利境内多处建立了统治权，使得意大利境内各城市国仍然处于政治上的分裂局势。

法兰西在意大利战争中投入了太多财力人力，国内事务多多少少被忽视或羁绊。法兰西16世纪遭遇的多重危机与在这场战争中损耗过大多少有些关系。

## 二、法兰西艰难的16世纪中叶

上文提到,弗朗索瓦一世在帕维亚战役中被俘虏至西班牙,不得不签署屈辱的《马德里条约》。之后他以两个亲生儿子——其中就包括未来的法王亨利二世——为人质做交换,自己才脱身回到国内。好在弗朗索瓦一世也是有远见和抱负的君主,在被迫签约之前曾立下诏书,自己若被俘,签署的任何条约但凡有损法兰西的国家利益,都属无效。脱身之后,为了挽回败局,这位"最虔诚的基督教国王"不得不与德意志地区信路德教的王公结盟,以图再次进攻意大利,甚至在法兰西境内一度宽容新教的扩张。后来发生"传单事件",新教在法兰西内造成的分裂越演越烈,弗朗索瓦一世终于无法忍受,才着手剪灭分裂分子。国王的镇压激发了新教徒们更激进的聚众反抗,针对天主教会的信仰斗争演变成针对国王的造反运动。

新教路德宗在法兰西吸引的信徒,大多是下层人民、工匠、托钵僧、乡村教士等等;而加尔文宗则更多吸引的是政治精英们。遵循加尔文的政教原则,法兰西境内的信徒们组成了有严密组织形式的"联盟者"

（Huguenots，音译为"胡格诺"），直接接受加尔文宗日内瓦总部的领导。日内瓦总部也派遣在其新办的神学院受过训练的教士，到他们能去的城市举行秘密会议，当地政府对其采取了纵容态度。①

为了方便新教在国内传播，加尔文亲自将《基督教要义》的第二版，即第一次大幅度扩充后的版本，译为法文出版。语言的便利是加尔文宗在法兰西传播迅速的关键因素。地方民族语言代替拉丁语，使得普通民众——即便不识字的民众，也能听得懂并且说得出祈祷书的内容，唱得出赞美诗。信仰以熟悉的语言为支撑，无需他人教导或解释似乎就能懂得神的教导，使得信徒们更容易接受教义。并且，新教还在一个重要的方面深得民心——反对罗马教廷对地方教会的统治，排斥主教们肆意搜刮信徒财产。

法文版《基督教要义》于1541年出版，1545年法国西南部的农民就以宗教信仰为名爆发了动乱，弗朗索瓦一世不得不强力镇压。1546年发生莫城之变②，

---

① 瑟诺博斯：《法国史》，第284页。
② 莫城是法国大巴黎地区周边的重要市镇，依马恩河而建，罗马人入侵前是凯尔特人的一个重镇，公元3世纪基督教传入，莫城成为大主教城。16世纪，在时任莫城大主教的布里孔（Guillaume Briconnet）在此处开始新教改革，莫城遂成为法国新教的摇篮。新教与天主教的重大摩擦多次发生在此处。宗教内战的首次爆发就在此城。

官方又逮捕了61名新教徒。弗朗索瓦一世驾崩后，即位的亨利二世对于新教一点也不能容忍，不仅于1547年设立著名的"火焰法庭"专门审判和处死异教徒，而且在1551年颁布《夏多布里昂敕令》(*The Edict of Chateaubriant*)，禁止异教图书的印刷和出版，法官如果宽容异端要负连带责任；法律还赋予低级法院处理异端的自由权限。

我们也许可以将这些措施归结为亨利二世自身的宗教信仰。但另一种可能性也不可小觑，作为刚刚即位、有雄心抱负的君主，他显然意识得到异教活动频繁可能给国家安定带来的严重后果。而且，加尔文国际联盟的性质，对于信奉天主教的法兰西王室必然形成威胁。因而亨利二世对其的强硬态度完全可以理解。

然而，由于加尔文教义本身的蛊惑性质以及传播的便捷，镇压并没有带来显著的效果。反而在1550年代后期，可能近一半的法国贵族和三分之一的城市居民成为了加尔文宗信徒。[1] 加尔文1564年去世的时候，《基督教要义》的法文本共出了26个版本或译本；加尔文晚年时曾估计，"法国当时的新教徒约为30万人，约占其总

---

[1] 琼斯：《剑桥插图法国史》，杨保筠、刘雪红译，北京：世界知识出版社，2004，第135页。

人口的2%。"①

法兰西的加尔文宗教徒主要集中在南部和西南部，以从商者居多，也有不少贵族，包括波旁家族，后来成为法兰西国王的纳瓦尔的亨利就来自这个家族。直接依赖王权获得权威的社会集团不太容易被加尔文教义的政治宣言蛊惑，毕竟他们的权力来源非常清晰，而且正逐渐强大。然而具有某种独立权威的政治阶层却能够在加尔文宗教义里发现分享政治权力的依据，尤其是在地理位置上远离权力中心的那些地方。

一些有影响的激进胡格诺派理论家"把加尔文主义解释为一种训导和加强法国贵族发挥新的政治作用的教义"②。按照沃尔泽的说法，所有胡格诺派的政论家都是贵族，他们的写作是为自己阶层获取权力而发声。这些理论家为法兰西胡格诺派的领主们服务，以此为生，频频往来于法兰西边境，联系日内瓦总部或是德意志的新教选帝侯、大主教，成为推动加尔文派联盟国际化的重要力量。

亨利二世的严厉措施收效甚微。更糟糕的是，他

---

① 陈文海：《法国史》，北京：人民出版社，2014，第158页。
② 沃尔泽：《清教徒的革命：关于激进政治起源的一项研究》，王东兴、张蓉译，北京：商务印书馆，2016，第76页。

最初把主要精力放在意大利战争上，与西班牙较劲，没有足够的精力监管或阻止加尔文教在贵族阶层的传播。最终签订停战合约（1559年）后准备着手剪灭胡格诺派时，自己却在一次庆典比武赛中意外受伤，随即撒手人寰。接下去法兰西的三位国王都是尚未成年就即位，且都体弱多病、性格软弱，王权实质上落到了来自意大利美弟奇家族的王太后卡特琳手中。

作为来自外邦的女性统治者，卡特琳需要花费大量精力维持权力平衡，以保住幼王的王冠和自己的威权。实事求是地讲，卡特琳的周旋能力和谈判能力很出色，宗教战争初期，她在促进双方签订暂时停战协约中发挥了重要作用。然而，在乱世中杀伐决断、拯救王国需要极高的政治智慧和果敢力，这方面卡特琳似乎显得储备不够。

弗朗索瓦二世年幼，王后玛丽·斯图亚特（日后著名的血腥玛丽）的两位舅父手握大权。这二位都来自吉斯家族，分别是吉斯公爵弗朗索瓦·洛林（Francoise de Lorraine，也可称Francoise de Guise）和洛林红衣主教查理·吉斯（Charles de Guise，也可称Charles de Lorraine），他们是坚定的天主教信徒，与胡格诺派不共戴天。他们以谋逆之罪为名逮捕了胡格诺派贵族孔代亲王并将其囚禁，准备处死他。然而在预定处决之日的前五天，即位不足1年的弗朗索瓦二世却突然病逝。

年仅10岁的查理九世于1560年即位。卡特琳害怕处决了孔代亲王后，吉斯兄弟更肆无忌惮，携幼王以令诸侯。她立即联系摄政资格排在她之前的孔代亲王的胞兄安托瓦内，提出以孔代亲王的性命交换对方放弃摄政资格、永不参政。也是在这次谈判中，卡特琳把自己年仅6岁的女儿玛格丽特（日后的玛戈皇后）许给了安托瓦内家族的亨利（日后的亨利四世）。卡特琳成功了，孔代亲王的性命也得以保全。卡特琳为了防止吉斯兄弟坐大，威胁到自己和儿子的王权，有意无意支持与天主教作对的胡格诺派贵族，以求双方权力均衡。这再次给了胡格诺派扩张的机会。

1562年，吉斯公爵在瓦西袭击胡格诺派信徒，宗教内战爆发。法兰西内战（即宗教战争）从1562年开始持续到1598年，8场战役8次休战，期间各方千方百计协调签订停战协约，但暂时的平静一次次被打破。持续30多年的战乱耗费了大量财力、精力和民众的信心，给国家造成巨大伤害。加尔文宗在法兰西已成气候，催生出不少胡格诺派理论家。总体看来，胡格诺派理论实质在于：

> 政治秩序是一种分享主权的永久制度，是对义务的具体和精确的分配；它一方面可根据法律，另

一方面则可依据良心来强制执行。反抗完全是由于宪法和道德义务而进行的守戒律的表演。出自自然法、共同体意志和世俗功利性的论点，都是对上述那个根本观念的补充。秩序、组织、戒律和义务是处于胡格诺派思想核心的观念，它们比其他任何观念都更为清晰地揭示出了那些受过教育的新教贵族们最强烈的希望和恐惧——也许主要是恐惧。这些贵族在探索虔敬的风格和特殊的礼拜仪式，在有些焦虑地寻求一种他们能够履行其新的虔诚和保持其古老权威的统治。①

有意思的是，皈依胡格诺派的贵族人数虽然众多，但却并未表现出与旧教决裂的坚定决心，甚至根本没有想推翻旧教取而代之，所以也一直没能在政府机构中取得决定性胜利。一个非常重要的因素是法兰西根深蒂固的贵族传统理念。天主教历史学家德拉图尔（Imbart de la Tour）认为：

> 法国贵族即使在其与国王斗争处于顶峰的时刻，也从来没有形成一种新的和独立的意识形态。

---

① 沃尔泽：《清教徒的革命》，第100页。

贵族的观念诞生于关键时刻的需要和激情，经常只是遗憾和愤怒的爆发……贵族只知道武力和战争，总是（错误地）认为"造反就是革命"。①

也就是说，加尔文派理论家们对法兰西贵族们"良心"的塑造并未取得彻底胜利，贵族们最深切的情感很难完全脱离封建制和父权制旧传统，这些传统长久以来对他们思想的影响，使他们无法完全漠视居于其上的政治权威。

新教徒的作家们力图找到旧的贵族进入现代国家政治秩序的通道。但是很多贵族已经选定了他们从封建家庭通往国王宫廷这条更自然的道路，在宫廷，荣誉、忠诚和骑士风度享有一种有些虚假但是却非常精细化的存在。而其他人，大多数是年纪更轻的贵族，子孙们则粗暴、野心勃勃，通常没有受过教育，他们欢迎以新教徒的身份进行战斗的机会，但几乎都不愿意接受加尔文宗的教徒力图强加给他们的士兵的那种军事与教会戒律的结合。②

---

① 沃尔泽：《清教徒的革命》，第81页。
② 沃尔泽：《清教徒的革命》，第83页。

老辈贵族们受传统约束，秉持通过王室任命认可参与政治以赢得荣耀的理念；年轻贵族们无法接受加尔文宗的清规戒律，受教育程度不足，所谓的良心塑造不好达成。总之，贵族们对于新教教义提供的分享权力的支撑和战斗理由表示欢迎，但对于教义的具体内容并不关心，更不愿意接受加尔文在日内瓦那种严苛统治。法兰西王室和大多数法兰西贵族"对于礼拜并不热心，对于教义之争表示非常冷淡，他们之所以分为两个不同的宗教，主要的动机是出于私人的利害，他们变成了这两个敌对党派的宗教的同时也是政治的领袖"[1]。归根结底，法兰西宗教内战虽然挂着宗教的名头，但本质上和形式上都是政治权力争夺。

吉斯家族领导的天主教企图一举剪灭所有异教徒一家独大；卡特琳希望通过平衡各方权势以保住王室的最高威权，对天主教派领袖人物势力的坐大心存防范；胡格诺派贵族们希望能够扩大权力，在壮大的过程中和加尔文国际联盟的领导下逐渐生出异心，试图在南部和西南部建立联邦，但是又不够坚定，对王室仍然存有念想。这就是宗教战争打打停停的原因，胡格诺派愿意接受王室的调停，只要能给他们更多的权益；王室对吉斯

---

[1] 瑟诺博斯：《法国史》，第289页。

家族一直有防范,吉斯家族也害怕失去王室对天主教派的偏好。天主教中以掌玺大臣洛斯皮塔尔为首的政治家派联合巴黎高等法院,力保王国不被分裂,劝导王室放下宗教争端联合两派。因此,在第一次和第二次战争和第三次战争前期,各方都比较克制。然而,1572年的圣巴托洛缪大屠杀打破了这个微妙的平衡。

## 三、圣巴托洛缪大屠杀

新教胡格诺派虽然并没有获得同天主教派同样的宗教权益,而且时而会遭到迫害,但在16世纪60年代以前,他们一直采取消极抵抗的态度。也有不同层次的"和平派加尔文主义者",不愿意挑起内战,只在宗教宽容问题上与胡格诺派一致。1560—1561年召开的三级会议中,贵族和第三等级都赞成一定形式的宽容。但是,随着胡格诺派的壮大,特别是在武装力量上的扩充,他们开始小心翼翼却又比较坚定地朝着以武会武政策的方向转变,特别是在一些常常发生极端挑衅的地方。而且,在当时的法兰西,"归认新教不仅仅是精神上皈依一个饱经曲折的宗派。许多新成员的宗教承诺都含着世俗利益,这必定会反映在他们战术意识中。面对迫害,唯一的反应是坚持殉教运动,由此就会导致分裂运动。"①

就算宗教战争已经爆发，在整个60年代中，胡格诺派总体在意识形态上的反映都比较缓和，其领导团体一直存有和平解决问题的念想。他们会捍卫地盘，甚至进攻，但仍然避免公开挑战国王的权威。其实，总体上看，这一段时期，双方都还算比较克制，从每次缔结的休战协议或国王发表的敕令来看，似乎非常有可能达成和平的解决方案。王室所发布的法令虽然会指责胡格诺派挑起内战，但大多都在传递宗教宽容的思想，并且试图将宗教信仰与政治目标剥离。遗憾的是，天主教会中的强硬派不断给国王施压，国际上的天主教神圣联盟也构成巨大的威胁，而王权却十分微弱，任何一方都不敢公然得罪，只能如履薄冰地维持表面上的中立，以期能保障王国统一。国王颁布的意在维持和平的敕令，常常被天主教徒把持的中央司法机构驳回乃至破坏，被诸多新教徒把持的地方司法机构拒绝登记生效。

1572年8月18日是王室选定的查理九世的妹妹玛格丽特·德·瓦卢瓦与纳瓦尔国王亨利完婚的日子，这是12年前就定下的婚事。玛格丽特是天主教徒，亨利是新

---

① J.H. Franklin: *The Shift to Absolutism*, in J.H. Franklin ed., *Jean Bodin*, 2006, p. 71.

教徒。天主教的代表人物吉斯公爵与新教代表人物海军上将科里尼都受到并接受了邀请。国王和太后为这次联姻付出了巨大的努力，甚至不惜违抗教宗的旨意。在各方看来，这次联姻是国王为了巩固第三次宗教战争停止之后的和平而做出的努力，似乎意味着天主教与新教终将在法兰西联手和平相处。婚礼非常盛大，天主教贵族与新教贵族共同参加了婚礼之后的奢华庆典。在接下去的几天中，人们的印象似乎都是和解与和睦。

然而，8月22日早晨发生的事情却打破了和平的梦想。科里尼将军在卢浮宫参加完清晨御前会议之后，步行返回他在巴黎的下榻处，却在途中遭到刺杀。刺杀没有伤及将军的性命，但行刺的凶手居然在重重追捕下逃走了。

关于为何要谋杀科里尼，有不同的说法。有说是吉斯公爵（亨利·吉斯，其父弗朗索瓦·吉斯在1563年遭暗杀身亡）见天赐杀父之仇的良机因而先斩后奏，有说是太后卡特琳派军支持尼德兰新教徒反抗西班牙，失败后害怕遭到报复，因而想以杀死新教头目的方式向西班牙示好。

不管原因到底为何，新教徒认为这是一场天主教集团蓄意已久的谋杀，甚至可能还牵涉到国王。科里尼在受邀决定参加婚礼之时，就有人劝阻，怀疑婚礼是一场鸿门宴，意在巴黎伏击他，然而科里尼还是坚持前往。刺杀事件发生后的当日，新婚的纳瓦尔国王亨利与孔代亲王前往王宫要求国王查理九世主持正义。查理九世保证严惩罪犯，成立了一个由巴黎高等法院院长亲自领导的调查委员会，还与太后、几个兄弟和重臣一道去探望科里尼。为了安全起见，国王建议科里尼搬到卢浮宫，但后者没有听从。

令人吃惊的是，8月24日清晨，吉斯公爵却率人直抵科里尼住所将其杀死。与此同时，卢浮宫中所有新教贵族也被统统杀害。这两件事情，很多史家都认为是查理九世授意所为。同一天，在巴黎的大街小巷，巴黎民兵团和天主教徒们开始疯狂杀害城中的新教徒。激情以巴黎为中心向法兰西其他城市传递。接下去的一个多月里，新教徒在全国境内遭到围捕和屠杀。这是法国历史上最为血腥的一页，据说数万法国人在这次屠杀和宗教内战中丧生，连妇女和儿童都未能幸免。

为什么会发生这样的惨案？国王查理九世对科里尼将军的态度为何转变得如此之快？针对胡格诺贵族的围捕为何演变成以巴黎为主蔓延至全法国的大屠杀？研究者各有说法。

富兰克林（Julian H. Franklin）认为，发生惨案的最主要原因是王权羸弱。国王年幼，掌握实权的太后卡特琳不仅是女性，还是外国人。卡特琳浅薄的政治智识使得她无法充分预见到某些政治决策可能产生的严重后果。[①] 一方面，出于稳定政局和权力平衡的考量，一定程度的宗教宽容、让新教集团牵制天主教集团是更好的选择，所以卡特琳所掌管的王室出于维护政治秩序稳定的考虑倾向于宽容新教。另一方面，王室不得不随时顾及到代表天主教的吉斯家族的意见，安抚其情绪，因为吉斯家族是当时除了统治王朝之外法兰西最有权势的家族。

从国际上看，有天主教国家神圣联盟，那是由教宗、西班牙与威尼斯牵头结成的盟军，意在整个欧洲范围内联合抗击异教。当然，其中的世俗政治目的各方也心照不宣。法兰西拒不参加此联盟，甚至当新教的矛头指向教宗时，法王还有意通过资助法兰西新教徒而暗中相助。这一时期，法兰西表面上与西班牙维持着和平，但其实双方都清楚对方所为。西班牙及其领导的天主教神圣联盟始终是一个强大的威胁，卡特琳非常害怕西班牙以宗教为借口对法兰西公开宣战，不管这种担忧的依据是否真实。以卡特琳为代表的王室身陷这种两极拉锯

---

① J.H. Franklin: *The Shift to Absolutism*, in J.H. Franklin ed., *Jean Bodin*, 2006, p. 73.

中十分痛苦。

为了避免内外同时作战，即对内的宗教战争和对外与西班牙可能触发的战争，王室常常试图取悦强者——天主教一方。在胡格诺派的眼中，王室朝向天主教，似乎就是危险与日俱增的征兆。掌握武装力量的海军上将科里尼常常建议国王支持新教徒对抗神圣联盟。当这种状态持续到1572年时，卡特琳似乎逐渐相信这样一种状态——在国内，由于胡格诺派的存在和壮大，她的权力越来越受阻，在这种情况下，实行反天主教西班牙的外交政策似乎会毁掉她的王朝。因此，除掉拥有强大武装势力的新教领袖似乎更有利于王室的稳固和国家的安定。①

史学家茹阿纳（Arlette Jouanna）认为，对于胡格诺派日益壮大，王室一直都非常担忧，但出于维护和平的宗旨，查理九世一直采取忍耐、安抚的态度。前三次宗教战争越来越让王室感到，大贵族之间的联盟使贵族的自由与宗教自由之间建立了紧密联系，胡格诺派代表人物海军上将科里尼军事力量强大，其与国内和国际势力的联盟更是扩充了自己的势力，这对王权构成了巨大的

---

① J.H. Franklin: *The Shift to Absolutism*, in J.H. Franklin ed., *Jean Bodin*, p.73ff.

潜在威胁。也许科里尼从来没有想过要对抗国王,但是他对国王说话时的态度和用词却越来越不审慎。经茹阿纳考证,科里尼将军遇刺之后,胡格诺派认定凶手是天主教会代表吉斯公爵主使。所以,从8月22日到23日晚,胡格诺派的代表屡次进宫面请国王主持正义,不仅言辞过激,而且态度十分嚣张,甚至威胁要带人冲进卢浮宫杀死吉斯公爵,"哪怕他就在国王的脚下。"这些话可能使得查理九世相信胡格诺派真的要做出某些令他恐惧的行为:

> 这些言论的确会使法国国王坐立不安:图谋在王宫里杀死敌人,更加过分的是,他们居然打算当着君主的面杀死敌人,这无异于在策划一次典型的渎君性质的行动。类似的演说会损害王权的威严,这令国王忧心忡忡。①

一直以来对新教的怀疑、不满情绪,也许还混杂着愤怒——联姻给国家带来和解与和平的希望破灭,在这一瞬间恰巧宣泄出来。

---

① 茹阿纳:《圣巴托洛缪大屠杀》,第137页。

海军上将的同伙8月23日的举动重新唤起了国王对其受辱的记忆,他将之归咎为科里尼。在国外看来,这个有能力在国王反对的情况下发动"朋友、亲戚和下属"的人,是一个"过于强大"的臣民、一个潜在的危险人物。①

查理九世自亲政以后,一直期望能成为名副其实的君主,成为君权的唯一代表,而科里尼的权势及其在国内外受到的尊重或许让他担忧、害怕,甚至嫉妒。也许正是因为这些原因,国王认为自己的权威受到挑衅和威胁,

积怨变成了科里尼被指控的主要罪行。深藏已久的怀疑再次浮出水面,让国王、太后和众参事对武装暴力的恐惧由假想变成了现实。而且,由于他们经常处在一个充满矛盾和不确定性的环境中,发生武装暴力是他们能够预想到的最坏的事情。他们一直坚信的胡格诺派破坏王国安定的想法更加坚定不移。②

---

① 茹阿纳:《圣巴托洛缪大屠杀》,第137页。
② 茹阿纳:《圣巴托洛缪大屠杀》,第138页。

于是，国王与太后及其天主教重臣们在23日晚间决议，胡格诺派企图叛变。作为他们首领的科里尼，应予以根除。按照茹阿纳的解释，杀害科里尼和卢浮宫内所有新教贵族——这些法王亲自邀请的参加婚礼的客人，都是遵照国王旨意所为。

从8月24日清晨开始泛滥整个巴黎城的大屠杀，则很可能是极端天主教徒撩拨民愤所致。在巴黎城中，皈依新教的人虽然与整个巴黎人口相比数量并不多，但他们的受教育水平和技术培训程度很高，甚至很多是上流社会的人。"这使得宗教分裂表现得更为明显，也或许使得在忠于传统信仰的人眼里，宗教分裂更加令人愤恨。因为正是城市中的显要人物破坏了宗教统一。"① 天主教徒们对新教徒又恨又怕，恨他们破坏了宗教统一，怕他们随时可能发动个人攻击——这在当时连续的宗教战争期间，并非不可能发生之事。所以，当激进的巴黎民兵自卫队开始带头围攻、抢劫、屠杀新教徒时，情况便失控了。巴黎市民中的天主教徒们情绪受到感染，认为教派的最终战役打响，国王听从了天主的指令，终于决定维护信仰的纯洁。清洗行动的信号发出，天主教徒们在激情下跟风手刃身边的普通新教信徒。

---

① 茹阿纳《圣巴托洛缪大屠杀》，第115页。

最初针对某几个人头领的暗杀，最后演变为激情下的疯狂大屠杀，不得不说是失败的政治决策所致，宗教信仰不过是掩盖群体事件的借口而已。巴黎的屠杀整整延续了3天，并进一步扩展到其他城市和乡村。

查理九世很快意识到问题的严重性，8月24日群体事件爆发后不久，他就下令停止针对胡格诺派的屠杀行为，但收效甚微。当天，他多次命令所有人放下武器、停止抢劫杀害胡格诺派，"却越来越难以掩饰他无力镇压屠杀。"[1] 此后，国王的命令一直被有意违抗，天主教中的强硬派借此机会施行他们一直以来想要进行的"神圣行为"，当然，还有诸多暴徒趁机抢劫钱财、杀害民众。茹阿纳指出，国王的权威被漠视甚至公然违抗，这才是之后的惨剧发生的重要因素。

圣巴托洛缪大屠杀对于众多法国人说是不可言说却无法忘怀的伤痛，那一时代的很多作者在著作中都小心翼翼刻意避免谈及此事。但事件本身却引发了智识分子，尤其是法学家和政治哲学家对关于君主制以及王权的大讨论。

---

[1] 茹阿纳：《圣巴托洛缪大屠杀》，第185页。

## 第二节 政治危机与绝对君权

圣巴托洛缪大屠杀之后，法兰西的理论界大致分为两派，一派为王室辩护，认为查理九世做了君主维护国内统一安定应该做的事；一派讨伐王室，认为只有暴君才会允许如此大面积屠杀自己的国民，这样的暴政必须被推翻。

### 一、"捉拿君主派"理论

胡格诺派理论家本来秉持的就是分裂的加尔文教义理论，大屠杀后，更相信是以国王为代表的天主教徒对己方展开了惨绝人寰的屠杀，因而猛烈地控诉君权。那一时期，涌现出不少此类作品，形成了著名的"捉拿君主派"理论主张。其中的三部代表作是奥特芒1573年出版的《法兰克高卢》（*Françogallia*）、贝扎1574出版的《论行政官之于其臣民的权利》（*Du droit des magistrats sur leurs subjets*）和托名布鲁图斯（Stephanus Junius Bratus）于1579年出版的《保卫自由，反抗暴君》（*Vindiciae contra tyrannos*），被称为"捉拿君主主义三论"。

至今无法确定托名布鲁图斯的作者为何人，但可以确定，贝扎是不折不扣的加尔文继承者，更是法兰西宗教改革运动的精神领袖。从贝扎早年的实践可以看出，他从来没有想过让胡格诺派在法兰西作为一个小教派存在，而是一直企图壮大势力。

贝扎早期就对权力问题有过思考。1554年他曾发表名为《论行政官惩罚异端分子的权力》（De haereticis a civili magistratu puniendis libellus）的文章，其中肯定了教会惩罚异端的必要性。然而，他认为这个惩罚权只能在教会，裁决正统与异端的权力也在教会——当然是日内瓦教会。世俗政府没有裁决权，只有执行教会判决的权力。研究者沈晟通过文本解读指出，贝扎的这篇文章隐晦地表达了这种观点："当君主滥用职权、施行暴虐，甚至对纯正信仰和正统宗教构成伤害时，低级行政官有权为了维护信仰反抗暴君。"[①]

1559年，贝扎任日内瓦神学院院长，并亲自任教。贝扎与法兰西胡格诺派的贵族们保持定期联系，经常与他们会晤。更重要的是，他与纳瓦尔国王关系密切，与其妻让娜（Jeanne d'Albert）的亲密友谊一直保持到后者去世。让娜即后来的法兰西国王亨利四世的母亲。所

---

[①] 沈晟：《论十六世纪反抗暴君观念的变迁》，博士学位论文，浙江大学，2015，第114页。

以亨利四世在获得王位之前是新教领袖也就不足为奇。

1560年发表的《信仰声明》一文里，贝扎进一步提出，低级行政官有权力反抗僭主，甚至个人在神的引导下也可以反抗僭主。不过此时贝扎对反抗暴君问题的探讨还处于初级阶段。之后由于与奥特芒的频繁沟通和交流，大屠杀后出版的《论行政官之于其臣民的权利》传达出的观点，就与《法兰克高卢》有了很多共同之处。

1561年，在卡特琳组织的意在调和天主教和新教矛盾的普瓦西会谈上，贝扎与洛林主教针锋相对，对天主教的圣餐礼出言不逊地嘲讽，致使调解会议不欢而散。正是在此次会谈期间，贝扎写信给他的日内瓦教会，预告战争即将爆发。也就是说，宗教内战在某种程度上可以说由胡格诺派主动挑起，并且似乎有时间做充分准备。加尔文1564年去世后，贝扎成为了日内瓦教会的实际领导者，并直接指导法兰西胡格诺派在宗教战争中的行动和宣传。总体看来，贝扎已经走出了神学领域，刻意违背圣徒保罗"不抵抗"的神学教义，主动"在更为世俗化的层面上寻求契约理论对反抗合法性的论释"[①]。

贝扎的《论行政官之于其臣民的权利》一书详细

---

① 沈晟：《论十六世纪反抗暴君观念的变迁》，第86页。

论述了谁能够限制君权，如何限制君权。早在1573年7月，贝扎就向日内瓦议会提交过《论行政官之于其臣民的权利》的出版申请，但没有通过审核。1574年，该书改为法文版匿名出版。作品划分出王国内的三类臣民，第一类是没有公共管理职责的民众，第二类是在最高统治者命令下从事管理的行政官，第三类是"在其所处地位上能够约束和保证国王履行职责的人"。在这个三分法里，贝扎把议会和职官视为同一类，即第二类人；第三类指三级议会的成员，他们有约束君王的责任。贝扎提出：

> 统治者高于法律的说法只能被理解为他的权威高于民法和公民个体的权利……而非高于公法或所谓的宪法，更遑论自然法或神法，因为人自其出生起，作为整体和个体都服从于它，那么我们就将得出非常清晰的结论，如若国王并非常人，那么他们就必须接受法律的约束。①

这段话明确指出要国王受制于国家宪法，与同时

---

① Théodore de Béze, *Du droit des magistrats sur leurs subjets*, 转引自沈晟《论十六世纪反抗暴君观念的变迁》，第167页。

期的很多立宪主义者的观点类似。前文已述，博丹也认为，正常情况下，一旦国家法律经所有人同意后颁布，君主也应该遵守。不同的是，博丹并不认为臣民有暴力反抗君主的权利，而贝扎却认为，国王沦为暴君时，应该受到有权选举他的人的指控；这些人有权选举他，也有权审判他，并且其裁决不可辩驳不可更改。如若这一主张成立，接下去很容易推出，贝扎笔下的君主或者暴君并不拥有博丹意义上的主权，因为永远有人可以随时给他扣上一顶暴君的帽子，剥夺他的一切权力，只要他违逆了他们的意愿。

若以出版日期为据，奥特芒的《法兰克高卢》是率先在大屠杀后对君权展开专题讨论的著作之一。值得一提的是，《法兰克高卢》的首版地是日内瓦，因为奥特芒在大屠杀开始前逃离法兰西，几经辗转后到达日内瓦。无需质疑，奥特芒是加尔文主义者，但他的思想并非一开始就指向君主，而是经历过一个转变。他曾在1560年为孔代亲王反对吉斯家族写过宣称册，其中并没有把攻击矛头指向君王，而是抨击吉斯家族的暴政，要求"清君侧"。然而，在《法兰克高卢》里，奥特芒把权力限制的对象直接引向君主。作者和出版者应该非常清楚作品将引起的效果，据说在出版注册时，奥特芒刻意把他的书描述为"关于罗马统治之前的法国史"，以规避官方审查。于是，此书被定性为史学考据类书籍出版。可见，奥特芒明白，就算是在日内瓦，他的书也不可能正常通过审查。

在《法兰克高卢》中奥特芒提出，上古时代的法兰西国王是通过选举产生，因而也可以被罢黜。① 然而奥特芒1573年出版这本书的主要意图，却是要通过追溯古制，论证法兰西王国的世袭制不合理，并以圣巴托洛缪大屠杀为由头讨伐王室，为罢黜国王提供理论支撑。法兰西理论界关于君王是否可能被罢黜的纷争显然不是1572年才开始出现的事。从反罗马天主教体制的各种小教派出现开始，这种论争从未停息过，不同的只是小教派理论作家为推翻天主教教阶制度论证，反世俗王国的理论家为推翻王国体制做论证而已。博丹在1576年的《国是六书》里重申并强调君主的绝对主权，不能不说其目的之一是为了驳斥以奥特芒为代表的这批"捉拿君主派"智识分子。

大屠杀后，主流观点普遍认为，正是国家的内部分裂即内战伤害了国家和人民，带来了灾难。但《法兰西高卢》却提出了与此截然相反的论调：是法兰西的灾

---

① 布罗：《历史的历史：从远古到20世纪的历史书写》，黄煜文译，桂林：广西师范大学出版社，2012，第328页。

难造成了国家的分裂。这个灾难是什么呢？是违背了祖制。奥特芒通过追溯法兰西王国的历史提出，君王选举是法兰西古制传统，国王受制于人民是法兰西悠久的优秀传统。国王的权力一直受到诸多限制；法兰西自古以来就是混合君主制——国王、贵族主导的御前会议和人民主导的三级会议共同拥有国家权力。恰恰是因为路易十一（1461—1483年在位）违背祖制、颁布政令强化君权，把国家从混合君主制引向了暴君制。因此，奥特芒提出，必须对王权加以限制，如果容忍王权拥有一切事务上的绝对权力，最终国家将沦为暴君制。在其著作中，奥特芒刻意对大屠杀只字不提，以期能通过审查。然而，"《法兰克高卢》的每位读者都能轻而易举地将书中提到的史实与其所生活的环境联系在一起。"①

在贝扎与奥特芒的时代，就有不少人指出这两部作品是有意共同联手创作。二人同为加尔文教会的重要人物且关系密切，人们有这种猜想并不奇怪。而且两本作品很有默契地"从不同方向攻击腐朽堕落的法国国王和王权"，一个诉诸于历史，看似从传统中寻求解释和解决当前困境的出路，即将王权置于议会的监管之下；一个诉诸于政治学，论证有必要借助于三级会议尤其是低

---

① 茹阿纳：《圣巴托洛缪大屠杀》，第267页。

级官员来反抗暴君,[①]并且论调极其一致。

捉拿君主派理论在当时颇有影响力,为胡格诺派解释大屠杀的发生和他们之后军事上的对抗战斗提供了解释和理论支撑。研究者沈晟指出,斯金纳认为,奥特芒的这个作品里限制君权的观点是继承自博丹的《方法》,因为博丹在作品中曾提到,国王的加冕誓言对其具有约束力,奥特芒正是受到这个启发,从历史中追溯法兰西君主制的选举性质。[②] 斯金纳的确认为博丹在《方法》中表现出明确的立宪主义倾向,并且还说博丹在该作品中多次表明了限制君权的立场。他提到,博丹和加尔文主义的革命者都使用过国王受加冕誓言约束的这一层含义。"贝扎和奥特芒偶然发现了阿拉贡人的誓言,他们两位认为这个誓言声称百姓只有在傲慢的统治者履行他们的诺言的情况下才有责任服从他们的统治者。"[③] 但斯金纳并没有提到博丹对奥特芒的启发作用。

事实上,二者之间到底有没有这种启发,如今已难以确定。可以确定的是,博丹与奥特芒虽为同辈同胞,

---

① 沈晟:《论十六世纪反抗暴君观念的变迁》,第153页。
② 沈晟:《论十六世纪反抗暴君观念的变迁》,第157页。
③ 斯金纳:《近代政治思想的基础》(下卷:宗教改革),第424页。

却并非志同道合之人。奥特芒将路易十一视为暴君和后世暴君的引路人；而博丹在《方法》中多次提到路易十一，却是极尽赞美之词，称他过着极其正直的生活，是后来西班牙国王查理五世的精神榜样。奥特芒关于路易十一的描述，似乎与我们的史学常识不符：正是路易十一把勃艮第公国、安茹公国、普罗旺斯伯国和曼恩伯国等地联合在一起，使法兰西成为真正意义上的统一国家，人民因此称他为"法兰西拼凑人"，就像我们今天把国家领导人或者贡献巨大者冠以家里某位亲属的称呼一个道理。

对于同一个君王，一个称颂、一个谩骂，凸显出两位描述者的心性不同，或者说对于君王和国家的要求不同。面对羸弱的王权和国家的危境，博丹从祖制中读出的是加强王权、维护秩序、突出王者的德性教育、减少易受情绪左右的太后干政，从历史中看到的是选举带来的空位期对国家秩序的致命威胁；奥特芒从祖制中读出的却是选王制和削弱君权。这至少证明二者解读历史和传统的智慧不同，对于国家目的和本质的基本认识不同。博丹追求的是法兰西从危境中脱离，作为统一的独立国家存在并发展，而同为法兰西人和法学家的奥特芒追求的是什么呢？可见，同样是从历史中寻求论证，同样是同史实中发现应对时局的方法，灵魂迥异的人看到的是不同的方面。

《保卫自由，反抗暴君》这本小册子以从法学角度，援引希伯来人的"约"（berith）的概念、罗马法和封建法，论证君主和人民之间是契约关系。其核心引源是"约"这个概念的三个发展阶段：上帝与子民的西奈之约；上帝立扫罗为君主时与他立的约，扫罗代表自己和民众；君主与民众在上帝面前所立的大卫之约。所有这三个阶段的"约"，经过作者的层层推进，都拿来作为证据，证明只要臣民有权解释神定的律法，出于任何原因反抗政府都具有正当性。作者提出，臣民有权利解释上帝与君主和臣民之间的约定，解释神法，并且有权根据自己的解释来判定君王是否违背了约定或神法。只要他们判定君王违背了神法，没有尽职，就可以借着神的名义推翻君王的统治。

在作者的笔下，看不到对秩序的关注，看不到对德性的关注，也没有关于臣民是否有足够智慧自行解释神法的讨论，只有对防范君主违背信约的反复念叨：如果君主违约，必须被剥夺封地，必须剥夺其权力，臣民的反抗有上帝的支持。由于对君主的反抗被冠以了契约和自由的名义，《保卫自由，反抗暴君》给后世各种政治理论和自由学说提供了虽然单一但却激情十足的养分，其孕育力的潜能至今仍未耗尽。

总体看来，捉拿君主派对法兰西问题做出的一致诊断是：王国已经无法正常地行使其统治职能。面对国家的失序，他们的提出的解决方案是：限制君王的权力，给予人民自由。在他们看来，君主和人民之间是一种原始的契约关系，君主如果不能保障人民的自由，人民就有权推翻君主，就不用再臣服君主。不服从不公正命令因而具有了合法性。从这里我们看到了后世公民不服从理论的雏形。捉拿君主派主张，未经三级会议允许，国王不能颁发与公共利益相关的法令，也不能废除已经颁发的敕令。如此，三级会议也就几乎带有宪政的性质。

史家茹阿纳评论道："捉拿君主派提出的观点是导致王权不稳的一个重要因素……在圣巴托洛缪大屠杀引发的第四次内战中，这些理论为胡格诺派的抵抗提供了合法性依据。"[1] 然而，内战毕竟意味着失序，失序对于国家和国民都是灾难。况且，如捉拿君主派所为，公开地倡导对国王的质疑和反抗，事实上意味着将"一条维系人类社会的牢不可破的纽带"撕毁，即"公信"的泯灭。

古典意义上的"公信"首先意味着统治者与被统治者之间的信任，如同父亲之于孩子、牧者之于羊群之间

---

[1] 茹阿纳：《圣巴托洛缪大屠杀》，第270页。

的信任。这种信任的根基和来源是信徒对上帝的信任，以信徒以虔敬的事功和恪守本分为表现，上帝以恩赐和救赎为回馈，如此"使得人类群体极为理想地从属于一个以爱为基础建立起来的秩序"。[①] 在这样的典范国家之中，君主和臣民之间有爱与信任，即"公信"。国王为了保护王国，为了维持自己的统治，自觉遵守为数不多的神法、自然法和"国家之法"，国民也并不疑虑国王的良善之心。而"宪政体制的特征是一种将信任、可信任与限制三者制度化的机制。将信任制度化，这难道不是对爱的侮辱吗？"[②]

1574年曾出版过一本题献给英国女王的作品《法国人及其邻居的晨鸣钟》，其中提出了一种新的法国纪年方式，将圣巴托洛缪大屠杀之日记为"背叛日"，其后的日子以"背叛日"之后第几月第几日计算，这是何等的悲哀！君主背叛了对臣民的保护誓言，臣民背叛了对君主的效忠誓言，以爱与信任为基础的秩序终结了，权力的秩序、宪法的秩序即将开启。君主受制于明确的规则，而臣民又时刻处于戒备状态，害怕君主篡夺他们的财产或生命，事实上与国家建立的初衷已相去甚远。

---

① 茹阿纳：《圣巴托洛缪大屠杀》，第271页。
② 茹阿纳：《圣巴托洛缪大屠杀》，第272页。

捉拿君主派理论的盛行可以说直接加剧了法兰西内部分离，导致第四次宗教战争的爆发及后来的"三亨利之战"。它对后世政治理论和实践的影响更大，沃格林看到了它作为肇端的最大特点："从纷繁多样的来源中吸取营养，但又汇聚成了关于一个自主的内在俗世（intramundane）政治体的观念，而这种政治体的统治权威来自'民众'"。①

## 二、博丹论绝对君权

《方法》出版于1566年，这一年九月，奥斯曼帝国的苏莱曼大帝在征战中病逝。此后，奥斯曼帝国的欧洲扩展行动戛然而止，帝国也开始走向三个半世纪的持续衰败。这一年，尼德兰地区爆发了反对天主教的圣像破坏运动，很快就发展为一场要求宗教自由、废除修道院特权的起义。也是在这一年，世界上最早的报纸《手抄新闻》（Notizie Scritte）在威尼斯出现。作为现代人我们一定明白，报刊等大众媒体以及之后出现的电视电台，尤其是如今的新媒体，将成为无冕之王，将在各种公共事件中掀起滔天巨浪。也就是说，这一年，宗教自

---

① 沃格林著：《宗教与现代性的兴起》，第68页。

由与日后所谓的"新闻自由"在西欧同时抬头。

《国是六书》初版于1576年，这一年，波斯萨法维帝国的沙赫皇帝塔赫马斯普一世（طهماسب）与神圣罗马帝国皇帝马克西米利安二世（Maximilian II）相继去世，而法兰西的宗教内战还打得如火如荼。由圣巴托洛缪大屠杀引发的第四次宗教战争以查理九世签署《拉罗竭尔和约》，准许新教徒在拉罗竭尔、尼姆等地举行宗教仪式而结束。然而停战不到一年，即1574年5月，胡格诺派再度起事，第五次宗教战争打响。查理九世在当月去世，王位交到亨利三世手中。这一次战争以亨利三世在1576年签署《博利厄敕令》，谴责圣巴托罗缪大屠杀并同意为死难者昭雪结束。

《博利厄敕令》赋予胡格诺派诸多权力，允许新教徒担任公职，允许他们在那些政治上、军事上占优势的城市里建立混合司法机构，与天主教徒共同治理成立，甚至同意在地方高等法院里设立特别法庭，以保障两派能够"公正辩论"。这个敕令事实上承认了胡格诺派在占领之地的统治权威，从而加剧了王国内的分裂，可谓是为了短暂的停战而"饮鸩止渴"。博丹在此时出版《国是六书》，继《方法》之后再次为绝对君权而辩。

博丹在《方法》中多次强调国王守法的重要性，在第四章里我们也讨论了博丹对君主与法的关系的观点。诸多研究者提出，这与他后来在《国是六书》里强调君主高于法律的主张大不相同，从《方法》到《国是六书》，博丹的君权观经历了一个"绝对主义转向"，《国是六书》里强调的绝对君权是对《方法》里立宪主义的背离。出现这个转向或背离的最大现实因素，便是圣巴托洛缪大屠杀以及随之而来引起争论的捉拿君主派理论。

塔克在比较了博丹、霍布斯和孟德斯鸠之后说，霍布斯是博丹和孟德斯鸠的中间人，从博丹使用的术语来看，他从头到尾都是罗马共和国宪政传统晚期到现代早期的关键继承人，一个西塞罗式的宪政共和主义者。[1] 安德鲁认为，"博丹并不像人们常常以为的那样对自由或民主理论充满敌意，"否则自由主义大师洛克不会向自己的学生推荐博丹。而且，安德鲁还说，博丹区分主权与政府治权，是"预先提出了（anticipated）分权的自由主义学说，让政府的执法机构从属于立法机构"[2]。李（Daniel Lee）更是明确提出，"博丹建立了一套民主主权理论，其基石是国家或主权与行政机构或政府相互

---

[1] Richard Tuck, *The Sleeping Sovereign: the Invention of Modern Democracy*, Cambridge University Press, 2016, p. 302.

[2] Edward Andrew, Jean Bodin on Sovereignty, *Republics of Letters: A Journal for the Study of Knowledge, Politics, and the Arts*, 2011, 2, p.76.

间的层级区分。"①

同样,剑桥学派代表人斯金纳也认为,博丹的《国是六书》"放弃了早先在《易于认识历史的方法》中采取的立宪主义立场",以完成"攻击和否定胡格诺派的反抗理论的意识形态任务"。②换句话说,斯金纳需要论证,博丹转向"专制主义"是不得已而为之,否则提出了现代公法体系中永远绕不开的主权理论的大家,就成了主动为专制代言的领头人。

专门研究博丹的现代学者富兰克林虽然认为不可以用宪政主义理念解释博丹对君主做出的种种限制,但也明确表示,博丹的思想有一个非常明显的"戏剧性突转",对这一突转最有可能的解释是他对新的政治形势的关注,是对胡格诺派捉拿君主理论的回应,因而转向绝对主义并非博丹的本意,而是博丹思想发展中一个"偶然事件"。③作为转变说的支撑,富兰克林同时提到了博丹对马基雅维利态度的转变:说博丹在《方法》

---

① Daniel Lee, *Popular Sovereignty in Early Modern Constitutional Thought*, Oxford: Oxford University Press, 2016, p. 221.
② 斯金纳:《近代政治思想的基础》(下卷:宗教改革),第402—423页。
③ J.H. Franklin: *The Shift to Absolutism*, in J.H. Franklin ed., *Jean Bodin*, Aldershot: Ashgate, 2006, p. 71ff.

中赞扬马基雅维利是第一个复活古代公民学说的当代人,而在《国是六书》里却抨击他是知识渊博的无神论者,是国家的毁灭者;原因在于博丹认为正是马基雅维利给君主提出了错误的建议——以罔顾道德的僭政确保其权力。[1] 富兰克林进一步说,虽然博丹没有明说查理九世相信了马基雅维利的教唆,但是由于胡格诺派理论家们都熟知他的观点且就此大做文章,博丹在《国是六书》中抨击马基雅维利是作为隐含的回应。在胡格诺派理论家们口中,马基雅维利是教唆美第奇家族行僭政的意大利人,而来自美第奇家族的皇太后卡特琳显然接受了意大利咨询者的建议,饮下了马基雅维利这杯鸩酒。因此,马基雅维利是圣巴托洛缪大屠杀的最终建构者。

我们先来看看所谓的转向说。

1572年后,捉拿君主派理论的作品层出不穷且越来越得势,因为现实的大屠杀摆在那里,民众很容易将其罪魁祸首归于君主的残暴,还有胡格诺派理论家们添油加醋不断呼吁民众运用他们的反抗权利。另一方面,天主教世界却在欢呼庆祝"上帝旨意的实现"和正统的胜利。

宗教分裂的问题,是双方强迫每个信徒都要做选

---

[1] J.H. Franklin: *The Shift to Absolutism*, in J.H. Franklin ed., *Jean Bodin*, Aldershot: Ashgate, 2006, p. 79.

择。这个选择对于信徒来说至关重要,关系到他们的灵魂是否能得到救赎。两个教会都称自己是唯一的真正教会,对方是假教会,信徒会永堕地狱。天主教与胡格诺派的竞争从根本上改变了教士和平信徒之间的关系。当只有一个教会——罗马天主教的时候,教士能够决定民众和君主的宗教,可是宗教改革后带来了两个相互竞争的教会,使一国之内的人民分为彼此不相容的两派。如此,选择权自然而然就落到了君主那里,君主需要裁决,谁是王国内受保护的宗教。

圣巴托洛缪大屠杀虽然残酷,但无疑表明法兰西王室做出了选择——罗马天主教是王国内受保护的宗教。很快,博丹卷帙浩繁的《国是六书》出版,要说这本著作是应时之作,也并非没有道理。面对因宗教战争而致的国家分裂,刚刚即位的亨利三世软弱无能,处事毫无章法,在天主教集团与加尔文派之间摇摆,最终被天主教修士刺杀(1589年8月)。博丹此时在《国是六书》中倡导绝对君权,不能不说正是针对国家之时弊。正如史家布赖萨赫所讲,博丹构建君主主权论,其本意是为法兰西王国克制国家分裂危机提供法理依据,因而其史学思想具有"法兰西爱国主义"性质。[1]

---

[1] 布赖萨赫:《西方史学史:古代、中世纪和近代》,第238页。

对于政治哲学家博丹来说，这种只触及到实际政治问题的表述只涉及表层，还需要探究更深层的原因，即政治失序的根本原因。这就涉及到底应该如何认识、如何界定、如何把握政治世界里的决定性因素——权力。马基雅维利也许并非不明白美德的重要性，但是在一篇应时之作中，他选择了只针对现实情况、关注对于共同体来说最紧急的问题。

在一个已经基督教化的文明中，当体制的限制与精神的约束都已崩溃，权力获得了一种罕见的魔法般的力量。马基雅维利是对这种现象最早的觉察者之一，他呼唤能够利用这种魔力统一国家的君主，为了实现这个崇高的现实目的，他认为其他的一切都可以暂时搁置。在《君主论》面世40多年后，面对祖国内部已然成势的分裂势力在精神领域和世俗领域造成的双重败坏，博丹在反思权力的这种魔力时，想到的是如何明通过明晰、定义、划分、分配它，而让它在起作用时减少或消除魔的那一面。

然而，我们同时应考虑到，面对一个35岁就形成了自己完整思想体系的政治哲人，对其任何一部作品，哪怕是应时之作，也不应该对之做简单化分析。《国是六书》仍然是博丹庞大思想体系中不可或缺乃至最为重要的部分，偶然出现的历史事件，或许只是促使博丹选择在那时完整表述或澄清其思想这一方面的契机而已。

赋予博丹"最具天赋的16世纪思想家"地位的沃格林告诉我们,"他的每一部著作本身都有一个特别突出的部分,而体系的其他部分遭到了不成比例的压缩。"因而我们要充分理解博丹的思想体系,必须"把它们的内容投射到一个体系层次,并且使各个'突出的部分'彼此平衡"[①]。也就是说,博丹的整个理论体系,具有其内在的结构和逻辑联系,其各本著作突出的是不同的主题。根据《方法》可知,这些主题和观点早就在博丹的头脑中确定下来,在《方法》中展现出来。

以这样的眼光审视所谓"绝对君主制的转向"说,就算不批评其牵强,也有过度简化的嫌疑。《国是六书》显然突出的是博丹庞大思想体系中政治学、法学方面的内容。绝对主权在此时得到澄清,立法主权思想在此时得以凸显,不应该否认有回应时代需要的目的,然而同时也不能否认的是,它本来就是博丹早已成型的思想体系中最重要的构成部分之一。

那么,《国是六书》里强调的绝对君权是对《方法》立宪主义的背离吗?

立宪主义在现代民主制铺天盖地的呼声中已是人们

---

① 沃格林:《宗教与现代性的兴起》,第226页。

熟知之物，但绝对君权及其对应的绝对君主制到底是什么？如今绝对君主制即便不算作贬义词，也无法被大多数人认定为一种优良政体。可是，欧洲人尤其是法兰西人曾经在绝对君主制中走向繁荣，我国历史上也曾经历过两年多年的帝制，或许好好回顾一下西方绝对君主制产生的前因后果及其后来的走向，能让我们更加明晰现代西方之所然，也让我们可以对比西方的绝对君主制与我们自己曾经的帝制有何差异。

要了解绝对君主制，首先得看看这个词的内在涵意。绝对君主制的英文absolute monarchy来源于拉丁词absolutus monarchia。其中，absolutus是派生词，由前缀ab-加上solvo的变体构成。前缀ab-（在不同的词根前可变体为a-, abs-）表示"从……中离开，抽离，由……而来，从……开始"等意；solvo则有"解开、解脱、解放、解除"等意，英语中表示"解决问题"的动词solve就由此而来。两个词合在一起，作为动词的absolvo是"解除羁绊、开释、恢复自由"之意，作为形容词的absolutus则有"被开释的、完整的、纯全的、绝对的"等含义。[①] 由此，我们在展开对绝对君主制的讨论前需

---

① 以上词源词汇解释均根据中国天主教教务委员会编，《拉丁汉文词典》。

要记住两点,一是这个所谓的"绝对"包含"摆脱某种羁绊"或者"从……解脱"出来的意味,二是君主制在诸多现代以前的哲学家政治家笔下,都是优良政体,这是之前已经讨论过的话题。因而"绝对君主制"在16世纪的政治环境下,更多指在政治上摆脱了教廷控制和他国制约、拥有绝对主权的君主制。

法兰西王国在16世纪遇到的重大政治危机,正是起于宗教信仰的名义。当宗教分裂且企图凌驾在国家之上,势必成为破坏国家安定的分裂力量。这时,捉拿君主派通过追溯历史提出可以罢黜君主,提出民选君主的方案,按照博丹的主权定义,民选君主已然不是君主制,也就是更改了国家政体。博丹在《方法》里讨论法兰西政体时曾说:

> 显然高卢人的帝国延存最久,或者说最不易被内战倾覆。的确,习俗、法律、公共机构、法庭审判中还有诸多东西仍需改善,然而国家政体形式却一定不能改变,这种形式已经得到了这么长时间的验证,若改变必然会陷入最严重的危险。亚里士多德最明智的告诫提醒我们,不要改变国家中以相同形式兴盛了许久的任何东西。(第315页)

这段话表达了两层意思。

一是帝制或君主制是最有利于国家延存的政体形式。当然这并不是说这种体制没有缺陷，而是说体制的缺陷可以通过各种方式来改善，不一定非要推翻不可。正如博丹承认的，习俗、法律、公共机构中有诸多东西尚需改善。

二是要从国家历史中求证什么政体适合国家，对国家最好。如果某种政体形式在一国中已经经受住了时间的检验，贸然改变很可能导致国家陷入危险、最严重的危险。因此博丹研究普遍历史得出的结论是不可更改君主制。

如果说在《方法》中博丹对此只是有总括性的认识，那么十年后当他亲身经历了圣巴托洛缪大屠杀、眼看君令得不到执行给国家和国民造成的伤害时，他对君权和君主制便有了更加深刻的认识。

如安德鲁所讲，博丹的确早于现代自由主义理念区分了主权和治权，然而那是为了明确主权的内容，明确主权者不可让渡、不可分割的权力内涵。如果一定要将其与现代自由民主理念扯上关系，不免太过牵强。博丹在《方法》中明确地讲，建立国家的目的不是自由，而是生活得更好。如果说区分主权与治权启发了后世学说还能勉强说得通，那安德鲁说博丹主张宗教宽容"也是洛克式杰斐逊式教会与国家分离的自由主义理念之先声，确实可以被视为美国独立战争和法国大革命期间兴起的新罗马共和主义的启发人"①就显得有点像臆想。博丹提出宗教宽容思想，更主要的目的在于，宗教成为了侵犯王权、危害公共秩序的借口，成了分裂国家的显性因素。作为"政治家派"的一员，博丹反对宗教迫害，更重要的原因在于规避宗教迫害可能引发的政局动荡。况且，按照博丹对史学的划分，思考神的历史需要静观的心灵，需要更高的智性。他本人也是直到晚年，才动笔完成关于宗教的著作。

博丹的时代是现代的起点，如今西方思想家们关注的所谓"立宪""有限""绝对"等概念还没有获得其现代意义，或者说还没有得到思想家们的争议性关注。也就是说，更有可能的是，博丹也许压根就没有在意、甚至没有觉察到他在两本著作中阐述主权理论时存在所谓"立宪主义"和绝对君主制的区分。博丹身处的那个时代，人们对君主制并没有谈虎色变的心理，也没有立宪执念。反而，当时罗马大一统帝国已是历史的陈迹，罗马普世教会正分崩离析，民族国家的君王制成为新的

---

① Edward Andrew, Jean Bodin on Sovereignty, *Republics of Letters: A Journal for the Study of Knowledge, Politics, and the Arts*, 2011, 2, p.76.

相对于罗马帝国的罗马法，天主教的教会法，法兰西王国虽然在约一个世纪前就已然成型（查理十一治期时），却一直缺乏自己的基本法。在博丹看来，这个基本法，需要从法兰西自己的历史传统中去发掘，并根据普遍历史的特点构建。这也是他欣赏马基雅维利之处，因为马基雅维利著《论李维史》正是要从头寻求最佳政体，为意大利统一提供建议。

令博丹失望的是，马基雅维利没能从古代传统和史书中准确找出为国立法的依据。也许是囿于其过于惨痛的民族创伤体验，马基雅维利的建议极其严肃冷峻，"对其行为哲学在性灵领域的影响表现出一种貌似漠不关心的态度"[①]，从而给了人们对其进行"道德主义谴责"的余地。《君主论》是真正的应时之作，那是在国家分崩离析时只有唯一目的、为了达到这个目的不计其他代价的参考答案。但《国是六书》却是博丹中年时期深思熟虑后的成熟作品，代表了他这个时代政治智识的最高水平，否则如何有资格被誉为16世纪的《理想国》？因而我们很难将此书中如此重要的思想简单地归为"偶然事件"。

---

[①] 沃格林：《文艺复兴与宗教改革》，第97—98页。

研究者布朗认为，博丹在《方法》中所阐述的是理想中的或理论上的君主制，而在《国是六书》中阐述的是实践中的君主制。政治统治的理论和实践不可能完全一致，在实践中，也许无法让君主受制于法律。① 这种说法不无道理，毕竟，政治实践需要面临切实的刀光剑影，但这并不意味着政治理论一定要抛弃高贵的目的和典范。

富兰克林则认为这种转变可能是出于两个考虑。第一，博丹从逻辑上更加明确了主权不可分割的必要特征。在《方法》中，这一命题可能或多或少出于一种直觉，可是后来他认识到，如果国王颁布的政治律令或法案不经三级会议讨论或高等法院登记就不能实施，那么这些机构实质上就分享了国王的权威。因此，与主权不可分割的原则一致，他不得不得出绝对主权的结论，即最高权力在其领土内的行使不能受限于任何行政机构。其次，博丹要应对一个更具现实政治性的问题——捉拿暴君派理论。在写作《方法》时，他也许试图回避这一问题，② 这一表面上的学术问题还不够凸显或者还没有

---

① John L. Brown, *The Methodus ad facilem Historiarum Cognitionem of J. Bodin. A Critical Study*, p.154.
② 参见 J.H. Franklin, Sovereignty and the mixed constitution: Bodin and his critics, in J.H. Franklin ed., *Jean Bodin*, 2006, p.30.

引发重大社会效应。然而,圣巴托洛缪大屠杀后,反对王权的人已在公开宣扬对君主的抵抗权。当时的法兰西政治分崩离析,王权暗弱,亨利四世回忆说:"当我即位之时(指1589年),法兰西已经近乎毁灭。"[1] 警觉到抵抗王权有可能带来的巨大危险,博丹在《国是六书》的法文版"前言"里,将绝对主权诠释为一种抵御无政府状态的方法:

> 还有一些人公开敌视(僭制中的大臣们),这些人的危害也不小,甚至可能更大。他们假借免除各种赋税的借口和赋予人们自由的借口,挑唆臣民反抗他们的自然君主,由此开启了失序的无政府状态大门,这比史上最苛酷的僭政都更坏更糟糕。[2]

博丹显然已经发现,束缚统治者的手脚在某种程度上意味着社会团体高于国王,可能让这些团体有权反对暴君,承认抵抗合法就是鼓励臣民造反:

---

[1] 转引自郭华榕《法国政治思想史》,北京:人民出版社,2010,第39页。

[2] Jean Bodin, *Les six livres de la République*, Un abrégé du texte de l'édition de Paris de 1583, Édition et présentation de Gérard Mairet. Paris: Librairie générale française, 1993, pp.38—39.

如果杀掉僭主合法的话，很多人都会成为僭主！课税过多的国王会被称为僭主；按照亚里士多德在《政治学》中的定义，发出任何一道人民不喜欢的命令的国王也会被称为僭主；为了保证自己人身安全而设立护卫队的国王也会被称为僭主。以极刑惩罚叛国者的国王也是僭主。好的君主如何才能确保自己的生命安全？①

这些分析揭示，法兰西国王的绝对权力以及其它每一个正统君主的绝对权力不仅是经过严密分析得出的真理，而且是国家政治稳定的基础。换句话说，正是这些社会现状让博丹更加深刻地思考主权不可分割的思想。他坚定地认识到，在政治实践中，君王必须强势，才有可能规避国家被分裂的危险；君主必须拥有绝对权力，才能在紧急时刻当机立断、有效阻止某些可能危害到国家利益和人民生命的事件发生；任何国民，包括王亲贵族、封地领主、朝中重臣，都必须无条件地服从国王的命令，才能实现国家的有序运行，实现政治和社会的稳定。博丹推崇绝对君主制，正是意在提供理论依据，支持国王统领国家教会，集权治理国家，严厉打击

---

① Jean Bodin, *The Six Books of a Commonweale*, 1606, p. 225.

反对派，压制三级会议和控制高等法院，以实现国家的统一。

可以看出，博丹的绝对主义倾向，不管在《方法》还是《国是六书》中，与富兰克林式头脑中的"绝对主义"决不能画等号。在15—17世纪的绝对主义思潮中，君主凭借其强力意志维持国家的秩序和稳定是美德；相反，若是君主在国家遇到危机时唯唯诺诺、怯懦胆小，不敢运用自己的权力力挽狂澜，那就是无能，是君主的恶德。换句话说，国家处于紧急状态下时，君主的绝对主义倾向是拯救民族和国家脱离危难的必要德性。然而，近代从洛克开启自由主义的大门以来，绝对权力就和专制权力画上了等号，从而成为了与政治腐败、政治压迫等密切相关的负面词汇。但这两种绝对主义的政治逻辑内涵完全不同。可惜的是，现代诸多西方研究者并没有或许也不愿意领会这一点，为了能够借用博丹的理论为现代自由民主背书，他们竭力论证博丹本来的思想并非绝对主义。

总而言之，博丹从《方法》的宪政主义转向《国是六书》的绝对君主制的说法，并没有确凿依据。在《方法》撰写之时，法兰西已然陷入内战，王权强大到有能力制止分裂、黏合国家是最好的危机应对方式。博丹怎么可能主张宪政束缚君主的手脚？那很有可能是现代民主自由智识人以己度人的傲慢妄想。《国是六书》的撰写，或许确有应对捉拿君主派理论之意，然而更有可能是博丹关于君主制的设想，关于民族国家基本法的构思，在这一时期趋于成熟。圣巴托洛缪大屠杀也好，捉拿君主派理论也罢，可以视为促使他的理论更为明晰的催化剂。

其实，不仅博丹，整个西欧的法学家和政治哲学家们一直都在思考君主制的法理问题，探讨君主权力的边界问题。

法学家布德认为法兰西国王是唯一合法的君主，"法国的制度是独特的，可以与古罗马的制度相比美；法国君主可以与君主制的真正创建者朱里奥凯撒相提并论。"[1] 布德不仅认为只有君主制是唯一有效的政治统治制度，而且认为君主不应该受到法律的束缚。他说："君主直接从上帝那里接受其权威，他的权力是合法的，也是绝对的。"[2] 他援引罗马法论证，一切法律都是国王颁布的，臣民必须无条件地服从。但是，布德以及很多其他法国法学家们在赋予国王绝对权力的同时，也要求国王尊重法兰克人的萨利继承法，不得转让王室

---

[1] 萨尔沃·马斯泰罗内：《欧洲政治思想史》，第14页。
[2] 萨尔沃·马斯泰罗内：《欧洲政治思想史》，第15页。

的"国家财产"。这两项要求的主要目的，并非限制国王的权力，更多是为了防止势力太大的封建领主强迫国王出卖王室领地，或是希望通过与国王的子女联姻来篡取王国。

查理九世的掌玺大臣洛皮塔尔在1561年就提出："必须由一个人统治，众人服从；国王应掌握司法权，不准上诉；即使国王下令做了某些似乎不公正的事，也不能直接反对国王的意志和命令，反对者必将以失败告终；国王应该拥有绝对的权威。"[①]

法学家帕基耶（Estienne Pasquier）在《法国研究》（*Recherches de la France*）中提出："天主给国王以绝对的权力，因而任何对于国王权力的限制，只能由国王自己规定。他发现历史上习惯法与习惯权力的确曾经制约君主的权力。"[②] 高等法院最初本是按照查理大帝的意愿组建，但帕基耶认为高等法院有权限制国王的法令。他提出，国王们希望自己的意志变成法律，"'他们希望自己的敕令与法令能够通过公共程序而净化。'高等法院就是保证君主的意志变成法律的'净化器'，它是'维护国家的主要基石'。'高等法院建立后，

---

① 郭华榕：《法国政治思想史》，第6页。
② 郭华榕：《法国政治思想史》，第8页。

凡未经法院的审查和批准，国王的意志便不能成为敕令'。"① 同时，帕基耶认为等级会议虽然历史悠久，但却不承认它在政治制度中有决定作用。1588年，帕基耶成为亨利三世的顾问。

可以看出，博丹的主权理论也受到了这些政法思想家的影响。他在《方法》第六章中首次提出主权理论，定义"国民""行政职官""城邦"等对于现代国家来讲非常重要的概念，并从描述行政职官及其所享有的权力的讨论引出"主权"定义。在博丹的主权理论中，清晰地定义了主权王国中君主的最高权力的特征和内涵，其实质就是从法律和政治的角度明确了君主到底拥有什么权力，在遇到重大和紧急事件时，他到底有多大权限可以自由决策。《国是六书》里的详述，只是对这个最重大问题的扩展和深入。所谓的"立宪"倾向或"有限"朝"绝对"的转向或许从来不曾进入博丹的思考范围。

上文曾分析过绝对君主制的含义，"绝对"并不等同于现代意义上的"专制"。所谓绝对君主制，只是意味着君主治理下的民族国家独立于天主教普世教会，独立于神圣罗马帝国。这一时期的总体特征是"中世纪基

---

① 郭华榕：《法国政治思想史》，第9页。

督教世界崩解为教会和国家"。① 在这样的时代大趋势下，毋宁说《方法》与《国是六书》是一个伟大的思想家对时代做出的总体思考的层层推进。

历史已经告诉我们法兰西后来的故事，在举国上下一片混乱之中，在胡格诺激进派和天主教激进派的疯狂几近颠覆王国之时，纳瓦尔的国王亨利（即后来的亨利四世）从亨利三世手中接过了王位。他先用4年时间联合王国内的政治家派，剿灭两个教派中的激进分子，平复了战乱。1593年，这位有高超政治智慧和伟大政治气魄的王者，从前胡格诺派的领头人，突然宣布皈依天主教，由此获得了整个天主教派的支持。然后，亨利四世又用了4年的时间，收买、谈判、威胁或镇压闹事者，消除了所有分裂小派。1598年，他颁布"南特赦令"，赋予胡诺诺派宗教信仰自由。更重要的是，这部赦令使亨利四世有机会与西班牙的腓力二世签署《韦尔万条约》，从而终止了外国势力对法兰西内战的干涉。② 他任用财政大臣苏利公爵，推行经济改革和税收改革，以追求他那句著名的宣言"要让每个法国农民的锅里都有一只鸡"的目标。从亨利四世治期开始，法兰西走向其

---

① 沃格林：《文艺复兴与宗教改革》，第34页。
② 琼斯：《剑桥插图法国史》，第137页。

绝对王权的鼎盛时期。

这段历史无疑是博丹绝对君主制的最好脚注。"博丹对君主主权论法理的思考代表了日耳曼民族在崛起时的最高智识成果。事实上，他的思考对法兰西王国的最终崛起（路易十四时代）的确起了积极的智识作用。"①

历史总是惊人的相似，近三百年后，类似的事件发生在如今高唱自由民主的美利坚合众国。1860年，林肯当选美国总统，主张废除奴隶制，他一上任，南方奴隶主即发动叛乱。南方各个蓄奴州陆续宣布退出联邦合众国，南方7州于1861年2月组成"美利坚诸州联盟"，并宣布定都里士满，推举戴维斯任联盟总统。从国家主权观点看，这是典型的国家分裂危机。总统林肯果断地决定诉诸于武力以获得国家统一。在做出这个决定时，他没有做过全民公决等任何所谓的自由民主的政治过程（否则恐怕会面临更大的无法挽回的危机），甚至似乎根本没有面对过这样的诉求和呼声，而是当机立断，发动了内战。百年之后，雅法编《分裂之家危机》②探讨

---

① 刘小枫：《如何认识博丹的政治史学》，载于《易于认识历史的方法》，第40—41页。
② 雅法：《分裂之家危机》，韩瑞译，上海：华东师范大学出版社，2007。

林肯当时的这个政治决断，带领人们思考："林肯为什么以及如何凭借自由、民主、平等的道义理据发动克制分裂国家的内战，为什么全民公决（或"大游行"之类）并不能对政治上的大是大非做出正确表决。"① 面对分裂危机的国家显然处于施米特所讲的例外状态，此时统治的第一要务应是主权拥有者做出高于一切的政治决断，以维护国家的完整和人民的安全。因此，此时的专断正是为了保障国民的个人自由。没有主权，何来人权？1946年美国军人强暴北大女学生事件就是最好的证明。

当年的法国和后来的美国所面对的例外状态使得主权得以凸显。这样的主权必然不可分割，必然专制。二十世纪的宪法学大家施密特从终极裁断的角度探究国家例外状态。

在《宪法学说》中他区分了宪法和宪法律，明确指出，宪法指"具体的、与每个现存政治统一体一道被自动给定的具体生存方式"，"一个由最高的终极规范构成的统一的、完整的系统。"② 施米特反复强调，绝对意义上的宪法与具体的宪法律不同，不可修改，是一国

---

① 刘小枫：《百年共和之义》，第17页。
② 施米特：《宪法学说》，第4页，第9页。

建立之初就已经定下的终极决断。以施米特的术语来阐释博丹，政体是政治统一体的生存方式，主权是国是终极裁决权。而宪制中的权力分享或分配，更适合以政府的管理方式来描述。或许，这正是博丹在《国是六书》中区分政体形式（status civitatis）和政府管理形式（ratio gubernandi）的原因。博丹说，在君主制的形式下可以有民主式的政府管理，也可以有贵族式的政府管理，就看政府以何种形式管理和执行法令。但是，国家政体没有所谓的混合形式，没有共和制，只有三种形式。也就是，作为决断权意义上的主权、作为宪法意义上的主权，必然不可分割。否则无法明晰谁是最高，谁是终极决断者。

在分析现代议会君主制时，施米特说，现代君主制中，君主成为一项职能，一种超越一切党派，体现中立的职能。君主存在的意义是起平衡、调节和缓和的作用。因此，君主至多体现了权威，而议会才体现实际权力，议会才代表政府行管理统治之实。但是，这样就回避了一个极其重要的终极问题：谁来决断？若是发生紧急情况，谁来做决断？是君主、议会，抑或是现代民主制所倍加崇尚的人民公投？这是施米特在研究宪法、特别是魏玛宪法时关注的关键问题。施米特关注这个问题，是为了通过让宪法区别于宪法律、体现宪法是一种终极决断；博丹之前关注这个问题，是为了通过确定主权的不可分割的特性、体现主权是最高的立法、宣战、任免、裁决和赦免的权力。二者都深刻认识到紧急状态下统治者的裁断权问题，它既是应对政治危机的方法，也是主权的真实体现。

施米特认为，现代君主制逃避了终极决断的问题。用博丹的话讲，是回避了主权问题，所以博丹不承认有所谓的混合政体。安德鲁说"博丹并不如人们所想的那样敌视自由民主理论"[①]多少有点一厢情愿，博丹明白地讲，"国家的目的不是自由，而是共同福祉"，"真正的自由不是分享政治权力的幻象，而是国家稳定有序"，"民主式统治是所有国家统治形式中最糟糕的"，这些句子足以证明，博丹的确看不上所谓的现代自由民主。博丹在《国是六书》中绞尽脑汁区分政体和国体，更不是"主张分权的自由主义"，而是为了让绝对意义上的不可分割、不可分享主权与其他公共权力有更加清晰的边界。政体由终极决断权——主权的归属所决定（施米特之宪法），国体由政府管理形式决定。亚里士多德没有作此区分，因而欣欣然向往共和制，这或

---

① Edward Andrew, Jean Bodin on Sovereignty, *Republics of Letters: A Journal for the Study of Knowledge, Politics, and the Arts*, 2011, 2, p.75.

许是博丹在《方法》中严厉批驳亚里士多德的原因之一。而现代宪法发展的所有趋势都倾向于限制博丹意义的主权君主。

当然，现代政治的变化，已经远离了博丹所设想的那个最佳国家形式——世袭王权君主国，虽然君主制曾给法兰西带来了太阳般的荣耀。仅仅在一百多年后，就在博丹的母国，政治现实开始转变。自由民主的思想点燃了法国大革命，大洋彼岸的美国随着经济上的崛起在全世界推销他们的民主制。现代人对于君主制，要么认为已经是时过境迁的旧时代之物，要么是谈虎色变，认为君主制必是"一言堂"式专制。即便是仍然存有君主的国家，也称自己是议会君主制，而且君主在这些国家，似乎仅仅只具有权威，而没有实际权力。大部分现代国家所倾慕的政制体，要么是君主立宪，要么是宪政。"宪政就是有限政府，所谓有限政府就是对绝对主权的对抗[①]。"

博丹在《方法》中虽然也认同君主在常态下遵守实定法，然而并不认为那些实定法对君主有现代意义上宪法的约束力。并且，他在任何时候都主张，国家紧急状态下，君主高于一切实定法。然而在现代语境中，讨论

---

① 陈端洪：《宪治与主权》，北京：法律出版社，2007，第2页。

宪政却不得不回溯到对主权的讨论，因为主权是宪政的基础和前提条件。①

宪政不是笔者此处意在探讨的话题，仅仅引用对博丹无限倾慕的施米特对日益猖獗的自由主义宪政的批判，以供自己和读者深思：

> 自由主义宪政论试图通过议会使国王瘫痪，却又允许他保持王位，正如自然神论造成的矛盾一样，它把上帝排除在世界之外，却又坚持他的存在……尽管自由主义的资产阶级希望有一个上帝，这个上帝却不能是主动的；尽管他们希望有一个国王，但他却不喜没有任何权力；尽管他们要求自由平等，却把选举权局限于有产阶级，以便保证教育和财富对立法的影响力，似乎教育和财产赋予了这个阶层压迫穷人和未受过教育之人的权利。他们废

---

① 陈端洪先生对主权与宪政的关系有分析可借鉴："宪政像任何现代政治形式一样，都预设了一个前提，这就是自主权国家。在对外的层面上，国家主权自然是宪法诞生的前提条件……宪法的第一任务在逻辑上不是限制权力，而是赋权，只有赋予国家包括国家各机构以合适的权力，政治体才成其为一个整体，一个能够运转的整体。……我们可以这样描述主权和宪政的关系：主权完成了现代国家建构的第一步，即对统一秩序的建构任务；宪政试图完成第二步，即主权的结构化分析和内部制衡。"（参见陈端洪：《宪治与主权》，第7页）

除血缘和家庭的贵族制,却允许金钱贵族厚颜无耻地统治,这是一种最无知、最平淡的贵族制形式;他们既不想要国王的主权,也不想要人民的主权,他们究竟想要什么?①

如今诸多学者所倡导的宪政,他们究竟想要什么?如今也有不少国人主张宪政,那么我们究竟想要什么,或者说,想要什么样的宪政。

### 三、博丹论宗教分裂

西方文明从康斯坦丁大帝发展至今,可以说与基督教的发展和裂变密不可分。不理解基督教,就无法透彻理解西方中古以来的文明,更无法理解宗教改革之后的现代西方文明。基督教历史上经历过两次大分裂。11世纪中叶的第一次大分裂区分出东正教和罗马天主教;第二次大分裂便发生在博丹所处的16世纪,从路德发起新教改革之后引发的天主教内部的大分裂。

第一次分裂的发生,"在本质上不是教会或宗教

---

① 施米特:《政治的神学》,第68页。

的，而是政治竞争的结果。"① 当然，其中不乏有东西方语言差异、文化背景差异、政治制度差异等因素的影响，但根本原因在于罗马帝国皇帝的威权不足以压制住东西方教会首领的野心，以维护帝国的统一。

第二次分裂即罗马天主教内部的分裂，虽然看似由改革教阶制度内部的腐败引发，但最终造成的分裂则是各民族国家之间政治博弈的结果。而且，在第二次分裂出的路德宗、加尔文宗和英格兰国教的内部，又进一步分化成各式各样更小的教派，造成民族国家内部的分裂，威胁到现代初期刚刚开始成型的现代国家。那么，如何才能压制国家内的分裂势力？

博丹在《方法》中论及帝国的各种变化时说，国家的天性，即国家在建立之初就具有的特性非常重要，国家"在最初诞生时被调和得越好，就越能够抵制外力，很难从内部颠覆"。随即他提到一系列古老的法兰西国家制度——古奴隶制、宗教制度、封臣制度和封建制度。这似乎是说，法兰西最初建国时，国家天性不错，即各种古制不错，因而国家维存了很久。如果废除这些古制，未来就未可知了。然而这个假设已经成为了现

---

① Brett Whalen, *Rethinking the Schism of 1054: Authority, Heresy and the Latin Rite*, *Traditio*, Vol. 62 (2007), pp.1—24.

实：近年来对这些制度的攻击甚至废除，"给叛乱——前所未有的叛乱以可乘之机，那些叛乱古人们几乎闻所未闻！"（第259页）然后，他略过了封臣制度和封建制度，直接详谈奴隶制的废除和宗教改革。

博丹说，人们一度担心，奴隶被解放，国家可能受到威胁，古代史实也有相关证据。但是呢，由于我们无法确知奴隶制消亡的具体时间，所以没法确认帝国变迁是否因为这个原因。是不是真的无法确认呢？他马上就提到了诸多西欧历史上鼎鼎有名的伟大君主，包括查理大帝、弗里德里希二世、腓特烈，以及强势的如君主般的教宗亚历山大三世（Alexander III）、乌尔班三世（Urban III）和英诺森三世（Innocent III）等，都颁布过关于奴隶和仆役的法律。但是，解放奴隶的做法"在各基督教帝国中引起了严重骚乱……当奴隶解放被批准，紧跟其后的是极度的贫困，这种贫困很容易颠覆国家。由于极度贫困，会滋生抢劫、盗窃、杀戮和公共乞丐贸易"。（第260页）

用我们现在的眼光去看待奴隶制度，当然要批评它剥夺了奴隶的人权，奴隶也是人，理应得到尊重。然而，博丹告诉我们，现实情况是，这些奴隶被解放后，陷入极度的贫苦之中，人都快饿死了！用法学术语来讲，这相当于在赋予他们所谓自由权的同时，拿走了他们的生命权。让奴隶们自由到一无所有地饿死，这是仁慈吗？毕竟，当代自诩为最讲人权的国家也在其《独立宣言》里把生命权置于自由权之前。博丹显然明白他这样讲奴隶制会给自己招致何种非议，所以毫不客气地指出，"是基督徒害怕他们的奴隶信徒可能落入异教徒的权势中，所以才不停地解放奴隶。"原来所谓的其他原因都是次要的，最主要的还是政治原因——不能让原属自己的人落入敌人手中后反戈相向。就算没有反戈的原因，大量无人约束、无家可归、一无所有、吃不饱饭的人在国家内游荡，也会给原本稳定安宁的社会造成巨大的威胁和恐慌，使国家面临被颠覆的危险。

所以，博丹说没法确认帝国变迁是不是因为解除奴隶制的原因，也许并不是不能确认，而更像是隐晦地提出，在没有准备好接受并干预改变原有制度可能带来的骚乱前，国家在没有准备好应对变局的策略前，维持原来的稳定状态也许是最好的选择。毕竟，亚里士多德早在2000多年前就指出，最坏的统治也好过没有统治。

接下去博丹谈到了宗教分裂。他一针见血地指出"很多人正是以宗教为借口侵略伟大的帝国！"他说查理五世曾在日耳曼试过此法。查理五世做了什么？哈布斯堡王朝的的首位国王、神圣罗马帝国的皇帝、尼德兰君主、德意志国王，16世纪欧洲最伟大的君主之一，声名甚至高过英王亨利八世、法王弗朗索瓦一世的伟大君主，他做了什么？博丹没说，自然是因为在他那个时代，这是个常识问题，他写作此书时，查理五世才刚刚离世（1558年）。但我们必须追问这个问题，才能更明白宗教如何在各国内部成为分裂力量的。

1516年，年仅16岁的查理五世便从其祖父手中接过了西班牙的统治权，3年后成为德意志国王，4年后成为神圣罗马帝国皇帝，在西欧复杂的政治环境中杀伐疆场。路德的"九十五条论纲"于1517年发表，迅速在德意志境内掀起新教改革的浪潮。如前文提到，这一时期西欧政治环境，已陷入罗马天主教教宗、新教改革头目、神圣罗马帝国与各民族国家的国王争权夺利、勾搭背叛的浑水之中。

路德提出的"王权高于神权"显然深得查理五世之心，这位伟大的君主既想要摆脱罗马教宗对德意志政务的干涉，又不得不维持自己在西班牙天主教联盟首领的地位。于是我们看到，查理五世先在1521年的沃姆斯帝国议会中与教宗联手，反对宗教改革，指责路德为异端，然而却并没按照处置异教徒的规矩立刻处死他，而是等到三周之后才公布《沃姆斯敕令》。

而且，查理五世居然完完整整地倾听了路德对教宗的控诉，还让他毫发无损地离开，这是镇压新教吗？路德离开后仍然专注于以文为器与教廷为敌。放过路德，显然不是所谓迫于众多平信徒的压力，而是因为新教在德意志掀起的狂潮，对于查理五世与教宗之间的权力角逐有重大利好。新教"君权至上"的主张是可以利用来削弱教宗的力量，何必一竿子捅死呢。如果能利用这股力量，强化自己的皇帝威权，聚集各选帝侯，何乐而不为？

然而，查理五世没能预见到的是，分裂的种子一旦埋下，自会生根发芽。1551年，德意志帝国境内的新教诸侯势力坐大，竟然与天主教诸侯结盟联手反对皇帝，最后以签订《奥格斯堡和约》大获全胜，年迈的查理五世那时再也无力回天。博丹说查理五世曾在日耳曼试过此法，指的或许就是这一段历史：试过，但并未一直成功。

伟大的君主都明白，只要宗教在世俗王国中落地，就决不仅仅是精神性的信仰问题。政治家们当然也明白这个道理，否则不会控诉宗教对帝国的侵略。而且，法兰西这时恰处在宗教战争的风暴之中，国家面临被分裂的危险。显然，纯粹的信仰问题没法掀起如此巨大的浪潮。那到底是什么因素呢？

20世纪的政治哲学家沃格林告诉我们，宗教改革的实质，就是一场反对体制的运动。在西方文明的动力机制中，最重要的是社会运动与体制之间的张力，然而人们一直太过关注纯制度层面，忘记了二者的互动性。针对体制的社会运动是从宗教中的小教派兴起开始，从"7世纪叙利亚的保罗派运动（the Paulician movement），到保罗派向巴尔干半岛的传播，到其支脉鲍戈米勒派（the Bogomil sect），再到保罗派与鲍戈米勒派向上意大利（upper Italy）的移民，一直到清洁派（the Cathars）于11世纪在法兰西南部的出现"[1]，这个运动的传播线索，吉本在《罗马帝国衰亡史》中勾勒得很清楚。

属灵的信仰问题本不是政治问题，基督教的教阶体制却给这个原本非政治的精神元素加上了政治性实体，进而成为了主流体制，且形成了一套完整的秩序。同样，与这个主流信仰不同的其他属灵元素有了教派的依托，要在主流体制中获得存在感争取权益之时，非政治问题就转化为政治问题，成为反政治力量。

如果在一个共同体中，这种人这种小教派多到一定程度，"并且发展出一种行事哲学，符合那些以'身体'生活于社群之中而非以'灵魂'参与其中的人们（借用柏拉图的表述）的需求，借以表达自己的感受与

---

[1] 沃格林：《文艺复兴与宗教改革》，孔新峰译，上海：华东师范大学出版社，2019，第179页。

观念的话，就会出现我们所谓社会规模上的非政治主义现象。"① 而如果这些人被组织起来形成了一个群体，并且采取实际的政治行动，反制度的革命时机就成熟了，就会对原有制度秩序构成极大威胁——动荡的内力已经集聚成型，一触即发。所以，沃格林警示到，"一项制度必须时刻投身于稳固自身的运动，解决那些如若任其发展将会危及自身价值与意义的问题。"②

可以说，罗马天主教从成为罗马帝国国教开始，就成为了体制的重要构成实体。中世纪早期和中期，作为体制的教会和罗马帝国足够强大，能成功应对各种反体制的势力和运动，不管是采取吸纳各小教派、还是直接镇压异端的手段。从1300到1500年这段时间，教会的吸纳能力日趋下降，但总体上还能够镇压各种反天主教体制的运动。而从1500年开始，反体制运动逐渐强悍，甚至逐渐形成了各自的理论体系，或者沃格林所说的行事哲学（路德教义、加尔文教义）和另一套与基督教教会敌对的体制（加尔文在日内瓦建立的归正宗国，以及欧洲各国名称各异的新教教派，例如法兰西的胡格诺派、英格兰的圣公会）。对于原有的体制来说，这显然是无法共存的敌人。

---

① 沃格林：《文艺复兴与宗教改革》，第173页。
② 沃格林：《文艺复兴与宗教改革》，第173页。

很多人会认为，新教不过是希望能废除天主教所谓的"繁文缛节"，去除那些教礼以及中间的教士阶层而已。博丹说，除了犹太人，所有的祭祀礼仪都差不多（第261页）。言下之意，祭祀礼仪的内涵是将人们以某种一致的行为方式具体规范起来，它代表的是具有神性的统一性，所谓"因信称义"，所谓无需各种仪式，其实质是废除统一性和秩序，只留下空洞的自由和自欺欺人的虔诚。

"礼"，仪式，从来都和"法"密不可分，尤其在国家政治领域。《旧约》中有礼仪律，各国都有其习俗法规定习礼。我国旧制中设有"礼部"，专管国家的重要典礼仪式（如祭天地、祭祖先）并负责给各种仪式制定规则和做出解释，很多时候还主管国家的人才选拔（科举考试）和接待外国来宾，相当于现代国家行政机构里的外交部、教育部以及国家各种司法机构的综合。重要国家祭礼往往是政权寻求并展示其合法性抑或宣扬意识形态的手段，而对民俗习礼的规定和解释则是构建统一意识形态和稳定政治秩序的重要措施。

因此，新教所宣扬的废除各种天主教旧礼，其实质是废除了教会构建的制度和秩序。从形式上仍然统一的罗马帝国来看，新教运动与后来政教分离、各民族国家走上世俗化的过程，实质上都是分裂主义——分裂统一的拉丁帝国。

我们不妨再换个角度,从博丹的祖国法兰西的角度出发来理解他的说法。法兰西王国从13世纪开始一直致力于摆脱天主教会和教宗的控制,争取王权在国家事务里的最高决断权。事实上,作为一个王制有古老传统历史悠久的西欧强国,法兰西不仅从未被教会完全控制,而且很多时候通过控制教会控制着大部分西欧。王室成员和权贵多是天主教信徒,这也是首都巴黎长期以来一直是法国天主教大本营的原因之一。因此,当新教在法兰西传播,加尔文宗渐成气候甚至很多贵族包括王室血亲都转投新教时,它就成为了分裂国家统一的政治力量,加尔文本人对其分裂性质毫不避讳:

> 毫无疑问,加尔文提供了法国加尔文主义者造反(不管我们视这个"造反"为防御性的还是侵略性的)所需要的神学上的推动力量,而且他继续组织、支持法国的胡格诺派(即加尔文主义者)的暴动,直到1563年生命将尽之时,他还因认为休战协定背叛了自己而深感遗憾。①

---

① 马莱特:《加尔文》,林学仪译,上海:上海译文出版社,2001,第76页。

我们无法理解，作为一个法兰西人，加尔文为何乐于见到祖国陷入分裂和动荡之中。当然，他离开法兰西奔向日内瓦建立归正宗国、成为最高统治者这一事实可以为我们提供一丝解惑方向。或许我们更能感同身受的是博丹为了祖国避免被分裂的忧心和努力，毕竟我们自己的祖国也曾多次面临分裂的危险，而且时至今日这种威胁也仍然存在。外部与内部的分裂势力，时刻对我们虎视眈眈。博丹在详述宗教这段的第一句话就大声疾呼："宗教的多样性已经给国家和统一带来诸多困扰……生出了无穷无尽的政体变化。"（第222页）政体变化就是国家质变，就是旧国之覆灭，其根源就在于宗教的多样性分裂了国家。

博丹讲述帝国变化时聚焦在导致国家灭亡的内部力量上，在旧制废除和宗教改革上，不能不说是刻意为之，以呼吁有识之士认识到法兰西正面临的政治危机。

同样，博丹在《方法》第六章末强调君主教育过程中应该引起重视的两个要素时，其中之一就是需要教育君主信奉真正的宗教。君主需要明白，他统治的目的是侍奉上帝。什么是真正的宗教？博丹本人的宗教信仰一直是个迷，没有研究者能给出确定答案。只一点可以肯定，博丹或许不是无神论者，他曾明确地讲，城邦中唯一不能宽容的就是无神论者，因为他们是社会动荡的危险分子。诸多研究者认为，博丹的宗教观表达在其晚期作品《七贤聚谈》中，而《七贤聚谈》中揭示的是，每一种宗教都是各自的历史环境所致，仅代表部分真理，因而各种宗教不仅可以讨论、彼此宽容，甚至可以统一于国家秩序。然而，沃格林可能看得更深：

> 博丹确实想要它们都服从国家；但博丹的国家不是一个与教会相分离的政治世俗主义的国家；而是一个皈信上帝的宇宙等级制的类似物；类似地，《法义》的城邦也不是一个政治世俗主义的宪政政府，而是再次展现宇宙秩序的"严肃戏剧"。①

如此，我们能更好地理解博丹"自然地理——气候特征——民族天性——国家法理"理论链的内涵，即一切都是上帝所安排的自然秩序所致；也可以更好地理解博丹为何为阐述令人费解甚至牵强附会的数秘论——数字是上帝秩序的表达方式；同时能更深入地理解博丹所呈现的国家法理秩序。君主信奉"真正的宗教"，才有可能窥探到上帝所安排的完美宇宙等级秩序，哪怕只是一瞥，便会心存敬畏。敬畏之心是君主美德的源泉，

---

① 沃格林：《宗教与现代性的兴起》，第260页。

"能够意识到上帝是他所有行为的裁决者和观察者，他也就不会做什么恶毒之事，甚至不会思考任何卑鄙之事。他的国民会对他又爱又怕，会以他为榜样，规塑自己的生活和习俗。"（第340页）毕竟，作为掌握最高权力的君主，若是自己不能约束自己，又有哪个职官、哪条实定法律、哪个权威能约束他呢？君主对自己的约束只能因敬畏上帝而来。

也就是说，博丹认为君主需要信奉的"真正的宗教"，可能并非哲学意义上的"真正"的宗教，而更可能是政治秩序意义上的"真正"的宗教。哲学的研究对象是真理，彻底的真理。而任何一种历史宗教都仅代表部分的真理，硬要去追问哪一种历史宗教是真正的宗教，就是追问哪一种宗教是真正的真理，是企图哲学地处理宗教，既没有必要也无法获得解答。政治哲学的宗旨是政治地处理哲学，以此为指导，政治地处理城邦政治事务也包括政治地处理代表部分真理的某种宗教，提倡宗教宽容便是政治的处理方式。不哲学地处理宗教，意味着不去刨根问底地追寻某一种历史宗教的真与假。

所以，作为政治家的博丹也许并不是刻意隐瞒自己的宗教倾向，而是认为对于一个把国家政治事务作为第一关注的人，一个目的始终指向公共福祉的人，没有必要表明或讨论自己的宗教信仰。在博丹眼中，《摩西五经》《新约》《旧约》都是历史书,是为法学家提供历史记录、立法和治国参考的历史书。另一个例子,"勤政王"亨利四世为了进驻巴黎统一全国,在巴黎城下就地改宗,是一种政治的处理方式;同样,博丹从不太看好亨利四世到相信他是可以重振法兰西的明君,也是一种政治的处理方式。

在政治生活中,信奉"真正的宗教"是从内心敬仰且维护上帝所安排的宇宙自然等级秩序,对于君主来说,就是维持国家的安定、国民的幸福生活,让每一个阶层都各得其所。博丹对宗教多样性的担忧,正是意识到它会引发的国家分裂危机,所以出声示警。宗教信仰本是个人精神世界的问题,但是进入公共领域,与国家政治生活相互纠葛,其多样性就为社会的不稳定埋下了复辟。对于作为政治人的博丹来说,什么是真宗教的问题在国家统一问题之下;当然,作为哲学家的博丹,真宗教的含义及其重要性,那就另当别论了。

然而,宗教分裂带来的精神分裂不仅在西欧各民族国家内部危害了统一与秩序,威胁到各国王权,而且最终导致了绝对君主制在整个西欧大地的覆灭。

## 第三节 绝对君主制的覆灭

16世纪欧洲大陆开启的新教改革，以其不可阻挡之势迅速传播。在德意志神圣罗马帝国，帝国皇帝对各公国并没有如法兰西、西班牙王权对各自的国家那种绝对控制力，用博丹的话说，并不拥有帝国主权。另一方面，新教作为分裂势力，其传播使得帝国统一更显遥遥无期。

包括博丹在内的大多数16世纪政治家可能都没有预料到，国家内讧本是政治里的老故事，但"宗教使它成了新故事"①。经过加尔文的改造，宗教作为一种新的意识形态，不仅分裂了西方基督教世界，也毒害了整个世界，影响到世界历史的走向。这个毒害，要从英格兰说起。

### 一、君主制与新教在英格兰的对抗

英格兰政制不同于欧洲大陆的一点是，"至尊法案"让国家统治者成为教会管理者，教会归国家管，主教由国王任命。这本不是新鲜事，法王弗朗索瓦一世

---

① 琼斯：《剑桥插图法国史》，第133页。

也曾逼迫教宗签下承认法王拥有法兰西境内教会"主权"的条约。也就是说，就抵制罗马教廷这一点而言，新教（无论是路德宗还是加尔文宗）与国家是一致的。新的分歧在于，国家拥有了教会主权之后，要管制本国的教会。具体到英格兰，既然教会已经归国王管辖，天主教便被定为国教（Ecclesia Anglicana，俗称"圣公会"）。

亨利八世仅仅只是把教会收归国有，把教会的财产充公，但并没有放弃天主教信仰，主教制、圣餐制等原有的礼仪制度都被完整地保留下来。这样，当新教改革将目标指向取消圣礼和教阶制、改变教义时，矛头自然对准了教会。在英格兰，教会已是国有，反对教会就意味着反对国家体制的一部分。因而，新教在英格兰的宗教诉求与国家统治发生直接冲突，从与罗马教宗作对变成了与国王作对。

亨利八世尽管全力维护教会的统一，颁布法令处置异端，然而收效甚微。"加尔文的教义和精神让英国的新教徒对《最高治权法案》的绝对王权性质难以忍受，尽管他们支持国教拒斥罗马教廷。"[①] 在英格兰，便出现了所谓的"不从国教者"（dissenter，音译为"狄

---

① 刘小枫：《如何认识博丹的政治史学》，第48页。

森特"），他们多数是新兴的工商业阶层。为了维护统治，履行国家职能，国王自然要镇压国内的敌对分子；反过来新教徒必然称国王是"暴君"，称自己受到"迫害"。

英格兰的国运似乎与法兰西有些相似，亨利八世之后连续三任君王都不太具有王者之气。爱德华六世继位仅6年就病逝，格蕾奉诏继位仅13天，就被姐姐玛丽废黜。狂热的天主教徒玛丽（即"血腥玛丽"）虽然执政时间不长，但她在国内对新教徒的血腥屠杀，造就了一大批激进的"狄森特"，这些人后来极大地影响到世界历史的走向。

直到伊丽莎白一世即位，英格兰的国运似乎开始转变。女王虽然自己信奉新教，但上台后并没有镇压天主教，只是颁布了包含两项含有新教核心教义的《三十九条信纲》。如此，英国国教就呈现出一种奇特的组合：教义上带有新教特色，却仍然秉持天主教体制和仪式。激进的加尔文主义者当然不满意。

在英格兰的这支加尔文派被称为清教徒（Puritan），源于拉丁语Purus，意为"纯净的、清洁的"。这些教徒认为，按照《三十九条信纲》，国教是新教，就应该按照新教的要求"净化"国教会，清除其中的天主教旧制。然而，以伊丽莎白的政治智慧，显然明白这样做不利于国家统一。这些清教徒便坚决不从国教，与王权下的教会对立，这样"英国的宗教改革日益变成了彻底脱离国教另立教派的分离主义运动"①。

英格兰的王权虽然在这一时期迅速增强，但宗教分裂问题却时刻威胁着国家统一。王国内的政治家们对此忧心忡忡，为王权而辩的胡克，敏锐地认识到清教徒的分裂本质，及其各种行为的宗旨，为国人勾勒出一幅生动的清教徒肖像。

清教徒们自认为是天选之徒，与俗人不同，因而更愿意彼此相伴；花大量时间效力于共同"事业"，甚至疏忽私人事务也在所不惜。他们愿意为领袖们组织各种活动、提供大量物资援助；由此逐渐形成一个内部凝聚力极强且非常排外的团体。进入这个团体，需要经过严格的筛选和考验。事实上，进入这个团队的绝大部分人判断力弱、情感上更容易受到影响，因为他们更大方，更愿意为"事业"做出某些牺牲，乃至改变常识甚至歪曲事实，选择相信团队内的理念。这种团体一旦形成，会自动封闭外界信息，任何对他们违背常理的指责，他们都可以以"凡夫俗子怎能理解天选之徒"的腔调回应，说服自己不用理会凡人。团体成员拒斥真实的态

---

① 刘小枫：《如何认识博丹的政治史学》，第49页。

度,"在心理上坚如铁石,不可理喻。"①

清教徒的这些特点,典型地代表了宗教改革带来的"精神和秩序的崩溃"后西方人反制度和反智慧的特点。清教徒们坚定地愚昧着,相信自己在为团队的共同"事业"奋斗。这个事业的目标听起来的确冠冕堂皇且极具蛊惑力:消灭世上一切腐败和罪恶。

由于当下这种腐败和罪恶的制造者是现任政府,事业的近期目标便具体化为推翻现世政府。根据他们常见的说法,推翻现世政府,是为了建立没有罪恶的大同社会。为什么新建立的社会就能根除罪恶呢,因为大家都是心怀教义的有良知者。反过来这也同时意味着,没有他们所谓的"良知"的人不知教义,可以被名正言顺地划为敌人予以"清洗"。"清洗"没有"良知"的人,以及不听有"良知"的人号召的人,是其事业中的重要"使命"(calling)之一。

这个"事业",随着清教徒代表人物的接力,其表现形式也会发生变化。在胡克时代的英格兰,清教徒的代表是长老和会众,旨在推翻《至尊法案》。沃格林告诉我们,如果我们去看看现代德国,会发现纳粹党及

---

① 沃格林:《新政治科学》,段保良译,北京:商务印书馆,2018,第143—144页。

其核心党员与清教徒的思维方式和行为表现高度相似，不同的只是他们旨在建立纳粹极权国。如今，全世界以"自由主义"为教义到处宣扬并信奉世界和平论的智识人们，正致力于启蒙身边"无知民众"辨识政府的罪恶和专制。成功启蒙会众后，领袖们往往以武力或资本为手段，资助并指导各地"民众/教徒"，推翻各自国家的统治，建立所谓的世界公民联合。然而事实却已经一次次证明，这样的新天新地无非是其"自由主义"旗帜下的极权统治。

在任何一个阶段，任何一种清教徒代表人物都具有这种共同特点：他们坚定地相信自己就是"先知"，并且努力成为有武装的先知，为了完成上帝赋予他们剪灭现世恶魔、建立"新天新地"的任务，再大的牺牲都在所不惜。一旦被这种的自我牺牲崇高感攥住，其狂热再也无法消弭。

"先知"们除了武装力量，还有更厉害的精神工具——以各种媒介广泛传播的各类"宝书"。为了向受众传达教义，清教徒领袖往往会用圣经语言打造一套新的学说，成为信徒的精神和智识养料。与圣经不同的是，清教徒的"宝书"具有排他性，堵塞其他理论的进入通道，从而也就避免了信徒阅读到其他批评文献的可能性，规避了信徒质疑"宝书"和领袖的可能性。在各种被禁被审查的理论里，最重要的禁忌是古典哲学和经院哲学，因为它们能赋予有天赋者深入思考的智慧。由于这二者是西方学术文化的主要部分乃至精髓，因而这种审查也就破坏了西方的传统智识文化。《基督教要义》(*Christianae Religionis Institutio*，下文简称《要义》)便是这类"宝书"中的佼佼者。

## 二、"宝书"经典《基督教要义》

加尔文在其代表性大部头《基督教要义》开首"致读者的信"里提到，他并非想要写一部书，只是想以"简明的方法和朴素的文体"为法兰西境内的福音派基督徒们（即新教信徒）提供快速理解基督教义的指导。阅读并深刻理解经典原文要求较高的智性和阅读能力，并非每个信徒都具有这种智性和能力。加尔文的写作目的即是，向心智简单的人传道。换句话说，《要义》并不想与真正的智识人讨论宗教教义，只想为智识不足的普罗大众提供通俗易懂的教材讲义。这完全符合胡克对"宝书"写作目的的分析。尽管它最终被扩充为1000页的大部头，看起来特别像严肃的学术著作，但其针对的阅读对象却并非真正的智识人。

值得一提的是，加尔文文笔优美，其作品可读性颇佳。这与他年轻时受过严格的古典学训练、喜爱并模仿西塞罗的文风密不可分。尽管《要义》的确叙事清晰、结构完整，但却没有资格"被誉为一部伟大的智识著作和一种集大成且一以贯之的神学体系"①。有资格被称为"把基督教教义理整合成为集大成且一以贯之的神学体系"的著作，当然首数圣托马斯的《神学大全》，以及之后二十世纪著名的神学家巴特（Karl Barth, 1886—1968）《教会教义学》（*Kirchliche Dogmatik*），这两部作品传达出的神学义理远远超过《要义》。并非为难加尔文，而是要将基督教教义整合为一以贯之的神学体系的确并非易事。《圣经》的宏大叙事中充满着各种矛盾，《新约》与《旧约》的表述中存在矛盾，前三部福音书与第四部《保罗福音》的表述中存在矛盾，各福音书与《保罗书信》的表述也存在矛盾，很难"全无矛盾地被组织成一个教义体系"。

基督教发展史上整合教义出现过两种做法。一是希腊教父们曾经的尝试，即用柏拉图的哲学理论来统一调和教义中的各种矛盾，但其所谓的理论化只是赋予教义理论式表述，并没有做过多的阐释。第二种做法是"经

---

① 沃格林：《文艺复兴与宗教改革》，孔新峰译，上海：华东师范大学出版社，2016，第317页。

院哲学"式调和，内核是形而上学，神学教义成为附着其上的华丽外衣；当然，我们也可以说，形而上学赋予并塑造了神学教义的完整体系。不管表述如何，不可否认的是，基督教教义正是在经院哲学蓬勃发展之时形成了相对完整统一的体系。因此，完整体系必须具备的特点是，其系统性叙述、其理论框架和用语能够统一《圣经》中充满矛盾的言辞。用这样的标准来衡量，《要义》并没有做到。而后西方那么多所谓的智识大家，例如马克思·韦伯，言之凿凿地将该作品称为伟大的智识著作、堪比拉伯雷的文学作品来称颂，实在是匪夷所思之事。

如今可见的《要义》完本经过了三次修改。1536年出的第一版是拉丁文版，仅有六章。1539年的拉丁文版和1541年的法文版是被大幅度扩充后的版本，包含十七章；尤其是1541年的法文版，在法兰西境内广泛传播，成为新的教义经典，致使胡格诺派（新教在法兰西境内的分支）教徒陡增，势力日益壮大。1559年的拉丁文版和1561年的法文版是最终的扩充修订版，由"圣父""圣子""圣灵""教会"四个部分组成，约千页之长。

在路德"因信称义"的基础上，加尔文改造了传统信仰中早已存在的"预定论"——世界上的一切都是上帝预先决定的，人只需要克己努力、辛勤劳作，上帝自有安排。有意思的是，加尔文的"预定论"在这三个版本中出现的位置和得到的阐述有很大不同。在第一版里，这个教义几乎被一带而过；在第二版里，该教义在第八章亦即中心章节得到充分阐述，但仍然没有得到单独凸显，而是与"神意"（Providence）合在一起论述。在最后一版里，"神意"讨论被挪到第一部分，"预定论"阐述不仅被进一步扩充，而且被挪到第三部分"圣灵"，紧跟在对"因信称义"教义的讨论之后。在这最后一版里，"预定论"的使用及其功能得到充分呈现。

沃格林提醒我们注意，不要被其宗教教义的外观迷惑，《要义》的写作具有政治性实践目的。路德教义使义人失去社群生活与制度，成为离散的个人，很可能引起个人精神世界的失序进而引发社会失序。为了解决这个失序难题，加尔文设计的宏伟计划是打造一个能取代传统天主教会的统治阶层作为新的普世教会，管理"因信称义"的义人和其他人。《要义》的写作目的便是为他构想的新普世教会培养人才。

重新建立一个普世教会，就得先否定旧的教会以获得正当性。所以首先必须讨论的问题是，什么是真正的教会。路德称天主教会是假教会，天主教徒是非基督徒，教宗是最大的敌基督者。新教中出现的各个分裂教派,也指责其他教派信徒都是假基督徒。而加尔文说,传扬纯正的教义并正当地施行圣礼的地方,就是真正的教会。我们看到,加尔文的这个说法里强调了圣礼,即他放弃了路德对天主教礼制的全盘否定态度,重新强调浸礼与圣餐礼的意义,毕竟解决分裂问题的一个重要手段是统一的礼制。在原罪问题上,他的立场与天主教也非常接近,即肯定"诫命"对某些良知不足的人的唤醒作用,这就削弱了"因信称义"中"唯有信仰"的重要程度。这些处理方式在很大程度上回返了天主教。

除此之外,《要义》在教义方面没有更多新内容。我们真正需要关注的是,加尔文用什么修辞策略和手法阐述这些教义,使那么多教徒和后世之人能对着如此简单的教义内容顶礼膜拜。

加尔文是出色的律师,他的身上具有"最为微弱的幽默或卑劣之感",但我们又无法怀疑他"纯粹的严肃感与虔信感"。所以,对于沃格林这样能够在阅读中分辨出阴谋诡计的行家来说,加尔文"提供一章又一章笃实的娱乐品这项事业,客观上足够构成一部喜剧"[①]。例如,加尔文为路德在引用经文时强加sola将其变为

---

① 沃格林:《文艺复兴与宗教改革》,孔新峰译,上海:华东师范大学出版社,2016,第321页。

"唯有信仰"的辩护手法，以及他如何论证降低婴儿受洗的必要性等等。但是，在他圆滑修辞的外观下掩藏着在日内瓦残暴统治的事实——加尔文在日内瓦那个仅有1万6千个居民的小镇上统治的4年间（1542—1546），共出现不少于58起死刑和76起放逐；作为对比，英格兰350万居民在"血腥玛丽"统治的5年间，因宗教迫害而致的死刑是290起。简单的计算便可知，就人均数量而言，加尔文的致死程度是"血腥玛丽"的43倍。换句话说，在他虔诚严肃的个人德性和优美修辞背后，是极端冷酷残暴的政治德性。

加尔文意图建立能够替代天主教会的普世教会，他想要扮演的角色，不是如路德一般的圣保罗，而是新的圣彼得。为了达到这个目的，他需要与天主教会一样严密的组织体系，需要教徒严格遵守纪律和教义。历史事实证实，加尔文对教会的控制包括他在日内瓦对居民们严格的神权统治。

为了让新的教会获得普世性，加尔文需要论证两个问题。一是传统的天主教会不具有普世性或者本身不再是教会，否则他的教会显得是小教派或反派，普适性不足；在否定了传统天主教会之后，他还需要论证自己的教会具有不可比拟的优势，让其他一样有此野心的人认识到无法与他匹敌。为此，他将圣礼和"因信称义"教义都引入自己的教义。前文已经提到,加尔文的教义实质上只包含两个问题:即如何判定真教会,如何判定真基督徒。按照他的说法,婴儿出生后要受洗礼,但是受了洗礼并不意味着就是基督徒,还需要信仰。如何证实自己具有信仰?追随者需要先默祷,求神赐福,之后畅谈自己的受到神宠的美好意向(体验),以求证是否因信称义。也就是说,在成为真正义人基督徒的过程中,既需要圣礼,又不能完全依靠圣礼。显然,所有这些教义论证,都是为了厘清新教会成员的身份问题。

引入传统的"预定论"是为了确定义人基督徒身份。如果一开始就确认出哪些人是义人基督徒,就意味着同时区分出其他人不属于此教会。但加尔文想要的不是纯粹义人组成的小团体,而是基督教文明里所有人都参与的普世教会。这意味着,那些还没有因信称义的人,甚至堕落者,他都希望囊括进来。改造后的"预定论"的重要性或微妙之处在于,感受到召唤或者说体验过美好意向的选民要照顾好自己的事情,不去干预别人,因为那是窥探神意的僭妄;同时,选民还必须容忍被遗弃者。如果已经被选定的人不声张,默默身居所有人之中,还未受到召唤人就无法确定自己是被选定还是被遗弃,就不会因为失去希望而自暴自弃,而是竭尽所能做事,以期赢得神的恩典。加尔文还说,被召唤的美好意向也有可能具有欺骗性，因此就算是选民也需要不断做好事，否则很有可能获得的是虚假的美好意向。对于救赎的确证也就成为所有人心中永远的念记。如此，选民和被遗弃者被永远绑定在一起。

这些说法中显然存在各种矛盾，《要义》并不想或许也根本无法解决这些矛盾，因而也无法突破传统的预定论教义。《要义》并没有清楚地指出，用什么事实或标准来衡量个人已经因信称义，够资格成为加尔文意义上的义人基督徒，能够被迎进天堂。那最后的结论只能是凭靠上帝专断的决定来裁决各人的归途。16世纪时，日内瓦人民是否获知上帝专断的决定，不敢妄言，毕竟对凡夫俗子来说，获知神的天意敕令并不容易。可以确知的是，他们体验到了加尔文本人统治时专断的决定。

全然依赖神的天意，其实又回到了"因信称义"的老路，也就会有同样的问题：没有给人类自由意志和自身努力留下任何空间。而在传统天主教和古典哲学中，这虽小却肯定有的空间正是人类德性彰显其荣耀的舞台。如此，新教完全放弃了古典意义上的哲学思考，放弃了纯粹思辨。

然而，加尔文强大的修辞能力却的确获得了成功，他对天国建立的描述，对教徒的感召，非常具有感染力；作为一个具有超凡魅力的领袖，他念诵出的那些祷词能赋予智识已经遭到破坏的一般信徒神圣的使命感，让他们获得美妙的被选定感，无论是真实的还是虚幻的。并且，他将这一使命感进一步扩展，告诉人们建立或归顺他的普世教会的正当性："我们应当天天求告神从世界各地召唤自己的选民归于其教会……求神赏赐他们诸般的恩赐；在他们中间建立正当秩序。"[1] 加尔文宗教徒肩负着建立尘世天堂的神圣使命。

对于那些执迷不悟不愿加入教会的个体或建立教会的地区，应该怎么办呢？祷词说道："神将打败一切纯正教义和信仰的仇敌，神将使他们的阴谋和计划全部落空。"[2] 显然，只有斗争才能实现这一祷词描述的图景。为了有助于神的"国度天天都有长进"，"神有极好的理由吩咐我们"清除污秽者身上污秽，在这里我们能看到后世自由主义者不断发动所谓永久革命的精神动力和狂热：

> 神有时在他的仆人中兴起，并吩咐他们处罚那邪恶的政府并释放原先以不公正、可悲的患难被压

---

[1] 加尔文：《基督教要义》，钱曜诚等译，北京：生活·读书·新知三联书店，2017第三卷第二十章42节。
[2] 加尔文：《基督教要义》，钱曜诚等译，北京：生活·读书·新知三联书店，2017第三卷第二十章42节。

迫他的百姓。神有时照自己的美意利用人的暴力释放他的子民，虽然这些人本来有不同的意图和计划。①

在此，加尔文与马基雅维利不谋而合——正是先知拥有武器的可能性，有时甚至具有必然性。神有时会为了实现自己的美意，利用人的暴力释放自己的子民，这种利用并不限于一族一国，也不受地域限制：

> 神借着摩西救以色列人脱离法老的专制；也借着俄陀聂救他们脱离古珊，亚兰人之王的手中；也借其他的君王或士师救他们脱离古时候的奴役。神利用埃及人除掉推罗人的傲慢，利用亚述人除掉埃及人的悖逆，利用迦勒底人平息亚述人的怒气；并在古列手击败了玛代人之后，利用玛代人和波斯人叫巴比伦的骄傲降卑。神有时利用亚述人又有时利用巴比伦人除去犹大和以色列王的忘恩负义和亵渎的悖逆。②

---

① 加尔文：《基督教要义》，第四卷第二十章30节。
② 加尔文：《基督教要义》，第四卷第二十章30节。

也就是说，一个国家的加尔文派信徒受到迫害，另一个国家的统治者如果也是加尔文派而且有能力，就可以出兵武力"解救"他国的加尔文信徒。不仅如此，以受到神的召唤的名义，加尔文派信徒可以武力推行他们的信仰，扩大他们的教会。这里，我们已经看到后世无政府主义联盟、自由主义联盟的显赫前身。在如今加尔文派的大本营，加尔文神学院的所在国，政客们不正是凭靠这种武力加持强行推广自己"教会"的理念吗？

加尔文说，在一国内部，如果认为统治者太邪恶，也可以武力推翻："神仍然借着他们，破坏傲慢之君王流人血的令牌，而推翻邪恶到极处的政府，为了成就他的美意，君王因此要聆听而战兢。"[①] 加尔文给出的理由我们再熟悉不过——自由，而且明确地提出是"私人"的"自由"。为了私人的自由，国家政府需要受到限制，对统治者的"顺服不可叫我们离弃我们对神自己的顺服，因为众君王的计划、命令，以及他们一切的吩咐都伏在神的权柄底下"。如果"君王超越神所交付他的范围，并因此不但冒犯人，并因在神面前硬着颈项发挥自己的悖逆，等于是推翻他自己的权威"。[②] 这时，

---

① 加尔文：《基督教要义》，第四卷第二十章31节。
② 加尔文：《基督教要义》，第四卷第二十章32节。

教徒们就有充分的理由反抗直至推翻这个统治者，大开杀戒也在所不惜。法兰西史家们看得很清楚，"良心的自由只是为了反对世俗的机关，使它没有权力强迫真正的基督教徒——加尔文教徒的良心。"① 后世一脉相承的"自由"理念大多都是此心此理。《要义》末尾，加尔文以极具蛊惑的保罗言辞号召信徒们："你们是重价买来的，不要做人的奴仆！何况屈服他们邪恶的命令。"② 这是首次明确提出国家和社会的二元对立。限制政府权力一开始就是加尔文宗的天然主张。

然而，谁来分辨统治者的邪恶？谁来判断君王是否应该被推翻？谁来界定私人的自由有没有受到不合理的限制？上述加尔文的一连串号召都是承接着"唯有信仰"而来，谁有资格回答刚才那些问题？在"上帝死了""天何言哉"之时，在事功之伦理常识被否定之后，人还剩下什么？

《要义》这一经典的"宝书"成功吸引了自己的忠实狂热信徒，成功屏蔽了其他智识成果，让信徒们自愿聚集在领袖的周围，为了"良知""使命"奉献一切。

---

① 瑟诺博斯：《法国史》，沈炼之译，北京：商务印书馆，1964，第270页。
② 加尔文：《基督教要义》，钱曜诚等译，北京：三联书店，第四卷第二十章32节。

我们看到，胡克基本上阐明了清教徒革命的完整过程：清教徒领袖利用圣经语言撰写"宝书"、否定其他一切不利于自己的理论——利用"宝书"和领袖的超凡魅力培养大批智识不足的人成为忠实狂热的信徒——由于信徒同时也是公众，因而可以诉诸于"公意"夺权——清教徒领袖成为政治领袖——政治领袖率领众狂热信徒破坏现存制度以夺取权力。

这一套伎俩，在接下来的时代，被清教徒接班人操弄得越来越纯熟。进入当代，实用主义、自由主义"宝书"充斥了整个知识文化主流，几乎没有给真正的智识留下任何空间。而"宝书"的信徒也逐渐成为了各个国家的主流知识分子，声嘶力竭地反对当权政府。

## 三、霍布斯的解决方案

胡克揭露出清教徒领袖的真正面目时已经意识到，不可能通过劝说来控制他们造成的危险，但他并没有明确地诉诸于武力对其加以控制。但后来实际发生的内战，让霍布斯不得不相信，"武力是唯一的解决之道，需要利维坦来镇压这些极端利己主义者。在英国观念史中，胡克对清教徒的描绘为霍布斯对那个庞然大物的分析打下了基础。"[1]

霍布斯明白清教徒的分裂本质,也明白当时国家面临的尴尬处境:一方面,任何一个历史中的政治社会都想维持既定的秩序;另一方面,社会由私的个人构成,他们中的许多人想以新真理的名义改变公共秩序,必要时甚至不惜诉诸暴力。

面对这个困境,霍布斯提出的应对方案是,否认私的个人提出的所谓新真理。他认定,社会中唯一的真理是和平与和谐之法,任何可能造成失序、混乱、战争的学说都是歪理邪说。一个社会可以是基督教国家,也可以是天主教国家,然而所有与宗教相关的学说、仪式、组织形式都只能从国家主权者那里获得权威。换句话说,唯有国家主权者对宗教事务和宗教理论有最终裁断权。所有关于人的存在的真理问题,不可以随意争论;所有公开表述出来的意见和学说,必须接受政府的审查和监管。主权者有权力且必须裁断,针对公众的话由谁来说,说什么;主权者也必须审查公开出版的书籍,以预防歪理邪说祸患社会秩序。公民的自由仅在于从事和平、文明的事业。一句话,主权者定义真理,只有把定义真理的权力赋予主权者,他才能维持秩序。

---

[1] 沃格林:《宗教与现代性的兴起》,第117页。

如果以当下流行的自由主义倾向衡量霍布斯的解决方案，无疑会给他扣上专制主义的帽子。可是，霍布斯的解释是，所有这些做法，其出发点在于更有利于每个人的切身利益。只要让人们相信，服从主权者能获得比不服从更大的理由，他们就会遵守法律，而不会造反。

虽然霍布斯的这个方案解决了宗教争议和分裂问题，但也同时意味着基督教彻底失去了其灵魂真理的内涵，仅仅是一种社会真理。它的存在只具有纯粹的社会目的，无法帮助人们在精神上皈依某种真理。如此，灵魂真理所蕴含的人对超自然完美的期待也一并被抛弃，人的精神领域失去目标、陷入虚无。

基督教被霍布斯塑造为一种公民神学，告别了从中世纪以来教父哲学家们致力于建构的灵魂领域。更具体地讲，基督教在霍布斯那里既丧失了哲学内核，也丧失了神学外衣，只剩下政治学或社会学意义。在霍布斯的社会构架里，不再需要有特殊精神的人，不再需要灵魂高尚者，或者说，不再区分灵魂或精神的高与低。霍布斯没有想到，他意在加强王权统治的方案，却恰恰成为了现代自由民主政治理论抹平一切的肇端。

另外，要让霍布斯的解决方案生效，还必须满足一个前提条件：每个臣民都具有足够的判断力或智慧，能够意识到服从政府对自己更有利。霍布斯也明白，实现这个前提非常困难,因而他的方案里包含一个实质部分:教育人民。

构建真正的公共秩序需要人民自愿接受管控,这取决于人民是否能够意识到服从政府对他们的重要性。意识不到这一点,人民会把政府惩戒造反理解为敌对行为。力量不足的时候被迫服从,一旦其势力发展到足以抗衡时,他们很可能会以各种对抗形式来规避或反抗这种"敌对行为"。因此,霍布斯提出,主权者有义务教育人民,以让人民具有足够的判断力。

可是,人民能够被教育得在重大政治问题上具有足够的判断力吗?真知灼见的政治判断不仅需要知识,还需要政治智慧,更需要德性。仅仅拥有知识上的获得感,却不知如何运用知识思考(没有智慧),更不知如何将知识用于追求善好(没有德性),反而会让人狂妄骄纵。很多自以为有"良知"的现代智识人往往如此。

霍布斯提出"社会中唯一的真理是和平与和谐之法"以替代一切理论,实质上也是通过树立一个新的真理来解决历史的张力。为了解决历史的麻烦,他发明了一个永远存在的国家结构——利维坦,把基督教完全打造为一种公民神学,禁止一切其他真理的探讨。要让这个办法生效,前提是人们不再相信灵魂的真理,因为探讨灵魂真理乃是产生分殊的原因。为了达致秩序、消除各个教会或教派关于灵魂真理的争论，公共权威把它们都贬斥为私人联盟，不予承认。然而，对灵魂真理的否定，最终将演变为对一切精神和智识的抵抗。

## 四、清教徒的接班人

新教的"因信称义"教义使事功可有可无，只要有信仰就可称义人，因而消弭了圣徒与俗人的差异，所有人都能成为教士僧侣一样的圣人。历史中的教会本来被理解为神给予恩典的工具和途径，遗弃历史中的教会，圣灵王国也终将遗弃不知道与神恩有何联系的现世教会。根据"因信称义"的说法，人将直接得救，过一种原则上不需要任何制度权威、仅靠圣灵的生活。在这一点上，中古的小派、清教徒，以及现代各种世俗化形式——民主信徒等等，都一脉相承，原则上其实并无不同。

16世纪新教改革时，毕竟还包含神圣救恩的意义；英格兰清教徒造反的时代，霍布斯的方案也仍然保持了基督教的存在形式。然而，当这个小宗派变种进入现代，西方的政治自由主义看似完全不涉神学，其核心理念却与其新教祖宗一模一样。施密特的类比很清楚："新教神学提出了一种不同的，或许是非政治的上帝学说，它把上帝看作'完全的他者'，就像政治自由主义把国家和政治看作'完全的他者'一样。"[1] 也就是说，现代政治看似脱离了神学彻底世俗化，事实上脱离的只有传统天主教的神学内核。或者也可以换个说法，新教一开始就已经脱离真正的神学，脱离了对上帝的虔敬。看看自由主义的神学的创始人士来马赫的主张就明白其反上帝敌基督的本质：《圣经》记载的那些神的特殊启示并不可靠，唯一可靠的是人内心的良知；凭着良知人能够在内心、在宇宙间察觉上帝；人无法确认自己经验以外的任何事情，宗教是一种情感经验，这种对基督的直觉是宗教的唯一解释。除了所谓的良知和情感，自由主义神学所剩无物。

现代政治只是把新教的神学外衣完全扯下而已。于是，"世俗的僧侣们从自然状态，而非上帝国中找到了新的历史发展'规律'，历史的意义完全变成世界之内的，不再依靠超越的突破。"[2] 世俗的僧侣们树立的目标，本来就只有现世的安逸和享乐——个人的性命和私有财产被赋予神圣不可侵犯的价值，天主教中曾被奉为

---

[1] 施密特《政治的神学》，第22页。
[2] 刘小枫，灵知人及其现代幽灵，https://www.douban.com/group/topic/18649786/?type=rec

真正神圣不可侵犯之物早已被忘却。

科耶夫指出,自由主义这种现代性意识形态,是追求以现世生命的享乐为理念目的的历史终结。他指出的人类未来是:哲人已死,人类生活再也没有理念的动力。自由主义在仅仅只强调生命的保存、规避对死亡的恐惧以及相关的一切肉体满足时,早已偏离西方古典意义上自由的本质——自由是能够审视自己的肉体,约管自己的欲望和血气。唯有通过博雅教育能达致此目的。

现代自由主义对欲望满足无止境的需求,需要以无等级无差别为前提。每个人的肉体欲望都没有多大的差别,不过是吃喝拉撒而已。耽于肉体的满足,以追求现世生命的享乐为目的,人类便失去了世界。"世界总是精神性的世界。动物没有世界,也没有周围世界的环境。世界的没落就是对精神的力量的一种剥夺,就是精神的消散、衰竭,就是排除和误解精神。"[1] 人与动物的差别在于人有精神追求,会区分精神高贵低劣的层级。当自由失去了精神的内涵,后世的自由主义政治理论和实践便不再需要关注伦理价值等东西,或者仅仅将其拎出来作为门饰。很快,人将被定义为"经济人",

---

[1] 刘小枫,灵知人及其现代幽灵,https://www.douban.com/group/topic/18649786/?type=rec

而非政治性作为其根本属性的人。

为了给欲望正名，现代自由民主人士咄咄逼人地要摧毁一切秩序、消灭一切差别和制度、磨平人与人之间的道德精神上的高低之别，摧毁一切在它之前的精神创造。他们给对立意见都贴上"专制"的标签予以批判，并号召所有信徒与之划清界限。最后，他们也组建自己的军队，必要的时候以武力颠覆现世政府，实现没有罪恶和腐败、没有等级差别的新天新地。在此基础上，英国光荣革命的最终结果便不足为奇。紧跟其后，被放逐的清教徒大规模反抗起义、在殖民地独立建国，以及欧陆大地上炫目的革命浪潮，不过都是精神性约束消弭带来的副作用。

从加尔文国际联盟和清教徒的接班人那里，我们看到了后世西方政治生活中极其熟悉各种现象：有利于整个国家安全的政府法令只要与某些个体当时的私人欲望不一致，这些个体就会组织起来反抗、暴动，将法令颁布者斥为独裁，哪怕那法令正是为了保护他的生命安全。他们以所谓人权的名义，孜孜不倦地企图染指别国的政治问题、社会问题，哪怕他国人民不断声称人权已有保障，"我说你没有人权你就没有人权"，因为我的信仰如此，唯有信仰，凭此良知。

"加尔文将预定内在化于选民良知的手法，正是今天我们称之为'新精英'的理论。"① 精英拥有权威，加尔文为他的普世教会奋斗，实质是为了作为选民的新精英的权威奋斗。这在思想上并不新鲜。柏拉图也曾面对与加尔文同样的问题，处于同样的失序的乱世，也曾为了精英们的权威论证。不同的是，柏拉图不仅自己没有陷入加尔文式的政治狂热，而且致力于警醒和治愈精英们的政治狂热。天赋之才的品性如此不同，以致在某些关键时候会影响思想史的走向，产生更大的文明后果。

加尔文宗将良知赋予精英以及对精英社会责任的定义，对后续西方文明产生了决定性影响。沃格林反思到，在加尔文的时代，精英是预定得救的选民；但是，

> 随着新教斗争与宗教性精英的名声扫地，精英群体变得俗世化，成为18世纪经过启蒙的知识分子；法国大革命之后开启了创造新的属于物质世界之精英的体系化努力，而与加尔文在许多方面具有共性的孔德在其中做出了原型式的尝试；截至19世纪中期，那通向我们现时代极权主义教堂的新的精英运动崛起了。②

---

① 沃格林：《文艺复兴与宗教改革》，第373页。
② 沃格林：《文艺复兴与宗教改革》，第375—376页。

狂热的加尔文教徒是现代西方这种全新智识分子的鼻祖。如今，他们与那个时代的精英一样，自觉肩负着沉重的历史使命且征途漫漫。同时，他们还时刻准备着，为了推广其自由理念在必要时诉诸暴力——以言辞或是武力的形式。

我们来看看清教徒中最激进的狄森特们的故事。这个故事其实举世皆知。这批激进的分裂主义者被英格兰流放，漂洋过海去到了新大陆。他们靠武力驱逐并残酷压迫、屠杀新大陆上的原著民，夺取其土地，建立自己的殖民地。为了能脱离出来独立建国，他们掉头向母国宣战。之后，凭借着其经济的发展，这个激进的国家向全世界推广其加尔文宗意识形态，成为了清教徒最出色的接班人。

很多时候，我们会忘记这个国家的加尔文性质，然而他们的史家明确地讲："我们国家在宪法上所确立的自由来自于、也扎根于加尔文主义。"[1]（美国史家普林斯特语）在狂热的加尔文主义者的演讲里，加尔文主义通过国家法和现代政治理念，对全球政治现实的影响理所当然。然而，善于思考的研究者却敏锐地看出，加

---

[1] 凯波尔：《加尔文主义讲座》，载于凡赫尔斯玛，《加尔文传》，王兆丰译，北京：华夏出版社，2014，第259—260页。

尔文主义版本的"自由民主"就是狄森特的"上帝",美国就是他们的新耶路撒冷,[①] 他们的目的是在全球建立当年的日内瓦共和国。

狄森特们成功了,难怪绝对君主制必然覆灭。博丹的《方法》和《国是六书》都"艰涩难懂",哪里比得上"宝书"的诱惑力和流行度呢,不被湮没在俗众的洪流中才怪。

## 五、覆灭与裂变

欧洲的绝对君主制经过14世纪的萌芽、15世纪的形成、16世纪的壮大,终于在17世纪达致顶峰,西欧历史上拥有了亨利八世和伊丽莎白一世、弗朗索瓦一世和亨利四世以及路易十四、查理五世开启的哈布斯堡王朝的统治等等多位伟大的君主,他们让站在现代门槛的西欧熠熠生辉。

与绝对君主制的兴起几乎同时开启的文艺复兴,虽然唤醒了人们对古希腊古罗马文化的向往,开启了古今之争,却让智识产品逐渐远离宗教,对基督教问题漠不关心。文艺复兴在基督教大一统布帷上划开一条长长

---

① 刘小枫:《如何认识博丹的政治史学》,第55页。

的口子。顺着这道口子，宗教改革将统一的布帷彻底撕碎，不仅让西欧的基督教帝国不复存在，而且在各个已经成型的民族君主国里埋下分裂的种子。

为了应对宗教改革引发的内讧，各国政治家将主要关注点集中在秩序维持上，当政治家本身也难以完全摆脱新教思想的影响时，对秩序的重点甚至是唯一关注，难免会疏忽对政治生活其他方面的重视。于是，人们对政治生活的认识发生了巨大转变。文艺复兴对人性的强调、技术的革新，宗教改革倡导的新式自由，终于在启蒙运动中合并为势，经由新兴智识分子狂妄地无差别推动全民启蒙，最终引发西欧各君主国的大崩溃。

绝对君主制在西欧经历了短暂的辉煌后，被冠以"专制"的名头彻底打倒。在此基础上，加尔文主义的国际化将所有实行真正君主制（君主立宪形式除外）的国家都冠上"专制"称号，督促各国掀起以"自由"为目的的革命，尽管也许并不清楚到底自由是什么，能带给他们什么。逐渐，加尔文国际主义将带着他们宣扬的"自由"征服世界。

基督教拉丁帝国覆灭后，各个君主国终于在18—19世纪也先后覆灭了。但是，我们需要谨记，从罗马帝国协同基督教教阶制在西欧形成强大的统一拉丁帝国以来，尽管西欧分分合合打打杀杀，统一且扩张的梦想从未熄灭过。如果我们听从博丹的教导去研读历史，就会发现，任何一个强大起来的欧洲王国都从来没有忘记过拉丁帝国的统一理想。

以法兰西为例，后世有史家指出，查理八世1494年进军意大利的真正目的有三：一是想攫取基督教世界的领导权，二是恐吓教宗、要求教宗拒绝给神圣罗马帝国皇帝马克西米利安一世加冕，三是避免德意志地区和意大利各地形成对法兰西的包围圈。①当然，这一举动最后失败了。50多年之后，法王亨利二世武装干涉德意志，即著名的"向莱茵河进军"，法军一路收复梅兹、图尔和凡尔登，这也是这个理想的延续。在亨利二世看来，法兰西的安全取决于能否捍卫德意志人的自由。所谓"德意志人的自由"，其实是指神圣罗马帝国皇帝治下的德意志诸侯的独立自由。让德意志诸侯脱离神圣罗马帝国皇帝的统一统治，事实上也是就让德意志诸国永久地陷入分裂之中，无法形成一个能够与法国相抗衡的强大帝国。如此法兰西才可以安心地向外拓展，实现自己的拉丁帝国梦想。1609年，法王亨利四世担心哈布斯堡王朝吞并德意志西北部的领土克里维斯，使其成为西班牙包

---

① 布伦丹·西姆斯：《欧洲1453年以来的争霸之途》，孟维瞻译，北京：中信出版社，2016，第19页。

围法国的又一环,既是出于警惕也是出于同样的理想,他宣布,将"全力支持古老的同盟,并防止神圣罗马帝国皇帝以牺牲别国为代价进行领土扩张"。之后,削弱哈布斯堡王朝对德意志诸侯的控制,也是红衣主教黎塞留的大战略的核心。黎塞留在1629年写到:"西班牙企图推翻德意志各共和国的法律,从而使自己成为德意志的主人,并将其变为彻底的君主专制体制。"与亨利二世和亨利四世一样,他也坚信,捍卫德意志的自由就是捍卫法国的权益,他努力确保诸侯以及代表大会的权力不被信奉绝对专制主义的德意志皇帝所剥夺。

历史告诉我们,宗教改革带来的分裂主义,让所有这些伟大国家、伟大政治家的抱负成为了昨日黄花。不仅西欧无法重现罗马帝国时期的统一局面,而且各国内部的君主也要么被打倒杀戮,要么名存实亡。绝对君主制终于彻底覆灭,历史将开启新的普世政制。

史家沃尔泽在《清教徒的革命》开篇指出:"加尔文主义的圣洁和虔敬,令我们所有人都伤痕累累。如果说那伤痕没有留在我们的意识中,那么,它就留在了我们隐秘的精神中。"[①] 这里的"我们"当然是指欧洲

---

① 沃尔泽:《清教徒的革命:关于激进政治起源的一项研究》,第vi页。

人，分裂是欧洲的伤痕，不是他们的进步！欧洲的这个伤痕已经跟随她走过了五百年，如今依然可见。

那么，并没有基督教—宗教改革经历的"我们"呢？如今的我们能说与加尔文式的激进主义没有任何关系吗？我们的政治意识难道没有被欧洲独特经历影响也伤痕累累吗？加尔文主义政治模式，已经通过它的美国代表影响到全世界所有地区，在全球化的时代，我们的智识分子内部到底有着什么样的精神品质？恐怕我们已经看到。

正如我们已经论述过，加尔文主义不过是对外的分裂主义和对内的新普世主义结合而成的畸形怪胎而已。一旦危机来临，其怪胎的本质将无法再被各种童话掩盖。

## 第七章 国家危机与智识人

宗教内战使法兰西陷入政治和信仰上的分裂危机，圣巴托洛缪大屠杀以及其后的理论争论加剧了分裂。这场内战、这场国民间相互残暴的厮杀导致法兰西国力的严重倒退，让她在接下去的近二十年里失去了国际事务影响力，失去了欧洲强国的地位。面对这场攸关国家生死的政治危机，智识人博丹希望重塑国家秩序，希望弥合国家分裂。这种努力，体现在他对不利于国家秩序理论的批驳中，体现在他重建普遍法则的尝试中，体现在他作为智识人的担当中。

在《方法》中讲述完国家政体之事后，博丹把话题转向了当时流行的一些学说，四帝国论和黄金时代说。然后又对时间体系展开看似形而上学式的探讨，最后转向追溯世界上各个民族的起源。这些主题乍一看散漫杂乱，让人摸不着头脑，以致当代一些研究者认为博丹《方法》里的思想太弥散（富兰克林语）；甚至还有研究者说《方法》的意图和目的都毫无希望的古怪（波考克语）；更有甚者居然说，《易于认识历史的方法》当然是写历史，而且主题是历史哲学。

然而，如果我们严肃对待《方法》与博丹后续各本著作之间的"统摄—细化"关系，便能发现《方法》的第七到九章，是从第六章的上升，就如同博丹作为智识人的上升——在《方法》与《国是六书》里严肃对待有关国家的政治事务，而将自己的哲学智识理念最终表达在《七贤聚谈》与《普遍自然剧场》一样。

作为智识人，博丹对智识届的各种学说保持着高度的敏感和兴趣。当然，每个时代的智识人都是如此。然而，我们看到，博丹的这种关切最初也许是出于对知识的好奇或智慧的热爱，但不能不说他也随时在思考这些理论与公共政治生活和国家之间的关系。

## 第一节　历史—自然秩序

《方法》出版时，据神圣罗马帝国最有权威的皇帝查理五世退位仅10年，据德意志地区伟大的圣经阐释者梅兰希顿去世仅6年。在西欧，对于神圣罗马帝国本质的争议仍然存在且不断发展。某种意义上讲，《方法》是一个里程碑。对于直到19世纪才真正消亡的神圣罗马帝国，博丹的观点启发了后来鼎鼎有名的伏尔泰：神圣罗马帝国只是一个神话而已，它既不神圣，也非罗马的，更不是帝国。

## 一、帝国的历史地理要素

《方法》第七章一开篇，博丹毫不客气地宣称，他是第一个全面驳斥四帝国说的人，就像他宣布自己驳斥在他的时代仍然流行的中世纪永恒理论的原创性一样。为了弄清楚博丹批驳的是什么，为什么批驳，我们有必要先说说四帝国说的由来。在《旧约》"但以理书"中，有这样一段描述：

> 巴比伦王伯沙撒元年，但以理在床上做梦，见了脑中的异象，就记录这梦，述说其中的大意。但以理说：我夜里见异象，看见天的四风陡起，刮在大海之上。有四个大兽从海中上来，形状各有不同，头一个像狮子，有鹰的翅膀。我正观看的时候，兽的翅膀被拔去，兽从地上得立起来，用两脚站立，像人一样，又得了人心。又有一兽如熊，就

是第二兽，旁跨而坐，口齿内衔着三根肋骨，有吩咐这兽的说："起来吞吃多肉。"此后我观看，又有一兽如豹，背上有鸟的四个翅膀；这兽有四个头，又得了权柄。其后，我在夜间的异象中观看，见第四兽甚是可怕，极其强壮，大有力量。有大铁牙，吞吃嚼碎，所剩下的用脚践踏。[1]

诸多的圣经解释者将这"四兽"解释为四个对应的帝国（imperii）：亚述、波斯、希腊和罗马。阐释者们一致认为，这意味着世界上只会有这四个帝国。然而博丹对此嗤之以鼻。第七章标题《驳四帝国说及黄金时代说》的语气就很强硬，预示了整章的风格，开章之言也非常直白：

> 四帝国学说由来已久，但却并不正确，很多伟大人物的名望使得这个说法世人皆知，这个说法的起源如此久远，似乎很难根除。它获得了无数圣经阐释者的认同；其中包括现代作者路德、梅兰希顿、司雷丹、卢西杜斯、房克和潘维尼奥。（第342页）

---

[1] 《新旧约全书》，中国基督教协会印发，1989，第814—815页。

言下之意，以上提到的人都是胡说八道，虽然他们自以为对古代史和神圣事务都非常了解。在博丹看来，这些解释不可信，因为"但以理书"中相关的那个预言所指并不清晰。他指出，德意志的这些圣经阐释者把神圣罗马帝国解读为从罗马帝国转移而来的承载者，是前三个帝国覆灭后唯一幸存因而承载着上帝的恩赐的帝国，这种解释只不过是想替神圣罗马帝国干涉其他国家内政的企图提供依据而已，或者说想为神圣罗马帝国提供普遍历史依据。显然，博丹驳斥这一理论，就是要破除这个依据，因为它对法兰西王国作为独立民族国的崛起不利。

要驳斥四帝国说，不得不涉及到其来源，即但以理书中的相关内容。博丹用两种方式来削弱其相关性。他首先说，阐释预言时他更愿意采纳法庭里的范式表达："它并没有显示"（*Non liquet*）。这是一句常见的标准庭审用语，一般用于表明适用于相关案件的法律规范不清楚，或空白或不足。遇到这种情况，即出现了"法律规范意旨不明的裁判困境，法官可以在案件如何处理问题上弃权，即'不予裁决'"[①]。既然规范不明，可以

---

[①] 胡学军：《在"生活事实"与"法律要件"之间：证明责任分配对象的误识与回归》，《中外法学》2019年第2期。

不予裁决，那就意味着解读并没有标准答案，前述圣经阐述者们的说法可信可不信。

然后，博丹借用了加尔文的说法，这是他在《方法》里第一次也是唯一一次提到加尔文：

> 我完全同意加尔文在被问到关于《启示录》一书时的回答，那个回答既智慧，也圆滑，他坦率地说，完全看不懂这个含糊的作者表达的意思，对于作者的身份，博学者们还没有一致意见。（第342页）

博丹不可能不知道当时在基督教世界已经掀起轩然大波的法兰西同胞加尔文。前文已经提到。不仅他被怀疑是新教徒，而且他的确去过日内瓦。然而，博丹在自己的这本法律—政治作品里，完全没有提到加尔文政治性巨著《基督教要义》里的任何话语或观点。这里他借用加尔文的说法否认圣经对世界历史的解释权，借用一派新教神学家的话否认另一派新教的神圣经典阐释者，为自己的"普遍法"解释历史论辩。这在本质上不仅与加尔文主义完全分道扬镳，而且也与这两派都划清了界限。

在博丹看来，不仅"但以理书"中的话含糊不清，而且对其的阐释也不清不楚且错误百出。德意志人把《圣经》里提到的四个野兽对应于历史中的四个帝国，并把第四个永恒帝国解释为他们的神圣罗马帝国，控制这个帝国的恰恰是德意志人。博丹认为这种解释充满了谬误的迷信。

博丹说，四帝国说的阐释者缺乏对主权和国家的恰当定义。到底什么是帝国，什么是君主国，什么是民主国，他们都没说清楚。疆域、权力、政府等等到底指什么，这些术语没有得到恰当定义，会造成混乱和错误。博丹反对梅兰希顿明显有利于德意志人的定义，即以国家征服他国的能力来定义君主国。正是因为定义混乱，德意志人一直与神圣罗马帝国捆绑在一起。博丹说，事实上神圣罗马帝国根本不是帝国，查理五世不停地在努力争取被新教诸侯们控制的德意志领土；言下之意，查理五世没有帝国皇帝一言九鼎之尊、没有主权者之威权。他甚至颇有些恶毒地说：若不是法兰西帮忙，查理五世这个败家子早就把国家败得只剩下一个省了。既然德意志民族拥有的土地还没有葡萄牙大，那么他们说自己是经文里预言的罗马帝国继承者就太荒谬了。

按照现代史家的说法，查理五世被誉为16世纪欧洲最伟大的四个君主之一。但博丹在《方法》行文中却对他表现出明显的不屑。这让我们想起《方法》出版前几年发生的一件史事。虽然博丹没有提到，但是他无疑非常清楚此事。1555年9月，作为神圣罗马帝国皇帝的查理五世被迫与德意志的新教诸侯签订《奥格斯堡和约》（Treaty of Augsburg）。这个和约将庞大的哈布斯堡王朝分为西班牙和奥地利两个部分。查理五世按各领地获得的时间顺序，倒着依次宣布放弃他统治的各个领地。同年，他将西班牙王位让与儿子腓力二世；不久之后又放下了最重要的头衔——神圣罗马帝国皇位。两年后，查理五世的弟弟斐迪南被选举为神圣罗马帝国的皇帝，即斐迪南一世，西班牙哈布斯堡王朝从神圣罗马帝国中分离出来。从这个时候开始一直到拿破仑时代，再没有人能统治欧洲境内如此庞大的领土，奥地利与西班牙被永远分开。

《奥格斯堡和约》还提出了"教随国定"的原则，承认各诸侯有权自由决定其臣民的信仰。无疑，这个和约对于欧洲后来的整个走向具有决定意义。如果说之前神圣罗马帝国还有着统一的外衣，那么和约的签订把这层外衣也一并扒下，其支离破碎的内部肌理一目了然。

博丹接下去的语气更不客气，直接说梅兰希顿的观点荒谬。他指出，日耳曼人的国比现今很多帝国都小，并且其中只有很小一部分领土属于恺撒的罗马帝国的原址。这里，博丹在判断帝国的标准中加入了领土疆域面积。他指出,梅兰希顿和其他德意志人混淆了王国与帝国,相当于主张区别对待德意志民族国问题与神圣罗马帝国问题。此处,博丹对历史和国的兴趣再次融合,他追溯罗马帝国疆域的演变历史,并对照德意志人民族国的疆域界限,以表明德意志人在历史上对罗马帝国疆域的地理占领微乎其微,完全没有资格成为神圣罗马帝国的主人。按照疆域面积的标准,土耳其人比日耳曼人更有资格称自己是"帝国之主和真正的君主国"。博丹说,历史上出现过太多疆域更大、征服能力更强的帝国。也就是说,就算四帝国说确实成立,放眼整个世界,更有资格被称为第四帝国接班人的国家太多了,根本轮不到神圣罗马帝国。如果从另一个定义即"君主国"的角度去看,德意志人的国也比不上法兰西人的国、阿拉伯人的国,她早就没有真正主权意义上的君主了。

公元2世纪图拉真治期的顶峰之后,罗马帝国持续衰败。这表明,事实与"但以理书"阐释者们的说法不同,罗马帝国不会永常,它会衰落,最终灭亡。历史证明,所谓的继任者,德意志帝国与历史上已经灭亡的罗马帝国没有任何关系。

我们看到,博丹在印证世界上其他帝国的疆域远远超过神圣罗马帝国时,其眼界已经跃出了欧洲地域。

事实上，博丹在第五章论述不同地理位置对民族天性的影响时，已经展现出他放眼世界的历史地理观。遗憾的是，博丹并未展开这个结合政治的历史地理观，否则将会对后世的地缘政治学有更大的贡献。同样，博丹在第十章罗列的参考书目也会进一步证明，他的普遍史，的确不仅仅是欧洲史，尽管欧洲是他心中的世界中心。

总之，博丹证明，德意志圣经阐释者们对"但以理书"中四野兽图景的解释并不成立，所谓的四帝国说乃是他们一厢情愿的臆想。博丹甚至控诉，正是因为他们恣意解读神圣经典，一个错误的习俗由此传开，即"每个人都可以根据他自己的理解而不是确切的历史来阐释但以理的各种预言"（第348页）。这既是对圣经阐述者们的批评，又何尝不是对把欧洲各国搅得天翻地覆的宗教改革的控诉——去除统一的教阶制度和教士解经传统，每个人根据自己的理解称义，肆意解读经文，还不知羞耻津津乐道。

## 二、循环史观

与四帝国幻象紧密相连的是人类关于四个时代的幻想，同样来自对《旧约》中"但以理书"的部分阐释。巴比伦王尼布甲尼撒做了一个梦，过后忘了梦的内容，但是却莫名烦躁。所有的术士和哲士都无法猜出该梦，更不要说解释梦，只有但以理能讲解。他对王讲：

> 王啊，你梦见一个大像，这像甚高，极其光耀，站在你面前，形状甚是可怕。这像的头是金的，胸膛和膀臂是银的，肚腹和腰是铜的，腿是铁的，脚是半铁半泥的。①

之后，但以理把四种金属解释为依次而出现的四个国家。后来的圣经阐释者和一些史学家将这四种金属阐释为四个时代——黄金纪、白银纪、青铜纪和黑铁纪。并且认为，人类最好的时代已经过去，总的发展就是这样一个线性的堕化形势——一代不如一代。

按照这种解释，人类从诞生之日起就一直在堕落腐化，博丹的时代是最糟糕的黑铁时代。然而，他并不认同这一点。博丹首先给出的反对原因也是来自《旧约》。"传道书"中提到，

> 已有的事，后必再有。已行的事，后必再行。日光之下并无新事。岂有一件事人能指着说，这是

---

① 《新旧约全书》，第808页。

新的。哪知，在我们以前的世代，早已有了。①

既然圣哲传道都指出，世间无新事，万事乃循环往复地出现，那又怎么会呈线性地下降呢？对黄金时代说的这种驳斥，使博丹跻身于第一批强有力地支持现代优于古代的作者之流，正是他们预设了17—18世纪欧洲智识界的古今之争。

博丹指出，变化是一切事物的特征；历史中属人的事务都无法静止或永恒，永远在不断地诞生、衰败、新生。博丹再次诉诸于历史：

> 如果仔细审视史家们而不是诗人的语义，就会知道，人类事务的变化与所有事务的天性都一样；如那位明智的智慧之主所说，太阳之下无物为新。他们所称的"黄金"时代与我们的时代相比，会显得像黑铁。（第348页）

史实表明，传说中的黄金时代、白银时代事实上是强盗倍出的时代。所谓的英雄们行为野蛮、举止残暴，有诸多血腥的习俗，伦理道德败坏，对诸神也不虔敬。

---

① 《新旧约全书》，第620页。

黄金时代的创建人宁录（Nimrod）就是一个强盗，希伯来语中，nimrod的意思是反叛，摩西用"蛮力捕猎者"（robustus venator）来形容宁录，并且用同样的词指代其他的强盗和恶徒。贝鲁什（Jupiter Belus）也是典型的放荡之人，不仅犯下乱伦之罪，而且做出修建巴别塔这样的渎神行为，此乃最大的僭越和不敬。同样，在被视为有法纪的斯巴达，偷盗食物本身并不是犯罪，只有在偷盗时被抓到现行才算。博丹说，这二者当然都是犯罪，然而这种想法比偷盗罪行本身更罪恶，因为，"以法的形式允许本来错误的行为任意妄为，更是恶毒下作。"（第351页）一言以蔽之，所谓的黄金时代和白银时代，是人如野兽一般活着的时代，没有当今的文明和法治。从对自身事务的管理方面看，人类是在进步而非堕落。

接着，博丹枚举各个领域的例子以论证，无论是立法技艺、军事荣耀、文化艺术、自然科学或是商业贸易方面，今人都强过古人。尤其是地理学的发展，让16世纪的人们证实了印度传说的存在，证实了固定恒星的运动和大球颤动。博丹问到，"还有什么比把形式从物质中抽象并分离出来（如果我可以这样说的话）更令人瞩目？"（第354页）对形而上学的关注和重视，显示出博丹的哲人属性。让他感到骄傲的是，因为这些进步，自然界隐藏的秘密得以揭示。

博丹对各地历史的回顾表明，他更感兴趣的不是历史世界的属而是历史世界的类，不是人类本性的同质性而是其多样性，不是历史结构而是历史组织。他的研究单位不是人类群体而是国家群体。这也是他决心推翻那些帝国史家的神话，即四帝国说的原因——那种理论建立了错误的普世主义观，也是错误的同质主义观。

在博丹建构的历史理论里，如果的确可以算作一种历史理论的话，最关键、最独特的是他的因果观。将自然因素引入对人类行为的阐释，或者用因果理念解释法律问题，本就是人文主义者的特征之一。即仅就以因果观阐释问题来说，博丹并不算有什么革命性突破。他的贡献在于，对因果观的应用走得更远，甚至已经进入了当时的一个禁区，即采取古典（中世纪）医学和占星学的命定论，勾勒出一种"地理历史"科学；这种科学包括了人类学、人种学以及社会学的各种要素，以及地理学与史学的融合。博丹的历史观及其自然秩序发展观在如下这句话中表述得非常清晰：

> 自然永恒法则决定，变化路径为环型。即，恶性催促着美德（的出现），无知催促着知识，卑劣催促着荣誉，黑暗催促着光明。（第355页）

博丹表达出的这一循环历史观，与他在第六章里阐释的国家创建—发展—成熟—衰落—消亡的自然过程，以及自古典政治哲学而来的国家政体变迁观点一致。这种历史观也是自珀律比俄斯以来，被马基雅维利极力推崇的历史观。在马基雅维利看来，他的时代的人虽然喜爱历史重视历史，却没能从历史中获取到真正可供国家统治借鉴的东西。显然博丹的看法也如此。如果历史的发展是线性的，我们又能真正从中获取多少东西呢？历史尤其是有关国家统治的历史中存在循环要素，资治通鉴才有更大的可行性。当然，如博丹赞赏的修昔底德所讲，或许历史中更重要的是人的性情对历史走向的影响，那么透过历史分析人的品性便是重大议题。

毕竟，博丹追溯历史的首要目的，是从普遍历史中寻求法兰西王国的定位，为王国壮大提供普遍法基础。早在《方法》出版前，博丹已经拟定了日后出版的《普遍法的分类》的大纲并写出了初稿。在他看来，当时法学领域的两大主导学派——人文主义法学派和巴尔多鲁派——各有缺陷也各有千秋。人文主义法学派只关注历史中的琐碎问题，轻视现时代法律实践，巴尔多鲁派则忽视了罗马市民法的局限及其易变性，它并不适合作为各个民族国家的普适法律。但两派的贡献也同样不可忽视，人文主义学派的研究为世人提供了一幅清晰的罗马法图景，巴尔多鲁学派通过结合法学实践提供了关于社会和政治本质的洞见。正是因为二者都没有从各种体系中推导出普遍结论，没有为构建普适司法体系提供足够的理论基础，因而都无法承担起构建普遍法的重任。这也是博丹在《方法》没有言明却已经昭示的原理——个别永远不足以代表普遍。

博丹在《方法》里的做法，其实就是把对法学的这种态度转化为方法性原则，即，没有哪个国家的历史和传统能够代表作为整体的人类。正是这种关于帝国的高卢式观点，使他抨击罗马的政治和文化帝国主义，尤其是不利于法兰西民族国家的"四帝国说"以及把当代视为最坏的时代的"黄金时代说"。

## 三、宇宙帝国的自然秩序

在《方法》第六章，博丹花了比较长的篇幅讨论"与数相关的各国家的变化"，历数各种数的含义，重要数对人事至关重要的影响，乍一看非常让人吃惊：里面充满了各种对迷信、占星术的讨论，乱七八糟东拉西扯的数字计算和推导。

例如，博丹批评占星术中天体位置影响国家运势的说法，认为数字在预示和展示个人和国家命运方面的作用更大。在他看来，数字7、9、7和9的平方数、立方数、倍数、完全数、球面数都是展示运势的重要数字：重要人物的出生和死亡、伟大帝国的建立或灭亡、各种影响世界进程的重大历史事件等等都与这些数相关。总体看来，博丹在这里的数字推导可谓强词夺理，有时还前后矛盾，只要扯得上关系的，他都可以解释，解释不了的，他就说记录有错误。用现代眼光去评价，他批评哥白尼及其弟子的日星说，可谓反科学反理性。难怪博丹身后被湮没在历史的滚滚巨轮之中。尽管学界公认其主权理论是现代国家最重要的理论基础，但详尽阐述此理论的《国是六书》竟然只有一个成书于1606年的英译全本。此后，再无人愿意将他的这一作品译为世界通用语，或许因为即便译出，在学界和实践领域也不太受人待见吧。

其实，博丹应该也明白，他抵挡不住新科学、理性对传统精神的攻击和侵蚀，它们已经壮大，成为统治人们心灵的新信仰。原来统领西方人精神领域的基督教义已经被摧毁，这是精神和世俗权力斗争的后果，是教会和国家在政治上持续紧张的后果。因此，"精神的制度最后转入私人领域，而自治的政治机构取得了对公众领域的专断。"[①] 某种程度上讲，这也是作为政治家的

---

① 沃格林：《革命与新科学》，第57页。

博丹想要的结果。然而，这种精神制度的瓦解也是国家政治意识形态的瓦解，甚至是人性单纯性的瓦解。"理性、科学的方法可以代替人格的精神整体，这成为一种广泛的信念，导致了精神的瓦解。接受科学信条所导致的结果，类似于政治领域中自制的确立，也就是个人可以从非基督教的文化资源中重新精神化。"① 而成为统领的这种新精神并不是传统意义上的精神。一旦科学信条与纯粹理性占据统治地位，成为思考问题的出发点和目的地，成为价值判定的标准甚至唯一标准，道德或德性的价值就会逐渐减少乃至缺失。精神失去了向善的力量，失去了家园，陷入虚无与蛮荒，难以获得救赎。博丹隐隐担忧的这个问题，很快将由笛卡尔、伏尔泰、狄德罗、康德等人及其更激进的后继者联手打造成为现实。

通过这一论述，或许博丹更想达到的目的是，提醒能够理解的"博学之人沉思这些最美好的事物"：数字与科学只是外在的现象，所以胡扯也好，圆不上也罢，有什么关系呢？真正细究这些东西的人又有多少？决定国家命运的其实是更重要甚至最重要的东西——神圣王权。这节一开头，他开宗明义地讲："虽然不朽的上帝

---

① 沃格林：《革命与新科学》，第58页。

通过数字、顺序和精妙量度的方式规定万事万物，但不应该因此就把这视为数字具有影响力，更不应将此归于机运的影响，因为这一切的源头是神圣王权。"（第223页）博丹分析了很多数字与男人女人的生死和国家运势的关系问题，尽管很多问题看似胡扯，但他批评柏拉图的数字理论时有一句话值得我们注意：

> 柏拉图应该知道，无论国家在建立之初多么完善，一段时间后都会暴露出弱点，其原因或是源于自身内部缺陷，或是外部力量的影响。因此，磐石和金子的构造强度那么大，自然属性那么卓越，显然任何方式都不可能将其摧毁，但它们却可以自己毁掉自己。（第264页）

再强大的国家，建立之初时再完善的国家，也抵不住自身内在缺陷的危害。什么是能毁灭的国家内在缺陷？内在的分裂力量。博丹已经提到过宗教多样性这一内在分裂力量，也分析过内部党争导致覆国的例子。有什么力量能克服这个内在缺陷？博丹说，神圣王权。这部分反复强调，神圣王权可以任意改变最初创造的一切东西。

何谓王权？博丹接下去解释：王权就是天命，否则就不存在天命。既然神圣王权决定了世间万物，决定了天地之命理，那仅仅相信那些物理、数理，而不信仰神意王权，不是舍本逐末吗？这节末尾博丹说：

> 人类事务的发生并非……是意外或偶然，或是……基于无法改变的命运，而是依照神的智慧。即便这种智慧令人敬仰地安排了所有事物的秩序、运动、数字、和谐以及形状，它也能依照自己的意志、有时甚至任意地改变它们。（第277页）

人事天理、万物之理、数学之理、形而下之理，都只是神展示自己智慧和意志的工具而已。神的意志决定一切，当然也可以依照自己的意志改变一切，那是神的专有的权力。

> 既然是他自己命定了自然法则，从自身而非别处获得控制权，他就不应该受到自己颁布的法律的限制，对同样的事情在不同时期可以做不同的决定。（第277页）

这话似曾相识，同在这第六章，提到君主的意志时，博丹的说法是：

> 他们可以颁布法令，以按照自己的意志修订或改变法律……任何凭借其自身就有权威、或司法权、或任何这类权力的人，所具有的权力是专属于他。（第205页）

对照即可发现其中含义：万物之理有赖于神的专属意志，国家法理有赖于主权者的专属意志。神与主权者，在各自统治领域里都是最高，其意志就是法令。二者都可以凭其意志创造法律、修订法律。

或许我们会怀疑，这种对勘是否博丹有意为之，是不是他此处只是在论说神权而已？神权命定自然法则的论述后面，他引述启示过奥古斯都的**米兰主教安波罗斯**（Ambrose, bishop of Milan）的话："人世间，恶人的罪行并非总是会遭到惩罚，否则他们可能以为来世不会遭报应，好人也不会有恩赐；也不是所有有罪之人都能免罚，否则他们会吹嘘上帝不在乎道义。"（第277页）紧接着，博丹将这话与政治之事联系起来：对于国家中的好人和恶人，我们也应怀此看法，否则可能不得不将某些事推给命或运。国家中的好人和恶人，不能推给命和运，那由谁来赏罚呢？这个问题不难回答，或者说，博丹已经回答。

另一方面，如果放下我们对其迷信的批判，而从

16世纪的时代思想角度审视，会发现这一时期正是西欧的智识氛围发生巨大改变的时期：一方面，人们重新发现了古代学说，复兴了古希腊的宇宙论和占星术；另一方面，哥白尼的"日心说在数学上发现的理性化，反过来又成为克服古代观念中圣经宇宙论和占星术成分的工具"。① 这种占星术——反占星术的运动又与基督教意识相互缠斗，使得各种思想的交锋冲突复杂化。然而，在各种思潮的交汇和争斗中有一个因素却逐渐突出并确定下来，即人们日渐认识到，人是宇宙中意义的来源。这是一种全新的现代意识，"它在自然与历史的维度上构成了与中世纪封闭宇宙形象的根本决裂。"

博丹的同时代人勒华（Louis Le Roy, 1510—1577）是这一时期推崇现代观念的重要思想家。在其著名的《论变迁，或世间万物之千变万化》（*De la vicissitude, ou Variété des choses en l'univers*）里，勒华提出，上帝创世时已经赋予了世界一种秩序，之后通过节律变化更替维持这种秩序，但这种秩序在本质上始终不变。这里，上帝的旨意即便被称作神意，也很难被称为基督教的神意。因为世界有一种不变的本质，是生与死、生长和毁灭的戒律在做无限循环运动而已。勒华以注疏柏拉图的

---

① 沃格林：《宗教与现代性的兴起》，第162页。

《蒂迈欧》为幌子，充分阐述了他的世界循环观。这种关于自然节律的思想，被同时代人广泛用于政治和历史现象中进一步阐述。

兰藻（Henrick Rantzau）在其《论转势之年》（*Treatise on the Climacteric Years*）里阐述政治—占星思辨时，提出了人生以七年期和九年期为转势期的假设，并堆砌大量事实信息予以论证。而且，在结尾处他还以《论帝国诸时期》为题，专论如何详细划分历史时期。那里他再次启用了七年期和九年期，将其对应于帝国统治和异教国家的统治变迁，各个帝国的延续时间等，还提出了帝国兴衰490年（七的倍数）的戒律。总之，全书最后总结到，秩序在宇宙中无处不在，"上自造物主，中经宇宙的组织，下至历史政治结构……因为上帝是自然秩序的创建者，也是各帝国以及政治事务的裁断者。"[1]

哥白尼阐述日心说的《天体运行论》也在这一时期引起人们相当大的兴趣和关注。值得提一下，关于日心说有两个与我们的常识或偏见相反的要点。一是早在哥白尼发表著作前，日心说就引起了人们的关注，因为这个观点本身是来自古代的遗产，对其的重新发现和关

---

[1] 沃格林：《宗教与现代性的兴起》，第187页。

注是人文主义逐渐累积的结果；二是对该学说中隐藏的异教潜台词的批判，是在著作发表四十多年后才开始抬头。也就是说，哥白尼的主要贡献，既不是日心说原创，也不是异教式或无神论式抗争，而是"利用一种日心说的宇宙论来对天体运动做出简化的数学描述"①。除了以日心说替代占星学说，哥白尼对整个宇宙的解读仍然是古希腊式的，在他的宇宙结构中，太阳成为掌管并照亮其他天体和整个宇宙的君主。

也就是说，博丹在"与数相关的各国家的变化"这部分阐述的很多观念，都是当时已经出现或流行的论说。他将它们纳入进来，以支撑其自然秩序观，并对应其政治秩序观。就连博丹漠视或敌视的日心说，事实上在某一方面也与他的自然观一致——不管在哥白尼还是博丹那里，自然都是作为具有确定性的新的秩序参照出现，以代替渐趋瓦解的政治和宗教制度。

博丹比当时的自然秩序论走得更远的一步，是将这种秩序对应于智识秩序和政治秩序。在博丹这里，人、国家、宇宙都有各有其灵魂，灵魂各构成部分的秩序决定了其品性。人的灵魂包含理智、血气和欲望，最佳的秩序应是理智的智性指导血气的行动力，控制欲望横

---

① 沃格林：《宗教与现代性的兴起》，第189—190页。

行。与之相对应，国家灵魂的最佳秩序是智识者提供哲学和历史的指导，治国者立法统治，臣民服从统治专注于各种技艺和行业。宇宙灵魂的最佳秩序应以上帝为最高统帅，自然节律的变迁指导四时更替物是人非。不管在哪一种灵魂结构里，其最佳模式都是中央集权式，等级分明，排列有序。这是博丹力证王制是最佳政体的原因，因为只有王制符合自然秩序，与宇宙帝国的层级一致。用他后来的在《普遍自然剧场》中的话讲，政治小宇宙的正确秩序应该是宇宙政府的类似物。博丹拒斥哥白尼的理论，也不是对理论本身有什么敌意。而是作为一个哲人，自然对于他来说，首先是沉思和思辨的对象，其次才是数学探究的对象。因而在阐述清楚政治秩序之后，上升到对自然秩序的探讨便是自然而然之事。反过来，批评《方法》缺乏逻辑结构，说一个如此重视秩序的人在写作人生中第一本最重要的著作时脑中散漫，漫无目的，至少显示出面对严肃学术思维时的倨傲。

按照博丹的自然秩序理论，国家灵魂结构中统治失序的根源是智识层面的失序。作为西方普世意识形态的基督教教义分裂已成既定事实，即西欧精神秩序的分裂已成事实，并终将导致世俗秩序的分裂。面对这一困境，博丹寻求的乃是能够承担起继任之责的另一套"教义"。

## 第二节　普遍时间秩序与普遍史

所谓不破不立，威胁到法兰西作为独立主权国家的四帝国说已破，接下来的任务，自然是为法兰西王国的崛起树立新的学说。在《方法》第八章"普遍时间系统"里，博丹开始尝试兑现他在"献辞"中"建立普遍法"的承诺。要建立普遍法，需得对比考察所有国家或至少重要国家和民族的普遍历史，而这个考察和对比要见成效，还需要确立一个"普遍时间体系"，否则缺乏对比线索。毕竟，时间原则是所有历史的向导。

### 一、世界的开端

要建立"普遍时间体系"，首先得确立时间的开端。今天我们看来这是个物理学问题，然而在博丹的时代却主要是宗教问题，而且有不可置疑、不容讨论的权威性答案。可博丹却说：

> 与其让权威来确立这个开端，不如凭借必要的讨论，因为，对于希望被理性引导的人来说，权威没有任何价值。诚然，如果希伯来人的神圣源泉和神法启示中都有内容见证世界诞生有确切之时，再

去探究似乎有罪——怀疑，即是恶。于我，那是摩西一人的权威。因此，我将他置于所有作品之首，所有哲学家的所有观念之上。（第357页）

这段话颇让人费解，博丹一边说希望被理性引导的人要借助必要的讨论推出答案，一边又说探究神法启示即是怀疑，而怀疑即是恶。如此模棱两可，似乎理性讨论和深信神圣权威都可以，或者都不可以。博丹说他把摩西的权威放在所有作品之首，所有哲学家的所有观念之上，无疑是将神学权威和哲学推理分类对待。仅仅从神学角度进入，希伯来圣经的说法当然毋庸置疑，毕竟用理性法则分析信仰问题没多大意义；然而如果从哲学理性角度看待，那就必须经过逻辑讨论。关键的问题是，究竟哪一种更具普适性？

在不同的时代问这个问题，无疑会得到不同的答案。基督教一统欧洲的时代，神圣来源的答案更具普适性；而在大众已经被普遍启蒙的现代、后现代，恐怕逻辑推理得出的答案更为俗众所接受。博丹的时代，恰巧处在那个因信仰崩塌而致的大混乱时代。信仰崩塌、质疑权威，正是混乱的病因。在信仰普适性已不可追不可得的情况下，只能努力追求另一种普适性。

因而博丹接下去说，"既然恶人们并不敬畏他的权威,且毫无顾忌地嘲笑他同时给予的警告,那就有必要以相应的论证来驳斥并削弱他们的论证。"(第357页)这句话首先判定,不敬希伯来神圣权威甚至肆意嘲笑神权崩塌的人是恶人。我们要问,那个时代这是指哪些人?或许是指要破除一切权威、提出"人人都是祭司"的新教徒;也可能指公开宣扬理性可以战胜一切的不审慎的哲学家。

其实,任何一个时代都有这样的"恶人"。博丹说,那就只能迎头而上,以逻辑更强的理性论证来削弱他们,驳斥他们,"以彼之道,还施彼身"。既然信仰崩塌,任何一个时代都有自以为是的哲人,那么,或许只能承认哲学理性证明的东西更具普适性。但作为不审慎哲人的对立面,博丹仅仅说,"如果能凭借哲学家的权威和理性的力量来让人明白,世界不会永存,它是不朽的上帝在某一确切的时间点所创造,我们就会更相信神的历史。"(第357页)这似乎在说,哲学证明的东西和神学权威一致,哲学"第一因"与上帝创世是同一,相信这点会让我们更加敬畏上帝。哲学权威们都同意这一点。

可是亚里士多德居然敢提出质疑:"设想世界的永恒性。"世界若是永恒,便不会有开端,那上帝创世便是无稽之谈,显然这与基督教教义相悖。博丹的行文显得他很不赞同亚里士多德：所有学派、所有哲学家包括乃师都与亚里士多德的观点不同，因而亚里士多德错了。但上一句博丹才说过，在哲学领域，凭靠的不是权威而是论证。既然如此，仅从"所有人都不同意他的观点"的前提就推理出"他错了"的结论显然不充分。因为亚里士多德采取的恰恰是论证的方式。而从亚里士多德的自然观出发，必然得到的结论是："上帝既不能维持太阳的轨迹，也不能审视天体群星的影响力，不能改变宇宙自然中的任何事物。他甚至无法按照自己的意志改变人的冲动和意志。"（第359页）博丹称这个结论"不敬、傲慢、疯狂"，却并没有否定它充满了理性。也就是说，完全放弃神圣信仰、从哲学理性角度看待自然问题的人，通过论证必然会得出这样的结论，尽管从信仰的角度看这个结论不虔敬。很有可能，"与其说博丹在反驳亚里士多德观点，不如说在展示他的观点：如果承认上帝创世，就得承认世界有确切的开端，从而断定世界受上帝意志的支配。"[①] 可是理性推论告诉我们的是，世界受必然性统治。博丹让亚里士多德代替他向读者证明："有些事物取决于必然性，有些事物取决于意志，有些是自发的，更多的由机运决定。"（第359页）

---

① 刘小枫：《如何认识博丹的政治史学》，第18页。

紧接着，博丹提到了柏拉图。柏拉图也承认自然秩序的必然性，"有开端所以有死。"与亚里士多德的不同在于，他把必然性置于神圣意志之下：虽然从必然性来讲有开端就有灭亡，可是世界"在神圣意志的作用下，也会不朽"。亚里士多德反对柏拉图，仍是从理性推论的立场出发。博丹对亚里士多德的这一批评或许出自真心："他把理性的力量强加进每一领域。"理性可以在自然科学、哲学领域推进，因为哲学追求彻底的理性，科学要求量化与精确。但将理性强加进每一个领域尤其是公共生活领域，却可能造成令人骇然的结果，他的老师已经在《理想国》中将这点展示出来。博丹不动声色地指出，"在我们的每一个讨论中，特别是在如此困难如此远离我们的感知的问题上，我们必须谨慎，不能有任何反对圣主的轻蔑言语。"（第360页）当信仰崩塌，人们失去单纯性、不得不从理性角度出发重建世界秩序时，我们的确推出的是亚里士多德的结果。然而，毕竟还有很多倚靠信仰生活的人，我们必须谨慎对待每一个讨论，不能傲慢地强行要求他们必须接受理性推论。

当然，博丹更主要的目的，是形成支撑他普遍历史的普适自然秩序，因而他展示出亚里士多德的阐释者提出的一个观点：

世界的存在要么必然、要么可能、要么不可能。如果不可能，世界就从未存在过；如果必然，世界就一直存在着；如果在其存在之前有存在的可能性，其存在的能力，或用他们的话语，存在的潜势就位于某种实体中。因此，就有某种东西从潜势发展为现实。但是，我不得不承认所有这些论述，他们寻求的那种潜势，我将其置于一种生成（ente），即永恒有效的原因。我不知道反之还能说什么。（第363页）

这个观点让摩西都深感困扰，因为这些论证无法反驳。博丹说他不得不承认所有这些论述，即他不得不承认亚里士多德"世界永恒"的观点，也就意味着他虽未言明但实际上已经否定了"世界有始有终，时间有始有终"的基督教世界观。由此，博丹隐晦地颠覆了基督教普遍历史的基础，而凭借亚里士多德的自然理念建立一种自然秩序，并以此作为后续考察各民族起源的标准。或者说，在博丹考察的公共生活世界中，占据支配地位的不再是神圣历史法则，而是人类置身其中的自然秩序法则。

尽管博丹事实上在推动亚里士多德式自然秩序原则，但至少在修辞上他肯定了上帝创世说，肯定了上帝是世界的第一因——"相信创世有赖于如此辉煌的第一因，将会增强我们对上帝的敬畏和挚爱"（第357页）。需要提醒的是，讨论自然秩序是为了对应普遍历史，为普遍法提供支撑，因而对应于人类社会，共同体的第一因是君主。那么，或许我们可以把上面那句话里名词稍作替换，以厘清理解博丹的用意：相信国家创建有赖于如此辉煌的第一因，将会增强我们对君主的敬畏和挚爱。显然在这样的国家里，秩序更稳定更安宁。

在先于《方法》出版前起草的《普遍法的分类》里，博丹的上述用意更为明晰。该作品中他以亚里士多德的四因说分析普遍法，提出国家的动力因是君主的立法行为，目的因是让国家诸要素各得其所的正义与法律，形式因是缺之便无法形成国家法律体系的法律本身，质料因即是法律人和各种法律行动。普遍法的目的是正义，而正义是完全属人的概念，只有人类被赋予了理性，才能思考并倾向于这一概念，因而理性原则是导向自然秩序原则的机制。

《方法》里这段讨论快结束时，博丹明确地说：

> 如果这世界是一个自然机体（naturate corpus），就包括质料与形式……它也就是一个混合体。不仅如此，任何混合物、由各个部分合成之物都无法从自身生成，这是亚里士多德的教义。因此，世界之存在就

有一个动力因,亚里士多德也承认这一点。(第372—373页)

世界乃自然有机体,当然就有生有灭。世界的存在也有动力因,所以亚里士多德的观点和犹太基督教观点不矛盾。如果亚里士多德承认有动力因存在,那因必然先于果,"不仅本质上如此,时间上也应如此"。博丹最后说,

> 上帝不仅在本质上而且在时间上都先于世界,同样,世界的本质是一个质料体,必然会消亡。那么多千年以来,国家和帝国藏在何处,那么多世纪以前的各种事行的记忆何在,当我们问这个问题时,听听回应很有益。(第373页)

这无异于确立了自然秩序与普遍历史的密切关系。博丹提到了几部支撑他论述自然秩序的关键著作——柏拉图的《蒂迈欧》和《美涅克塞努》,亚里士多德的《论题篇》和《形而上学》,阿维森纳的《论洪水》,更加凸显了他以自然秩序法则看待普遍历史的倾向。

从列出的各文本中,博丹提炼出地球自诞生以来其自然机体发生了变化的证据,最后总结道,这些作者

都承认，"物质会因年老而死亡，世界也会因衰弱而凋零。普遍自然清晰地显示出这点。"（第374页）

"普遍自然"一词出现，标志着与基督教世界观的彻底分离。在博丹的普遍历史框架里，"自然是理解所有事物的关键，真正的知识就意味着理解个体事物的各种天性。博丹在智识上的志向是获得对某种事物真正的理解，不管对象是人、国家、历史、宗教、自然世界或是法律。"[①] 当然，我们已经看到，在政治领域，这种获得就是深入到法律的本质和最高权力，得出的结论必然是主权法则。

必须指出，博丹并不是纯粹的自然主义者。他最终追求的不是仅仅理解个别学科的各种细节下的原则，而是那条唯一的原则。那条原则能够让已经创造好的世界里的各种形式得以统一。当博丹以他自然百科全书式的视野，追求一般性统一原则时，最终找到的是自然这一拥有所有权力的无所不能之神。这才足以成为他普遍时间体系的支撑。

---

① Rose Paul Lawrence, *Bodin and the Great God of Nature: The moral and religious universe of a Judaiser*, Geneve Librairie Droz, 1980, p.40.

## 二、普遍时间系统

接下来,博丹要建立一个年表系统,让所有国家所有民族的重大事件能够以他这个年表系统为标准相互比较。他先通过对比各史家对从创世到其各自年代的记录,剔除那些明显荒谬或源自传说的记录。在这个过程中,他明确地说,"我曾把狄俄多儒斯的编年体系和斐洛的史书做过比较,狄俄多儒斯忠实地萃取了埃及人的秘史,而斐洛的史书得到所有最博学者的采纳。"斐洛的年表体系,也与辛普里丘、卡里斯特涅的记录一致,甚至"与摩西和斐洛所记的神圣历史完全相符"(第376—377页)。这些人的记录也与狄俄多儒斯的年代体系吻合,甚至延伸到狄俄多儒斯本人的时期也吻合。根据埃及人、迦勒底人、腓尼基人和犹太人的一致记录,博丹确定,"世界的开端和时间的界限最多不超过5700年"(第381页),在稍后一点的地方,又微调为"不超过5730年"(第389页),在《方法》第八章末,博丹再次提到开端问题,"直至公元1565年,世界已经被创造了5325年。遵从斐洛的时间,加上202年,所以,至今,距创世是5527年"(第385页)。综合一下这些说法,世界开端应该在公元前4000年左右。

在不断精确各历史事件发生时间的过程中,博丹驳斥了一些他认为不实的历史记录。就历法问题而言,他偏好犹太民族的历法，把一年的初始定在九月，因为九月是收获的季节、成熟的季节。他明确地讲，要阐述各民族的普遍历史，"应该根据犹太人和迦勒底人的系统修正时间，这两个民族与斐洛的时间系统相符，即使有差异也很细微。"这样做的目的是，准确标记各国各君主的各种事迹和值得铭记之事，因为"如果帝国开始的时期、时代或事迹的起源时期有误，那后面的错误就会接踵而至"（第388页）。这里我们再次看到确定普遍时间系统的目的——比较普遍历史。

博丹共耗费了大约15页来讨论纪年体系和历法体系。历法对于国家统治历来重要。现在世界通用的格里高利历法（Gregorian calendar）由格里高利教宗亲自颁布，其前身尤里乌斯历法（Julian Calendar）是尤里乌斯·恺撒颁布。恺撒统一历法的目的，除了四时农作的需要，更多是出于政治考量。罗马的统治范围那么广，军事征服后要实现真正的统一，所有臣民需要有共存共时文明的意识，共同的节日、共同的公共活动、共同的仪式等等，都需要以共同的历法为基础。

英文calendar对应的汉语词汇"历法"由"历"与"法"两个字构成。《说文解字》中讲，"历"，过也，传也。引伸为治历明时之历。"治历明时"，出自《周易·革·象》："革，君子以治历明"，即是说君子通过整治历法以明四时之序。因而我们既可以把"法"理解为方法,纪时的方法,也可以引申开来作为治理国家的方法。"纪时法不仅是工具性的时间记录,也是'政治时间'的表达。"① 我国历史上秦始皇一统天下后先后统一了纪年、纪月的方法,"四时"的划分法,并在纪日干支前加上"月朔"推算日序,形成了完整规范的"年+月+月朔+日干支"纪时法,建立了统一的"帝国时间",用于官文记录。"行政文书上的纪时,固然是时间工具性的体现,而万里一朔、格式规整的背后,是新兴的皇帝权威的辐射。"②

事实上,法国大革命之后为了彰显与"旧制度"彻底决裂,共和政府就宣布废除格里高利历法,实行全新的"共和历"。虽然大革命指向的主要目标是君主制,但推行"共和历"伤害最大的却是天主教会。共和政府设立的"革命节日动摇了宗教节日的神圣地位","共和历的旬日制破坏了格里高利旬日制背后的神学思想……对天主教造成了严重打击"③,即使在格里高利

---

① 薛梦潇:《早期中国的纪时法与时间大一统》,《社会科学战线》,2018年第2期。
② 同上。
③ 杨勤:《时间与法国大革命:共和历的缘起与消亡》,硕士学位论文,上海师范大学2019,第46页。

历法恢复之后，天主教都很久没有从这种打击中复原。

中西方的史事都证明了历法系统对于国家政治的重要意义。由此我们可以理解博丹建立普遍时间系统的重大考量：它是对比各重要国家和各重要民族统治的标准，是构建普遍历史的起点，更是构建普遍法的起点。

博丹也提到了世界末日问题。他说，这个问题的答案，连天使都不知道，何况有死的凡人呢？犹太人认为世界的终章在其被创造后的6000年，希伯来人预测6000年左右会出现一次大变化，陷入第七个千年的静默中。若是这样，截止到博丹的时代，世界的寿命也就只剩下400多年了。然而博丹似乎不以为意："属人的智慧不足以更细微地研究这些事情，或者是，理性无法推导这些事，神圣预言也不会认可，所以，这种研究既愚蠢，更不敬。"（第393页）言下之意，末日问题已经超出理性推论的范围了，或者是超出人类历史的范围了。既然已经明确区分属人的历史和神圣历史，自己此时专注于属人的历史，那就放过这个问题吧。

通过回避这个问题，博丹也回避了基督教"世界有开端有灭亡之时"的论断，同时回避了亚里士多德"世界永恒"的论断——博丹在论述世界开端时面临的两难选择。因此，可以合理推理，博丹在修辞上否定亚里士多德"世界永恒"选择基督教"世界有开端"观点的原因，恐怕更主要是为了建立可以作为普遍历史比较标准的普遍时间系统。毕竟，如果没有开端，如何确立各重大历史事件发生的时间呢？另一方面，世界永恒或许还意味着王国永恒，意味着主权不死，只会发生转移。如前所述，王国不死、主权不死，恰巧是中世纪以降从基督教延伸出来的理念。然而，肯定"世界永恒"却会否定基督教的世界观，否定诸多信徒赖以生存的信仰基础。所以在这个问题上，或许双重回避是更好的选择。

## 三、历史与自然普遍法则

构架普遍历史需要研读各重要国家和重要民族的历史，这个过程中可能遇到的情况是，各个国家各个民族都吹嘘自己的国家或民族更加高贵。欧洲大分裂后，各民族以各自占领的土地为基础，以各自的政治历史传统为依据，纷纷建立君主制民族国家。地理位置上位于欧洲心脏的日耳曼人则接过神圣罗马帝国的称号，希望能以此重温罗马帝国昔日辉煌的旧梦。

我们讨论过15—16世纪各民族国家崛起后对神圣罗马帝国的觊觎之心，因为神圣罗马帝国不仅在地理上具有深远的战略意义，而且在其意识形态上也对欧洲其他君主影响巨大。各国君主都希望能成为神圣罗马帝国的皇帝，甚至包括奥斯曼土耳其的苏莱曼大帝。就日耳曼民族本身来说，或者就16世纪日耳曼地区的七大选帝侯来说，他们最警惕的是法兰西人，不仅因为法兰西的确对帝国虎视眈眈，也因为第一任神圣罗马帝国的皇帝就是法兰克人查理大帝，具有溯源优势。所以法兰西人和日耳曼人都争着论证查理大帝是自己族裔。

为了证明日耳曼人才是神圣罗马帝国最正宗最正当的继承者，日耳曼史家们煞费苦心，提出了各种理论。本土优越论便是其中之一。事实上，"日耳曼人"这一称谓囊括了很多不同的氏族和部落，最初他们并不这样称自己，"而是与他们同时期的罗马人和接受了罗马文化的其他人。"[1] 而且，正如博丹在《方法》第九章里提出的论点，各民族在数次民族大迁移中，因混居、通婚等各种原因交杂融合，很难准确地追根溯源至某一支。

民族问题比较复杂，治邦者和军事家往往喜欢以种族/民族的高贵性激励贵族子弟追求军事或政治荣耀，保家强族卫国，延续祖辈的声名。这本是好的教育和政治传统，然而博丹说，如果这种骄傲发展为傲慢，超越了

---

[1] 张涛华：《欧洲民族主义与欧洲一体化》，博士学位论文，武汉大学，2010，第28页。

政治人的审慎范围就不对了。他先提到了"吹嘘自己是诸神的后裔"的民族,这显然指古希腊人;然后提到了恺撒和亚里士多德追溯自己的神性祖籍;接着再说,无法追溯神性祖籍的人就称自己是本土人以显得比异邦人更优越。

古人们只是幌子,并非博丹意图驳斥的对象,他明确地说,"某种意义上讲,当然可以谅解古人们。"他真正要抨击的是日耳曼人,"但是现代人的过失,要么因为犯下大错,要么因为有罪,而这两种原因都是因为他们公开违背圣经里记录的摩西关于原始时期的各种陈述。"(第395页)日耳曼人为了论证本族群人作为罗马帝国继承者的正当身份,提出祖传土地是唯一的评价依据。在博丹看来,这种做法是把生活在这片土地上的"种族与其他种族的联系和情谊彻底割裂",既"愚蠢又不虔敬"(第395页)。根据现代学者的研究,日耳曼人族群的历史或许的确更久,"整个欧洲和邻近地区各族群的扩张,以及不同族群凯尔特人、日耳曼人和斯堪的纳维亚人之间的冲突,造成了法兰西人、比利时人、荷兰人和卢森堡人等族群的出现。"[①]

由此观之,博丹否定本土优越言论,一是为了否认

---

① 张涛华:《欧洲民族主义与欧洲一体化》,第30页。

日耳曼人以此为据而平生的优越感,有利于他正在构建的普遍适用于诸民族国家的历史—法律理论体系;二是考虑到一个更加迫在眉睫的威胁——避免因种族而起的纷争。因为,博丹紧接着说,日耳曼人如今对其他民族的傲慢与蔑视,以及基于这样的敌对态度写成的著作,是"在战争界限上挥舞灼烧着的火炬,以嘲弄和轻蔑点燃人们之间的恨意"(第395页)。博丹说,历史告诉我们,所有人都流着同样的血,都由同一种族纽带维系,言下之意,都是人类;因而所有人都秉持同宗同源的思想"最能发展和保持人类的良好意愿和友谊"。

秉持同宗同源是为了保持种族之间的和平,但这并不意味着民族之间没有差别,否则在博丹不会说普遍历史的建立要基于所有国家和民族或那些重要的国家和民族。不同民族的重要性不同,但判断重要性的标准却不能是日耳曼人提出的标准,所以,驳斥本土优越论的目的是为了建立另一个判断民族重要性的标准——民族的古老性。以这个标准为依据,择取哪些是值得进入普遍历史考察范围的民族。

博丹告诉我们,阅读史书时判断史家记录的民族起源是否准确有三个标准:一是史家作者的可信度,这在第四章中已经有过论述;二是这个民族的语言根源和发展轨迹;三是该民族所处的地域位置。

这首先让我们想问一个问题，根据这三个标准，法兰西人源自哪里？"让我们承认，法兰西人从日耳曼人发源而来，"承认这个可以让"我们姓氏的名声卓越、更好地结成联盟和友情、更有利于两个国家的强盛"（第397页）。这个说法，无异于承认日耳曼人族早于法兰西人。

的确，现代研究者发现，法兰西人是欧洲最早形成民族意识的民族；[①] 但这时产生的族群意识与我们现代意义上的民族意识不同，"很大程度上是源于对人种、语言、地域等因素的认识上，也可以说是通过确定'自己'与'他者'的区别来判别属于哪一族群。"[②] 对比这种解释，法兰西人博丹具有的显然是现代意义上的民族意识，这种民族意识的形成与成熟，与西欧王权民族国家的出现和强大相辅相成。那么，本来要驳斥日耳曼人傲慢的民族优越论的博丹，这里却大大方方承认日耳曼人早于法兰西人，似乎就有点令人费解了。

博丹接下去说，所有民族在不断的迁徙中彼此混杂、交融，很难再明确地分别出准确的来源。然而，所

---

① 休·希顿-沃森：《民族与国家——对民族起源与民族主义政治的探讨》，吴洪英、黄群译，北京：中央民族大学出版社，2009，第57页。
② 张涛华：《欧洲民族主义与欧洲一体化》，第30页。

有民族的源头都可以追溯至迦勒底人。首先，这是从众多权威史家的作品中得到的一致结论；其次，普罗米修斯是迦勒底人，正是他给人类带来了火，文明和技术；最后，保存了人类的诺亚方舟就在迦勒底附近，所以现在的人类都从那里发端而来。这三个论据，实质上是分别从史学、哲学和神学角度论证迦勒底人的古老性。承认迦勒底人是古老的民族，所有民族都从迦勒底人发端而来，也就从根源上否定了"本土优越论"，从而可以说，除却最古老民族以外的其他所有民族，并无所谓的优越性差异。

有意思的是，在《方法》第六章追溯各城邦（国家）的政体类变迁史时，博丹共提到16个共同体。他首先讲述已经灭亡的三个帝国，即罗马帝国、雅典帝国和斯巴达帝国的政体变迁史。然后概要总论西欧诸帝国的变化：意大利被并入高卢王国——帝国被四个君主瓜分——查理大帝的统一帝国——这个统一帝国又逐渐分裂，分出去的各部分分别采纳了不同种类的政体，逐渐形成现在的西欧国际形式。最后讲述现存的这十三个共同体的政体变迁史。依次是：赫尔维西亚人的国、热那亚人的国、卢卡人的国、拉古萨人的国、佛罗伦萨帝国、法兰西帝国、迦勒底人的国、希腊人的国、阿拉伯人的国、土耳其人的国、丹麦和瑞典帝国、不列颠帝国、西班牙王国。

以上对现存共同体的排列,既不是按照地理位置,也不是按照共同体出现的先后顺序或者存在时间的长短,甚至不是按照这些共同体在博丹心中的主次地位。我们当然不敢武断地讲,他就是随意排列,想到哪儿写到哪儿。但有一点很容易发现,迦勒底人的国正好在这个序列里居于中间位置。对照博丹对迦勒底人古老性的强调,很难说他不是故意把迦勒底人放在现存各民族共同体的中间位置。更有意思的是,居中的迦勒底人的国的两边分别是法兰西帝国和希腊人的国。

如何在阅读历史时避免对民族差异产生认识偏差?博丹说,确定民族起源时要看其居住地或迁移地的地理特征。在以狩猎和农耕为主的时代,土地的肥沃程度直接影响居住者的基本生理需要能否得到满足。如果占据着富饶的土地,除非被逼无奈,没有人会朝贫瘠之地迁移;反之,贫瘠地区的民族会努力朝富庶之地迁移。

然后,博丹花大量篇幅详细解释了追溯民族起源时的语言踪迹标准。他认为史家们追溯各民族起源时没有把这点解释清楚,甚至忽略了这一标准。他讨论了某些特定词语的来源,尤其是各民族名称的词源和词意,以说明大部分民族的名称最初都来自迦勒底语和希伯来语,而非希腊语或拉丁语,"这表明所有种族最初的源头应该都来自使用这些方言的那个民族"（第402页）。进而就证实了：

> 最古老的种族是迦勒底人、亚美尼亚人、埃及人、犹太人、阿拉伯人、腓尼基人、爱奥尼亚人、亚细亚人、波斯人、印度人、米底斯人、埃塞俄比亚人和赛伯伊人……迦勒底人、埃及人和犹太人比希腊人更古老，正如这四个民族比其他民族更古老一样。（第402页）

在各民族迁徙和彼此交融的漫长过程中，最古老的语言逐渐发生了变化。容易引起语言变化的主要原因有三个。第一个是普遍原因，即所有自然之物在时间之河中都会发生变化，都会成熟、衰老，甚至衰亡，语言也一样。第二个原因是各殖民地和民族在彼此交融的过程中，彼此的语言也发生了融合。如今每种语言中都有外来语，且在约定俗成的过程中逐渐很难辨识出其外来特性，例如中文里的"哲学""政治""政党"等词并非古来有之。第三个原因是该民族长期居住地的自然特征，不同居住地的自然地理气候特性会对长期居住在那里的人的发音器官产生巨大影响，让他们擅长或拙于发出某些音素，久而久之，通过遗传与环境的不断交互影响，其语言尤其是口语会发生变化。尽管这些不同因素会导致语言的变化，"但早期的语音不会完全消失，固有的显著痕迹仍然会保留下来"（第406页），这就是根据语言追溯民族起源的可行之处。

以语言演变为据，博丹指出，法兰西人的先祖高卢人是古凯尔特人中最善骑的一支，凯尔特人又源于希腊人，因为其语言里大多是希腊语。仍然以语言演变为据，博丹详细追溯了高卢人的起源，以驳斥一些针对高卢人的轻蔑言论。这些言论主要来自日耳曼人，博丹在一一溯源后总结道："我衷心希望日耳曼人和高卢人会视彼此为血亲（斯特拉波为了自己的目的写得更真实更恰如其分），并能联合起来结成永久的联盟、建立永久的友谊。"（第410页）。这种说法似乎与之前承认法兰西人源自日耳曼人相互印证。

那么，法兰西人的祖先是否是日耳曼人的后裔？对于这个问题，虽然有少数几个反对意见，然而更多的是支持意见。博丹戏剧性地罗列了一大堆支持日耳曼人是法兰克人后裔的史家，包括珀律比俄斯、恺撒、李维等十三位名声赫赫的史家，让人叹为观止。虽然他口口声声说"无论如何，根据这么多人的言辞和书卷所述，两个种族都受到极高的赞赏，不管日耳曼人还是高卢人都不应该嫉妒彼此的起源"，但引述众史家论证时字里行间透露出来的自豪感却难以抑制。博丹追溯了大量词源，有些有道理，另一些可能难以分辨。在这些追溯中，他高度赞扬高卢人善骑术、好自由；论证日耳曼人曾经是居无定所的蛮族，日耳曼语大部分源自凯尔特语；奚落日耳曼人引以为豪的传说："坚持说他们是赫拉克勒斯或赫拉克勒斯之子图伊斯科的后裔，简直太荒谬了。"（第415页）。最后他总结到，日耳曼人的"源头、武器、法律以及其文化都来自高卢人"（第427页）。

回顾一下，博丹先坦然承认，法兰西人源自日耳曼人；然后苦心论证，日耳曼人源自高卢人；这无异于说，法兰西人的真正源头是高卢人。这也就解释了为何之前他竭尽所能地描绘高卢人的各种美好德性。

需要指出，博丹也许并无意论证法兰西民族比日耳曼民族更优越，否则不会多次明确表达两个民族同源、应以血亲相待的主张。统一的基督拉丁帝国已经分崩离析，以民族为主要区分的独立国家在西欧已是不可阻挡的趋势，再醉心于区分哪个民族更优越还有什么意义呢？各民族友好共存，对于稳定各民族国家的内部秩序和外部秩序或许是更好的政治决策。

作为政治人，博丹的确偏向祖国法兰西，正如沃格林敏锐地指出，博丹的欧洲中心论不同于古希腊"地球之脐"观念之处仅在于，世界的中心如今位于法兰西。但从政治上升到自然秩序与普遍史的博丹，更有为各民族提供智识礼物的自觉，这是法兰西民族为所有民族做出的贡献，这是智识人博丹为祖国和欧洲人做出的贡献。

是否土生土长的民族不能作为主张更多优越性的依据，各民族的大融合是不争的事实。但的确可以根据史家记录、语言踪迹和居住地特征来追溯一个民族是否更古老。

就古老性而言，唯一能确定的是，只有犹太人超过了其他所有民族。故土在以色列的犹太人，在博丹眼中，是上帝拣选的民族："只有上帝拣选的民族的起源才会在圣经中得到阐释，其他的都不会。从以色列本人的血统可知这些源头。"博丹将《圣经》中这一记录作为史实，并援引经文的犹太阐释者的观点提醒，"正是从以色列分出了十二个部落"，其中包括同样历史久远的阿拉伯人。然而，由于殖民、战争等各种原因，其他民族都彼此混杂，"除了犹太人"，只有他们"原封不动地保持着他们种族的古老历史"，甚至从非洲人利奥的史书中可知，他们的"诸多部落都有准确的源头和名称"。（第429页）

博丹为何执念于寻求最古老的民族？一方面或许的确是为了驳斥关于民族的本土优越论。另一方面，引入

"古老性"作为标准,与他的城邦起源观或许也不无关系。城邦的家庭起源本身就已经表明,"古老性"是维系城邦的重要因素,由此,以血缘为基础的城邦的"古老性"便成为衡量城邦优劣的尺度。如果将"最古老的"等同于"最好的"或"最自然的",那就等于是把衡量礼法是否优秀的"祖传"标准引了政治,这不仅重申了民族国家的立法源头,而且让孝悌长幼、兄友弟恭等家庭德性原则成为政治秩序原则的支撑。

各民族在交融发展的过程中难分彼此。各民族国家的王室为了显示自己的高贵性,热衷于追溯自己家族的久远流传,以为这样他们的尊贵就能永久延续,博丹认为这大错特错。一是因为延续再久的家族也不过千年,二是因为就算是来自古老犹太族,现代犹太人也无法追溯自己"到底来自当初的哪一个部落。所有犹太人都混在一起,只能认可自己的血统,却无法清楚自己是哪一支系"(第435页),在民族之下再追问家族完全没有意义。

这些论证意味着,在博丹看来,如果说古老性能够作为民族优越性的判断标准,那么也只有一个民族——发端于以色列的犹太人——比其他民族更优越,其余的民族在人类长期交互中,早已丧失单一性或所谓的纯正性。但以色列人(或犹太人)的古老性却有格外不同之重要性:"埃塞俄比亚的强大君主……把自己和其亲属称为以色列人。从这些人里源源不断地产生了各种宗教,这些宗教被全世界所接受。"(第432页)认可以色列人最古老的重要性在于,从他们中产生了普世宗教,这种宗教影响乃至决定了整个西方文明的走向。

如今,民族之间的相互独立共存已成为事实。但各民族的智识性质却并非没有差别。我们曾分析过博丹构建的宇宙帝国等级,这种等级制也体现在他对各民族智识性质的认识上。此处,在博丹的等级制里,上帝的确拣选了一个民族,敬拜亚伯拉罕和摩西的上帝的民族。这并不意味着其他民族不能得到赐福,但决定他们宗教的是低于上帝的天体法则:"其他民族都受天体的法则和力量支配。只有以色列人以及愿意加入这个共同体的人不受天体法则的束缚,并且把唯一的上帝当作他们生命和至福的创造者。"① 即所有民族都低于那一个受上帝拣选的民族,因为普世宗教源自这个民族。以色列人不受制于天体的绝对法则,只受上帝的约管,正如王权君主制的君主也不受制于绝对法律,只受制于神法和自然法。这两者的相似性,完善了博丹的等级制观念。

---

① Jean Bodin, *Colloquium Heptaplomeres de Rerum Sublimium Arcanis Abditis*, L. Noack ed., Schwerin, 1857, p. 199.

在博丹体系里，个人、民族、国家都各有其灵魂，灵魂引出德性的高低之别。博丹在确立普遍历史为普遍法的依据之初就提到，要考察所有或者最重要民族和国家的历史，以此为依据确立什么是好的政体，从中发掘出普遍法建立的依据。至此，我们可以总结一下博丹心中最重要的民族和国家有哪些了。在重要民族中，独占鳌头位于其秩序序列顶端的是犹太民族，因其古老性，因其最高的智性，也因其对宗教的巨大贡献。其次是迦勒底人、埃及人和高卢人，最重要的国家就是历史上这些民族建立的国家。这种分类体系的含义，对于一种关于诸宗教的哲学和科学来说尤为重要，对于博丹包括各民族各政治体在内的普遍自然秩序也尤为重要。另外这些国家的政体都是一人之治。那么什么是好的政体就不言而喻。

《方法》论述的主题从第五章到第九章在逐渐上升，且每一个主题结构里总存在秩序高低层次之分。最好的个人灵魂阶序应该是，大脑指导血气控制欲望（第五章）；最好的国家灵魂阶序应该是智识者提供指导，君主指导职官统治臣民（第六章），因为它与宇宙等级制即上帝指引天使统治个体（第六章），以及上帝制定自然节律指导四时更替（第七、八章）相似。我们看到，神的意志表现为自然理性与国家理性（第七章）。从政治体来说，不同民族对于神权政治在王权君主国中对应物的洞察程度不同，由此区分出不同政治体的等级；从民族来说，不同民族的智性洞察力不同，对上帝的灵性领悟不同，也就区分出了宗教等级；因此，在上帝的统领下，区分出犹太民族和其他民族（第九章）。所有这些主题，都是通过考察普遍史、宗教史和杰出个人的历史记录（第十章）开始展开其讨论，获得其依据。

由此，博丹也完成了从史学阶序"神圣史——自然历史——人类历史"推导出法学阶序"神法——自然法——普遍法"的体系构建，他之后所有的重要作品都是在填充或完善这个框架的某一部分内容。我们可以明白为何沃格林会说《方法》原则上包含了博丹所有后来的作品。他梳理西方政治思想史至16世纪时，对博丹尤其重视：

> 在法国人博丹、英格兰人霍布斯与洛克那里，（民族国家的资产阶级）与教会和封建等级王国的决裂得以完成；第三等级的政治省思的介质——"自然"和"理性"——得以确立；而民族亦已被视为新的国度政治秩序赖以建立起上的基础层级。①

---

① 沃格林：《文艺复兴与宗教改革》，第240页。

博丹在理论上为这个混乱的16世纪建构起重返秩序的原则。然而，他身处的世界已经改变，并且还经历着对于西方人来说更为重要的改变——与自己的古代时期和思想彻底分裂。作为智识人，博丹如何面对这个巨变？

## 第三节 国家与智识人

"周程朱张"中"张"所指宋人张载，幼年研读诗书时便对兵法有浓厚兴趣，面对边境屡被侵犯的现状，一度想弃笔从戎，报效国家。公元1041年，西夏兵攻占我洮西之地，形势危急。年仅21岁的张载给时任陕西经略安抚副使、主持西北地区军务的范仲淹上书，请求对西夏出兵，并自告奋勇联络一些人准备去收回失地。16年后，张载赴汴京赶考，与苏轼、苏澈同中进士，入朝为官。后来辞官返乡，读书讲学，著书立说，一生清贫，被后世尊为"横渠先生"。其"为天地立心，为生民立命，为往圣继绝学，为万世开太平"的警言激励一代又一代学人以学报世、以学报国。国人历来有"学而优则仕，仕而优则学"之说，意即治学有余则应入官，做官也不应放弃治学。同样，西学传统中的圣哲柏拉图也强调哲人洞悉真理后应返回洞穴之中统治城邦。

国家与智识人之间的关系，非一言能蔽之。就常识而言，当然二者是共生的，所谓"知识无国界，知识分子却有国家"，我国科学家钱学森的遭遇深刻说明了这点。身处16世纪的法兰西人博丹，也对这个问题有自己的思考。他不仅在思考国家需要什么样的智识人、应该如何培养智识人，而且给出了培养过程的具体建议，并列出了智识人应该阅读的书目。

## 一、国家中的智识人

亚里士多德曾在《尼各马可伦理学》中谈到立法学时说："假如有人希望通过他的关照使其他人（许多人或少数几个人）变得更好，他就应当努力懂得立法学。因为，法律可以使人变好……立法学是政治学的一个部分。"① 但是，亚里士多德说，荒谬的是教授政治学的智者们却从来没参与过政治实践。要懂得政治学必须具备政治实践，就如同要懂得行医必须要有医治实践和经验一样，一个人不可能仅仅靠阅读医学手册就可以成为医生。言下之意是，政治家抑或立法者必须得有政治实

---

① 亚里士多德：《尼各马可伦理学》，廖申白译注，北京：商务印书馆，2003，第316—317页。

践经验。换句话说，研习政治学、甚至教授政治学的学者们，都还不足以成为政治家或立法者。

那么，已经是政治家或者立法者的国家公民需要了解什么学问，需要具备什么智慧？

博丹将《方法》题献给当时巴黎高院的庭审法院主席让·特西埃，坦陈自己将讨论"用什么方法从历史之花中萃取甘蜜，以汇聚获得最香甜的果实"，这是他的法学研究成果。紧接着，博丹就谈到了立法技艺，批驳当时企图仅仅依靠罗马法建立普遍司法体系的研究取向后，他说："他们应该去读读柏拉图，柏拉图认为，立法与治国之路应是：贤明之士汇集并比较所有国家，或是更著名国家的法律体系，从中编纂出最好的一种。"（"献辞"，第2页）"他们"是谁，谁应该读柏拉图？

博丹告诉我们，从事法学的有四类人：第一类人只是记住法律条款，在学校里空谈，没有任何实践体验，或许这类人类似于亚里士多德当初讽刺的某些智术师；第二类人倒是实践经验丰富，天天混迹于各类法庭，却从未受过理论教育，缺乏法律判断和智慧，或许这类人类似于某些只会玩弄权术的政客；第三类人从理论和实践方面都有所汲取，在这一类中，博丹列举了当时法国不少鼎鼎有名的大法学家，杜默林（Du Moulin）、杜法尔（Du Faur）、卡森涅乌斯（Chasseneux）、波黑儿

（Bohier）等等。他说，从这些人那里的确可以学到不少理论知识和实践效用，可他们都不是博丹心中可以作为立法者的法学家。第四类亦即最后一类人是——

> 不仅接受过技术规则和法庭辩论的实训，而且接受过最好的人文训练和最持重的哲学训练，领会了正义的本质，了解正义不随人的愿望而改变而由永恒法则所定义的人；熟练地决定衡平标准的人；那些从最根本原则处追溯司法起源的人；小心传递一切古典知识的人；清楚知悉罗马的执政官、元老院、民众，以及职官的权力和权限的人；将哲学家官员法律和国家事务的讨论用于阐释法律的人；精通希腊语和拉丁语的人，因为法律用这两种语言命令和描述；最后，已经限定了整个法学学问的范围、划分了其类型、分配了各部分、定义了各种术语且提供了例证说明的人。（"献辞"，第7页）

这其实是一份国家里最好的法学家的素质清单，这类法学家具备为国家立法的资格。从这份素质清单中，我们发现，博丹对作为立法者的法学家的要求与我们当代的法学教育目的有着根本性不同。他要求的是古典政治哲学式的博雅教育，这种法学教育不是指向于培养单个"法匠",而是旨在培养有智识的个人和有公民德性的政治家。这些作为立法者的法学家,是有资格也应该去读柏拉图的人。

作为立法者的法学家应该具备以下素质:第一,他们应该具有完备的法学理论知识,了解法的起源、整个法学体系,精通作为法律语言的希腊语和拉丁语;第二,他们应该接受过最好的人文训练和哲学训练,领会一般意义上的正义、法学、政治、统治等概念,并将这些运用于解释法律;第三,他们应该对普遍历史有精深的研究,从历史中熟悉统治、权力、权力分配等等;第四,他们应该具有法庭审判经验和政治统治经验;第五,他们能够将以上所有知识和经验融会贯通,综合应用于法律和国家统治领域。这样的法学家才能担当起立法的大任,为国家建立最适合的司法体系。他们既是审慎的政治家,也是有德性的智识人。

在接下去的"序言"中阐述阅读历史的愉悦和好处时,博丹列举了诸多因阅读历史而受益的例子。哪些人会认真地阅读史书并获得愉悦与益处呢?全是著名统治者——西班牙国王阿方索、西西里国王费迪南德、皇帝康纳德三世、大斯基庇奥、土耳其君主塞利姆、亚历山大大帝、查理五世、法兰西国王路易十一等等。这些伟大的统治者都曾精深地阅读历史,从历史中陶冶自己,激发自己的壮志雄心,总结治国韬略。他们是史书的倾述对象和真正知音。博丹说,研究历史作品时,"完全可以更有效地利用这些作品来研究和模仿,而不是仅仅从修辞的角度讨论其导言、叙事艺术以及字词和语句的修饰等等。"("序言",第7页)在《方法》另一版本的前言中,博丹还提到:

> 人文主义法学家往往成为一个过分封闭的宗派,因而在法学的改革方面就走得不够远。由于全神贯注于纠正巴托里斯对罗马法的理解方面存在的时代错误,他们已经听任自己走上岔道,以致纠缠于纯史学和语言学的细枝末节。①

也就是说,博丹觉察到,仅仅从修辞学、语言学的角度研究历史作品、研究罗马法,虽然可能有助于更精准地理解法律文本本身,但却忽略了法律文本和历史文本最重要的意义——对统治实践和司法实践的理论指导、对智识人的实践教诲。

收录在1579年法文版《国是六书》里的《给皮布

---

① 转引自昆廷·斯金纳《近代政治思想的基础》(下卷:宗教改革),第412页。

拉克领主法柏的信》(*Letter to Guy du Faur, seigneur de Pibrac*)中,博丹直言不讳地指出:

> 如果还有任何值得宽恕的错误,那么我觉得应该原谅居雅斯。我承认自己也曾经犯过和他同样的错误,对此我并不觉得羞愧。那是我还在图卢兹教授罗马法时,周围群集着一群视我为超群卓越的年轻人。那时,我认为那些法律科学的巨擘,巴尔多鲁、巴尔图斯(Baldus)、亚历山大(Alexander)、法柏(Faber)、保罗(Paulus)、杜默林等人的思想中,以及整个法官和辩护律师体系中,都鲜有或几乎没有什么智慧可言。但是,当我在法庭中初步了解了法庭审议的秘密,被日常的实践事务经验所说服后,我终于开始明白,真正可靠的法学智慧不在学术尘埃之中,而是寓于庭审实战中;不在于只言片语的价值,而在于公平和正义的衡量。我认识到,对法庭实践一无所知之人会因对罗马法完全彻底的忽视而最终失去生命力。①

---

① 转引自J.H. Franklin, *Jean Bodin and the Sixteenth-Century Revolution in the Methodology of Law and History*, 1963, p. 64.

这段话不仅表达出他对人文主义法学派的中肯批评，[①]而且也阐述了自己思想转变以及转变的原因：理论研究和人文主义教育的确可以解决诸多问题，但智慧与德性更需要在行为中验证和实现，法律的正义更需要在法庭裁量中体现和彰显。居雅斯就他所从事法学研究和法学教育来说，当然有资格跻身国家智识人之列。在博丹看来，这种智识人对智识人的教育，还需要结合历史、修辞、语言学、哲学等，并且契合政治的实际需求。因为，法律科学更重要的或者最终极的目标是实现

---

[①] 事实上，这一时期的人文主义法学并非完全如博丹文本中所批评的那样狭隘。叶士朋先生的总结颇为全面："法律人文主义提出了多种的理论导向：（1）对罗马法律文本进行历史哲学性的纯净性工作。这就是说，一方面将罗马法从中世纪的注释和评注中分解出来，另一方面将罗马法从查士丁尼法典的编纂者对古典文本的修正性添加之中解放出来。这项工作是以法律研究同历史（哲学）研究的结合……（2）法律的系统建设的尝试……（3）法学教育改革。这种教育首先是注重法律文本（而非理论学说对法律做出的评注），并力图培养法学家综合的和系统化的（或精简式的）精神。这种教育对传统大学注重理论（而非"文本的"）和分析的教育倾向展开了一场批判。（4）对一种理性主义和系统性的自然法的重新注重。"（参见叶士朋，《欧洲法学史导论》，吕平义等译，北京：中国政法大学出版社，1998年，第145—146页）所以，正是人文主义法学在推进法学教育朝着历史化、系统化和国族化的方向转向。博丹给出文中这样的批评，或许是为了强调法律必须针对实践以及法律系统国族化的需要，或许是针对当时已经出现的太过注重文法研究的问题，因而矫枉必须过正的考虑。

正义，落实到实践中就是衡平。因而，作为立法者的法学家、国家里最优秀的智识人，即第四类从事法学的人，必须要有法庭审辩的和政治实践经验，他们是国家（或未来）的统治者、立法者，是真正心怀国家、热爱智慧的国之精英，他们"勤奋地生活着，以便能够明智地度过它。对他们来说，生命的最大价值就在于用它来为国家服务"。[1]

博丹在图卢兹完成学业，去到巴黎后，成为高等法院的"王室法律顾问"，之后从未离开过政治法律实践领域，虽然在这个过程中他从未放弃读书与写作。并且，正是由于他的实践经历，以及他对生活在国家里的智识人应有的自觉，使他"作为一个政治思想家远远高于16世纪下半叶的其他同时代人"。[2]

那么，国家需要什么样的智识人？

首先，国家里的智识人必须接受过真正的人文教育。好的人文教育能够帮助人们澄清那些解决人类问题的最根本的选择，帮助学生形成某种品格——对正义的爱和对真理的爱。人文主义教育的目的是对人作为人的

---

[1] 维柯：《论人文教育》，王楠译，上海：上海三联书店，2007，第108页。
[2] 沃格林：《宗教与现代性的兴起》，第220页。

教育，是赋予人人性（humanity）的教育。"人性化的生活，必然是一种社会化的和政治化的生活；行为如果想证明自己拥有德性，那它就必须要把自己表现在城邦之中、表现在同胞公民的人群里面。"[①] 正义之人，必须要能够保证同胞民众的公共福祉，守护自己的国家，才可算真正的正义。所以博丹说他要献出自己，为自己的人民服务，报效国家，因为它仅次于不朽的上帝，赐予了我们一切。他的确将自己献给了国家的政治和法律事务，同时还意识到，好的人文教育培养出的优秀的智识人对于国家尤其重要甚至更加重要，所以，他将自己广博的学识和智慧献给"那些最优秀的、有足够闲暇的，但却比我更有天赋、更有学识和判断力的人"。（"献辞"，第1页）

国家政体要适合民族性格，民族性格需得靠教育来塑造，而一国之中最好的国民教育手段是法律，所以立法者的培养才如此重要。立法者需要了解民族的人文精髓，就得回到古典文献中，潜心研习文本。蕴含着民族传统的经典文本，包含着诸多对人的本质最深刻

---

① 巴洛：《〈论共和国〉中的"学而优则仕"》，邱立波译，载于刘小枫编《古典诗文绎读·西学卷·古代编·下》，北京：华夏出版社，2008，第65页。

的反思，关注的是严肃而永恒的话题：国家是什么，个人对国家的责任是什么，什么构成善好，什么达成正义……对这些问题的思考和探索，塑造人对真理与智慧最严肃的态度，对自然与国家最深切的敬畏。因此，经典书籍会"培养一种对书籍的敬意，提供一个话语的共同世界，并使共同体中的思想群体与其他群体联系在一起"，它"所提供的不仅仅是知识教育，而且是道德教育——就它们使读者涉入对过善好生活的关怀而言"[1]。这才是真正的人文主义教育——关注人应该如何检省生活、如何幸福地生活。

国民的幸福生活，应该成为国家智识人关注的首要问题。所有的知识体系或知识分支，所有的人类智慧，最重要的目的不吝于指向人如何幸福地生活。

虽然博丹重在讨论对法学家的教育，然而我们知道，在博丹的时代，法学研究者和实践者在整个国家的智识人中，不仅担负着中坚力量之责任，而且在智识人群体的数量上也占据绝对优势。因而对法学家的教育事实上就是对国家智识人的教育。

其次，为国家服务的智识人是国家独立的起点，

---

[1] 阿兰·布卢姆：《巨人与侏儒》（1960—1990），北京：华夏出版社，2011，第381页、第325页。

对智识人的教育需要以国民公共教育为支撑。中世纪以来，国家教育体系被教会所控制，而博丹企图让王权国家掌控国家的公共教育，因为那是国家独立的起点。与国家独立密切相关的是公共教育的内容——主要是人文学科和接受了人文思想改造的法学。博丹所谓的"法学"研究体系，包含了历史、地理、数学、天文、哲学等一系列科目，其实质是用古典式博雅教育替代以神学为中心的教学体系。在这个体系中，教育者接受过人文主义思想熏陶的法学家、史学家等等，改变了过去神职人员是教育实施者、引导受教育者的状况；受教育者是国家中的所有儿童和青少年，使得人文主义思想、民族国际意识能够更大范围地深入普通国民的意识之中；这种公共教育系统设置，从根本上改变了国家的教育体制，让国民教育掌控在君主而非教宗手中，为国家智识人的孕育提供苗圃，为王权国家的独立和统一在教育上奠定基础、提供支撑。

第三，培育为国服务的智识人需要国家重视精英教育。如何实现国家存在的目的——国民的公共福祉，是博丹从一开始就在严肃思考的问题。实现这个目的，必须得有执行者团队。这个执行者团队的领袖当然是国家统治者，或作为立法者的法学家。团队的其他成员必然囊括国家里最杰出的智识人，他们将参与国家统治。

精英教育的目的是为国家培养有公共政治担当的杰出智识人。在《教育演说》中，博丹告诫我们，城邦对有朝一日会参与国家统治的人的教育，最好应该以德性和科学为依据，所以应该严肃对待教育体系。这些智识精英不仅会决定国家未来的教育系统，更重要的是，会决定国家的繁荣富强甚至生死存亡。这些智识精英们作为未来国家统治团体的参与者，必然参与国家法律的制定或修订，柏拉图笔下的雅典哲人说：

> 人类必须给自己制定法律，并按照法律来生活，否则就会在各个方面与最野蛮的野兽毫无二致。其原因在于，没有哪一个人的本性已成熟到足以了解人类在政治体制方面的利益，以及知道这一点后，还能够并且总是愿意做最好的事情。[1]

既然人类应该按照法律来生活，法律就是最好的国民教育手段。它的说服和惩戒功能，它强制性的颁布和执行方式，它对所有国民一视同仁的态度，在塑造国民的思想、行为方面起着不可替代的作用。良法塑造良

---

[1] *The Laws of Plato*, translated with notes and an interpretive essay by Thomas L. Pangle, Chicago: The University of Chicago Press, 1980, p. 270.

民，因之，作为国家立法者的智识人尤其重要，对他们的培养也就是最重要的国家事务。前文已述，国家的分裂往往起于精神的分裂，亦即智识人的内部分裂，对他们的教育对于国家统一稳定就尤为重要。

国家需要的智识人，是心怀国家安危、关心国民幸福的智慧者。在博丹看来，对他们的教育，应以人文思想为指导，从历史教育出发，帮助他们谙熟自己民族国家的历史、法律和政治知识，了解一般意义上国家、政治和法律的本质，具有为王权国家的独立和统一而统治的意识，在理论教育和实践经验中发展出政治实践所要求的德性——审慎，最终成为值得国家和国民信任的统治者，担当起领导民族国家独立和发展的重任。

## 二、智识人必读书目

在《方法》第十章，博丹按照出版时间顺序，为读者分类列出了一长串必读书目，并冠以章标题《史家分类排序》。初看到这一章，笔者非常吃惊，因为除了列书单，基本没有解释和阐述。按照我们对文体的一般理解，这根本无法算作一章，只能视为参考文献，可是博丹却一定要给它冠上章号和章名。这种做法让我们无法将其简单略过。

博丹重视秩序与结构，他对历史的思考在与宇宙的类比关系中展开，国家结构也被视为类似于宇宙结构。我们在《方法》中看到了博丹庞大的理论体系和特有的历史哲学观。虽然《国是六书》是博丹所有作品中最知名、最为广泛阅读的，但是《方法》却是其思想的源头和概况，是其思想体系和后来所有作品的蓝图框架。《国是六书》中对法学政体等问题广博而详尽的论述——囊括主权、国体、国家管理方式、国体变革、财产、货币等等诸多国家要务，在《方法》第五、六章里初现雏形，很多语句都一模一样。《巫师的魔鬼术》中深藏的关于精神的秩序、国家和社会的秩序，《七贤聚谈》蕴含的宗教思想以及最终指向的宇宙等级秩序，《自然剧场》中阐述的宇宙论与自然哲学，在《方法》的四到九章中都以各种方式被提出并被或多或少地讨论。所以，《方法》是《博丹》这本巨著的导言和概论，是博丹思想秩序的总领。在博丹整个思想体系中，秩序和结构总是最突出最重要的要素。

本着这种思路，如果把整本著作作为一个整体结构来看，如果我们也像博丹一样重视数字问题，会得出什么结论？若是最后一章成为参考文献，全书一共九章，居中的是第五章；若是如现在这样全书十章，居中的是第五章和第六章。这两章篇幅最长，其中的法律政治思想将在《国是六书》中得到更加详细和深入的讨论,那些理论——地理环境理论、民族特征、主权、国家政体类型、君主的教育问题、国家秩序问题等等——既是博丹毕生的关注对象,也成为如今法理学和政治学中必不可少的部分。如果我们不想当然地把这个视为巧合,或许就只能这样理解:博丹的《方法》自成体系,通过《方法》的谋篇,他尝试构建自己思想的结构体系;在这个体系中,国家立法、统治的依据和国家政体类型等思想居于中心地位。所以,第十章有章节号和章节名很有可能是为了凸显第五、六章关于国家统治事务在历史阅读中的首要目的和地位。

回到博丹在第十章里开出的书单,他罗列的依据是从普遍史到个别民族和国家的历史,再到重要个人的传记,这与《方法》第二章中提出的阅读顺序完全吻合。这份书单共分为十八个部分,每一个部分自成一体,以成书时间为序排列。

第一部分是普遍史史家,博丹列出了从摩西的《创世纪》(公元前1519年)到墨卡托的《编年史》(1570年)期间的36位史家的作品。第二部分是普遍"地理史学家",主要列出了5位作家。第三部分是犹太教史家,包括《旧约》以及其他4位记叙犹太宗教历史的作家。第四部分是异教迷信史家,包括7个作者。第五部分是基督教史家，包括《新约》以及16位史家。第六部分是阿拉伯教派史家的作品，即《古兰经》。第七部分是记录迦勒底人、亚述人、米底斯人、埃及人、波斯人、腓尼基人、犹太人、帕提亚人历史的史家，共11位。第八部分是希腊史学家，其记叙范围包括居住在小亚细亚、欧洲从多瑙河、塞罗尼安山顶和海玛斯山脉一线到爱奥尼亚海的爱奥尼亚人、伊奥尼亚人、多利斯人，共包括15位史家的作品。第九部分是记录罗马人和迦太基人、意大利事务的史家，包括30位史家的作品。第十部分是记录凯尔特或高卢人和法兰克人的史家，记录莱茵河、庇里牛斯山、阿尔卑斯山脉以及两片海域所环绕的所有民族的历史，包括26位史家的作品。第十一部分是德意志历史史家，记录从阿尔卑斯山脉到波罗的海、从莱茵河到维斯瓦河地区所居住的所有民族历史的作家；还有记录哥特人、汪尔达人、匈牙利人、赫卢利人、赫尔维西亚人、伦巴第族人、波兰人、俄罗斯人、丹麦人和瑞士人历史的史家，包括42位史家作品。第十二部分是记录不列颠人——后来被称为盎格鲁撒克逊人和苏格兰人的8位史家。第十三部分是10位记录西班牙史的史家。第十四部分是记录阿拉伯人历史的史家，博丹列出了4位。众所周知，阿拉伯人曾控制着非洲、叙利亚、波斯和西班牙。第十五部分是7位土耳其史学家。第十六部分是4位记录鞑靼人和俄罗斯人历史的史家。第十七部分是记录埃塞俄比亚、印第安、美洲、非洲所有民族的史家，共10位。第十八部分是记录著名个人历史的史家，包括42位史家作品。从这个分类中可看出博丹对史书的阶序排列，首先是普遍史和宗教史，然后是国别史，当然主要是欧洲国家，再次是个人史。

在博丹列出的史家作品中，位列第一的史家是摩西，然后是迦勒底人贝罗苏斯，之后才是现代人所谓的"西方史学之父"希罗多德。把摩西列在史家的首位，因为是根据史著的初版时间排序，《摩西五经》无疑最早面世。而且，博丹曾在前文多次对摩西不吝赞词，说"在所有有死的人中，他是唯一一个集勇敢的将军、审慎的立法者和最神圣的先知数者于一身的人"，（第134页）称他为"最正义最明智的领导者"，（第234页）摩西完美符合《方法》第四章中列出的最优秀史家的各种标准。作为史家，摩西不仅"做出了关于人类年龄的陈述"，而且论证了"犹太民族在古老性、信仰、宗教、学说和正直品性等方面都优于所有其他民族"。这些论证，对博丹的民族分类思想产生了很大影响。更甚，《摩西五经》是一部重在阐述上帝的指导、指示和律法的圣文，正如博丹所讲，摩西是世间的君王。这更加说明，他关注的不是按照历史编纂的顺序研究历史，而是从更高的意义上，即历史中所蕴含的普遍法则和国家统治经验去理解和把握历史。

紧接着普遍史家作品之后的一类是普遍地理史家作品。这些作品按照不同民族不同地域的类别划分。可以看出，博丹不仅致力于把普遍历史与地理学结合，而且非常重视地理学。地理因素对于民族性格的塑造进而对于国家统治的影响，博丹已经在《方法》第五章中深入讨论，可以看出他对地理学与历史学综合考察的重视。纵观整个书单可知，博丹不仅关注基督教历史，也关注其他宗教历史，不仅关注欧洲历史，也关注世界上其他已知地的历史。16世纪的西欧人对整个世界面貌已有了解，明白自己的疆域在世界地域中所处的位置，并渴望开拓和占领更广泛的疆域。

博丹列出的大部分史家都有参与公共事务的经历，鲜有纯粹的书斋学者，这些史家大多是历史上非常有影响力的作者。如果我们将这份书单不仅仅理解为博丹的参考文献，同时也是他为国家智识人列出的阅读书目，那么，用博丹在《方法》第四章传达的理念来讲，国家智识人需要阅读的史家一定得是最优秀的史家。为了更好地为国家服务，为国民的福祉服务，国家智识人需要阅读历史、认识历史（cognito historia），从历史中获悉关于民族和国家最重要的幸福密旨。

这份史家书目，虽然冠以史学的章名，然而涉及学科却不限于现代学科分类意义上的史学、法学和政治学，而是囊括了哲学、语文学等人文艺术学科乃至地理学、物理学等自然学科。这份书目不仅是博丹的参考文献，更是他推荐给研读史学的优秀智识人的文献。博丹本人博闻广学从其著书行文中可知，既然博闻广学也是博丹对未来法学家、对国家智识人的培养要求，可以推知，在他看来，优秀的国家智识人不是任何一门学科的专科人才，不是从事任何一项技艺的艺人，而是具有优秀的人文素养、接受过真正古典意义上的博雅教育的"绅士"。这种真正的绅士，最深切的关切是国家秩序和共同体内的善好生活。①

因此，以阅读历史为主的博雅教育正是为了引导未来的法学家们、未来的优秀国家智识人成为真正的绅士，引导他们从历史中学习立法和统治的普适法则，学习公共生活的善好准则。这个普适法则的核心就是，国家主权的拥有者才是国家的立法者和国是终极裁断者。阅读历史的结果是主权理论的凸显；主权理论的实质，

---

① 参见施特劳斯：《古今自由主义》，马志娟译，南京：江苏人民出版社，2012年，第10页："人通过——自由教育——成为绅士，……绅士……关心最重要的问题，关心那些本身值得严肃对待的事物，关心灵魂和城邦的良好秩序。"

是把统治国家的权力完全交到君主手中,是明晰独立王权国家的君主到底拥有哪些权力。谙熟历史、明晰主权归属、熟稔国家统治的诸多问题,并发展出审慎德性,这是阅读历史者最终需要达到的目标,是以历史为主的博雅教育的核心和精华所在。因而,博丹的史学观,正是秉承修昔底德以来的政治史学,让史学为公共生活、国家福祉服务,是史学的最大功用。

## 三、智识人的品质

公元前399年,苏格拉底被雅典法庭判处死刑。从被定罪至行刑之间这段日子,他被关押在牢,其富商朋友克力同多次入狱劝苏格拉底逃离雅典,苏格拉底都拒绝了好友的提议。行刑前两天,克力同再次来到监狱,劝说苏格拉底接受他的安排,逃离雅典,逃离不公正的判决。苏格拉底为了说服克力同接受法律判决的理由,创造出人格化的雅典法律与自己对话。这就是柏拉图对话《克力同》呈现的内容。

作为被城邦判处死刑的智识人,苏格拉底坚持,虽然雅典人不义地审判了自己,不义地判处自己死刑,但城邦法律的审判程序并没有差错,法律本身也没有明显的不义(《克力同》,50a-c)。因而,在庭审已经遵照程序有了结论后，越狱就等同于与雅典法律作对。就是行不义。苏格拉底告诉克力同，也告诉所有雅典人和后世之人，城邦与法律养育了智识人，智识人有义务遵守和维护城邦法律，回报城邦。法律的使命是维持社会秩序、保障城邦的稳定与安全。同法律作对，就相当于与城邦宗旨作对，与全体城邦公民作对。苏格拉底不愿行此大不义。尽管雅典人使用法律对他行了不义，尽管法律的正义与哲人的正义存在张力，但他宁愿赴死也不愿意走向城邦法律的对立面。

苏格拉底用行动、柏拉图用对话指出了城邦智识人应该具有品质：智识人（尤其是哲人）可以有自己的正义原则，但当这个原则与城邦正义发生冲突之时，需要尊重并遵守城邦正义原则；智识人既然生在城邦，长在城邦，受城邦之护佑，便有义务维护城邦的秩序与尊严。

阿格里科拉（Gnaeus Julius Agricola）是古罗马弗拉维王朝时期最杰出的将领之一，他曾在距罗马城遥远的不列颠行省担任了7年总督。期间不仅取得了显赫战功，而且将不列颠行省治理得非常好。正是因为他功高盖主，让当时的罗马皇帝显得黯然失色。所以他被召回罗马，被迫很不光彩地提前退休。阿格里科拉温和地接受了被解除职务的命令，并一如既往地忠于皇帝和自己的祖国。他的行为,不仅展示出作为政治家的审慎,而且展示出作为人的高贵品性。他的女婿、著名的古罗马史家塔西佗为其作传。塔西佗所在的年代,古罗马政坛更加腐败,国家面临着严重的危机,人民生活在恐怖之中,但塔西佗用阿格里科拉的经历告诉我们:

> 有些人专门崇拜蔑视权威的人物,但他们应该知道,就算在暴君之下,也有伟大的人物;而温顺服从如果能和奋发有为的精神结合在一起的话,也自可达到高贵的境地,但许多人却只会以一种毫无利于国家而突然招取杀身之祸的匹夫之勇来沽名钓誉而已。①

统治者的腐败不能成为个人道德败坏的理由,国家危难之时,更应该是智识人和伟大政治家探寻救国之道、救民之路之时。本质上讲,苦难方能真正凸显人性隐忍与奋发的光辉,就如同恶凸显善、丑凸显美一样。塔西佗本人在"写纪事会掉脑袋的多弥提安皇朝",毫不畏惧地记录自己身处的时代,毫不避讳自己时代的弊端,以写史教育国家政治人,以写史寻求国家危机的解

---

① 塔西佗:《阿格里科拉传》,《阿古利可拉传 日耳曼尼亚志》,马雍、傅正元译,北京:商务印书馆,1985,第42页。

决之道。他相信，要成就优良的政治，不是靠民主制，而要寻求高贵精神与男子气概完美结合的优良政治人。因此他呼吁国家政治人智识人将"温顺服从"和"奋发有为的精神结合在一起"，达致高贵。同样，中华民族在近代的最危难时刻，正是李大钊、陈独秀、蔡元培等一批先锋智识人，带领一大批知识分子走上了探索救国救民的道路，实现从智识人向政治家的转变。国家安稳强大时，为智识人提供追求智慧的保障，国家危急时，智识人的反哺不仅理所应当，更显弥足珍贵。中西方的古典传统都是如此。

时及16世纪，尽管在作品中对法兰西贵族内斗之弊、对王室软弱之弊、对卡特琳掌权却缺乏统治能力之弊多有指责批判，博丹从未有一丝一毫嫌弃自己的国家。他所有的批判与指责都是出于对祖国之爱，局势之忧。他自己的职业选择和人生选择，他的著作和通信，都与法兰西当时正陷入的宗教内战有不可分割的密切关系。甚至在圣巴托洛缪大屠杀中险些丧命之后，他也从未想过遗弃自己的祖国，而是密切关注着整个国家局势的发展，以著书立说的方式继续报效祖国。

作为智识分子或是学者，蒙受祖国和人民的教育之恩，将自己的作品和职业与国家需求休戚相联，在博丹看来是无需论证、理所当然之事。而如果在祖国临危之时，作为智识分子不仅不反省过往、沉思当下，而是情绪性地谩骂现世、抹黑当局，甚至卖国求荣，有何颜面面对曾经读过的祖辈之书，面对未来的后辈之问？情绪发泄往往简单不费劲，易于引起不善思者的共情，在信息传播迅捷的时代更易于快速获得关注，但深沉和理智的反思往往会被斥为冷漠，因为要理解那些反思不仅需要时间，还需要勇气、智慧和审慎。

进入现代之后，在"宗教自由"带来的"个人自由"大旗下，诸多西方著名智识人的心灵却开始发生"畸变"，直至当代。前文已经提到，孟德斯鸠继承了博丹"地理特点—民族性情—统治方式/政体类型"的外形，却是为了论证商业文明及其相应的民主政体是适合一切民族的政体。孟德斯鸠对隔海相望的英国商业文明及其孪生兄弟自由民主非常向往，作为法兰西著名的启蒙思想家，波尔多科学院院长、法兰西学院院士、英国皇家学会会员、柏林科学院院士，对欧洲启蒙时代的思想产生了巨大影响。笔者提到孟德斯鸠的一大堆头衔并无他意，只是想顺带提一点，将与自由主义合谋的启蒙运动正是从统治者层面，或者说君主层面，经由这些国家主导的学院科学院，向大众铺开。所谓"专制反启蒙"的后世说法，实在有些与史实不符。

在启蒙潮流的影响下，法兰西哲学家狄德罗与达朗贝尔1747年开始策划编写《百科全书》，这一计划日后成为了历史上著名的启蒙计划，成为18世纪启蒙运动的标志。《百科全书》拟定的受众是普通大众，全称《百科全书，或科学、艺术和手工艺分类字典》（*Encyclopédie, ou dictionnaire raisonné des sciences, des arts et des métiers*），按照标准法国史的说法，此书"为新的科学技术，为自由的思想，为批判的思想树立的丰碑……可以说是现代思想的圣经。它处处鼓励'哲学'精神，要求打破因循守旧和偏见，把人们从旧制度下解放出来"[①]。在此书的编纂过程中，启蒙思想家们甚至形成了百科全书派。刚到巴黎定居就成为狄德罗好友的著名思想家卢梭也受邀参与这个计划。卢梭毫不含糊，次年即为《百科全书》撰写了关于音乐的一些词条。

1749年狄德罗因其激进言论被判入狱，作为好友卢梭多次去探监。同年法国第戎学院开出悬题征文《复兴科学和文艺是否有助纯化道德风尚》。卢梭自述于1750年去看望狱中好友的途中，看到征文题目，突发灵感，"被雷击中一般得到了真理"，从而写出应征文并获得了头奖。这就是鼎鼎有名的《论科学与文艺》。据说此

---

[①] 米盖尔：《法国史》，蔡鸿滨等译，北京：商务印书馆，1985，第244—245页。

文成为卢梭与好友狄德罗及其百科全书派的决裂之作，是其反启蒙的第一枪，更是卢梭对孟德斯鸠《论法的精神》中倡导的商业文明的猛烈抨击。①

狄德罗在激进启蒙道路上一路狂奔，不仅有激进的宣扬怀疑论哲学的《哲学随想录》，更激进的《供明眼人参考的谈盲人的信》，甚至还有淫秽小说《泄密首饰》。卢梭却开始反思好友及其参与的"事业"可能带来的公共政治问题。《论科学与和文艺》既是"对狄德罗的启蒙计划的深切怀疑"，②对好友的善意提醒，也是作为智识分子对启蒙可能造成的社会道德和政治生活危害提出的严肃警示。毕竟，在卢梭看来，激进启蒙智识分子倡导的启蒙"看来是在启蒙人民，实质上是在欺

---

① 参见施特劳斯：《论卢梭的意图》，冯克利译，载于刘小枫《设计共和》，北京：华夏出版社，第273—308页；尤其见于第278—279页："卢梭必须从孟德斯鸠对民主或一般共和政体的分析中抽离，必须把孟德斯鸠某些未明示的要点讲清楚，才能抵达《论科学和文艺》的论点……孟德斯鸠转向或者说反复现代立场，即试图从商业或封建荣誉观所培养的精神中寻找德性的替代物。在返回或修订现代原则方面，至少卢梭从一开始就拒绝追随孟德斯鸠。"
② 关于卢梭此文与狄德罗之间的关系，详见刘小枫，《卢梭的敌友划分——纪念卢梭诞辰三百周年》，刊于《兰州大学学报》，2012年第3期，第4页。

骗人民"①。

卢梭的《论科学与和文艺》是为其好友而写也好，或是为回应孟德斯鸠的《论法的精神》也罢，其出发点都是公共政治生活。在他看来，哲人的激进启蒙与经济的奢靡之风一样，会败坏国民的灵魂："我们的科学和我们的文艺越奔赴完美，我们的灵魂就变得越坏"，"奢侈流行起来，真正的勇敢就会萎靡，武德就会消失，这些不过是在阴暗的密室中搞出来的科学和种种文艺的杰作……"（《论科学和文艺》）。②卢梭对启蒙的态度是否存在矛盾，他对科学与文艺的态度到底为何等问题，学界已有不少贤明的论说。③非常明确的一点是，《论科学和文艺》关注以狄德罗为代表的国家智识人（哲人）的行为，他们是否意识到自己的行为对国家公民和社会风尚可能造成的影响，是否因此而与政治保持距离或为公共生活秩序做出贡献；一句话，他们是否因为自己是生活在国家中的智识人，是会对公共生活产生重大影响的智识人，而意识到什

---

① 参见刘小枫，《卢梭与启蒙自由派》，刊于《中国人民大学学报》，2012年第3期，第8页。
② 卢梭：《论科学和文艺》，刘小枫译，未刊稿。
③ 参见施特劳斯：《论卢梭的意图》；亦参见贺方婴：《卢梭的面具》，成都：四川人民出版社，2020，尤其参见第一章与第五章；亦参见本章关于卢梭的引源。

么可为、什么不可为，是否既具有哲人的激进精神，又因身为公民而有审慎考量。

遗憾的是，卢梭并未能拯救西方智识人毫无顾忌的激进步伐。反而，他的公意观念"激发了康德与德国观念论哲学、关于自由的哲学"。[1] 康德作为哲人对西方现代哲学的贡献毋庸置疑，笔者此处要谈的是1784年他为《柏林月刊》写的《回答这个问题：什么是启蒙？》。文中，康德提出："启蒙就是人从他咎由自取的受监护状态走出。"但是，"只有少数人"有能力"通过自己的精神修养挣脱受监护状态"，因而这些人应该"在自己周围传播一种理性地尊重每个人的独特价值和自己思维的天职的精神"。无疑，少数人是如康德一般智慧超群的人，他们需要意识到自己的"天职"或"使命"，[2] 并"通过一场革命"，带领"无思想的广大群众""摆脱个人的独裁和利欲熏心的或者唯重权势的压迫。"[3] 少数人（智识超群者）、多数人（广大群

---

[1] 施特劳斯：《现代性的三次浪潮》，丁耘译，载于刘小枫编：《苏格拉底问题与现代性》，北京：华夏出版社，2008，第41页。
[2] 关于"使命"的讨论，参见本书第六章第三节。
[3] 康德：《回答这个问题：什么是启蒙？》李秋零译，载于《康德著作全集》（第8卷），李秋零编，北京：中国人民大学出版社，2010，第40—41页。

众)终于站在一起,向独裁者或权势者宣战。这场由欧洲各国的统治者们发动的启蒙开始反噬其始动者。

康德描述的这个场面,如今我们似乎常常看到,当发生重大公共事件时,总有一些思维敏捷的人带领我们这些脑子不太灵活的人分析种种问题,指出在这些事件中公共机构如何不作为,国家机关如何压迫普通群众等等,让我们时常体验作为"弱势群体"的无助感,激发我们无处安放的愤怒,并贴心地为我们的这种愤怒指引宣泄口。

启蒙需要的是自由,康德将自由定义为"在所有事情中公共地运用自己的理性"。并且进一步告诉这些少数人,需要把理性分为"公共运用"和"私人运用"。所谓"私人运用"是当他"在某个委托给他的公民岗位或者职位上"时,这时他"不能允许理性思考,而是必须服从";所谓"公共运用"是他"作为学者在读者世界的全体公众面前的那种运用",这时他需要"把自己视为世界公民社会的成员",以著作或言说的方式行使"面向真正意义上的公众的学者身份"①。康德对"公开"与"私人"的这种定义最初让笔者极为困惑,按照常识理解,"公共运用"不是当某人作为公职人员或神

---

① 康德:《回答这个问题:什么是启蒙?》,第41—42页。

职人员出现在其他公民面前时候的思维和言说吗？"私人运用"不是当我们离开公共领域返回个人空间时的思考吗？但多多运用一下理性便发现，康德的眼界显然更广："私人运用"只是作为一国公民的那种理性运用，而"公共运用"是作为世界公民的理性运用嘛。

　　接下去康德继续教育我们，如果你是一位已经被启蒙过的税务官，你上班的时候要告诉其他公民不能拒绝纳税；但下班之后你要作为智识人带头"反对这样一些捐税的不适当或者甚至不义"，这样做"并不违背以为公民的义务"。如果你是神职人员，上班的时候你要"按照所服务的教会的信条对其教义问答课程的学生和教权信众宣讲"，但下班之后作为智识人你有"天职"指出那些"信条中的有错之处"，并且要把自己运用理性思考得出的如何"更好地安排宗教事务和教会事务的建议告诉民众"。在这种时候，作为智识人"在公开运用自己理性时享有不受限制的自由"①。笔者再次感到迷惑，这不是在教智识人当面一套背后一套吗？这不是在撺掇教师，在课堂上教学生爱国爱民、遵纪守法，但下课后有"天职"告诉学生，法律有何不妥之处你们无需遵守，当局有何腐败之处你们需要反抗？这不是在

---

① 康德：《回答这个问题：什么是启蒙？》，第42—43页。

教唆教师带领学生造反吗？这不会破坏国家的安定团结吗？康德说，不必忧虑！因为作为智识人是在"自由地和公开地向世界阐述他们在这里或者那里偏离已被采纳的信条的判断和洞识"。原来康德不像我们，眼睛只着眼于属己的东西，着眼于自己的国家，康德着眼的是整个世界。他进一步说：

> 这种自由精神也向外传播，甚至是在它必须与一个误解自身的政府的外在障碍进行斗争的地方。因为对于整个政府来说毕竟闪现着一个榜样，在自由时不必对公共的安定团结有丝毫的担忧。人们在自动地逐渐挣脱粗野状态，只要不是有人蓄意想方设法把他们保持在这种状态之中。①

原来，为了这种自由的精神，已经完成启蒙的智识人需要带领其他人与政府做斗争，破坏公共秩序也在所不惜，因为这是在让自己和人们摆脱野蛮状态！在康德的理念中，为了这种"自由"，为了成为世界公民，否定祖国有什么关系，导致整个公共社会陷入混乱有什么关系，甚至在斗争中牺牲一些生命有什么关系？由此我

---

① 康德：《回答这个问题：什么是启蒙？》，第45页。

们可以说，《回答这个问题：什么是启蒙？》从标题看是哲学论文，然而内容实际上是讨论智识分子如何在各种公共领域（不管是"私人运用"还是"公共运用"都是事实上的公共领域而非私人领域）运用知识与理性。如果我们承认公共的即政治的，政治的本质是"管理众人之事"（孙中山语），那么此文实质上就是政治哲学论文，试图改变"政治地处理哲学"的古典政治哲学思想的政治哲学论文。

当然，我们还必须顺着康德的思路才能明白他真正的良苦用心。即如何能让不同国家的公民都能成为世界公民的一分子？国与国之间的自然冲突状态如何能抹除？因为永恒的资源匮乏而致的国与国之间的"丛林法则"如何能克服？人类如何超越政治的属己性？康德在1795年的《永久和平论》里给出了答案。他告诉我们，唯有商业精神能平息国家之间的冲突，它将支配每一个民族：

> 因为在从属于国家权力的一切势力（手段）之中，很可能金钱势力才是最可靠的势力；于是各个国家就看到（确乎并不是正好通过道德的动机）自己被迫不得不去促进荣誉的和平，并且当世界受到

战争爆发的威胁时要通过调解来防止战争。①

金钱与商业，将成为支配人类的最强大动力，在它们面前，道德动机、国家主权，都不够强大。康德预言，为了金钱与商业利益，国家将主动避免战争，于是"大自然便以这种方式通过人类倾向的机制本身而保证了永久和平"②。这不就是孟德斯鸠笔下冲破一切民族天性和限制的商业文明吗？与这种商业文明亦步亦趋的不就是英格兰式政体吗？难怪，在接下去的19世纪至今，这种政体及其倡导的资本至上、自由至上、欲望至上、反抗有理等教条理直气壮地在全世界横行。启蒙与理性是它们的引路人，也是它们的卫士，凡是不接受这些教条的人，便会被斥为不能自由地运用自己的理性，凡是不接受这些教条的国家，便会被斥为专制。

当然，一个智识人哪里有这么大的能耐，那一定是一批又一批启蒙智识人共同努力并且更努力的结果。在康德回答了"什么是启蒙"这一问题两百年后，另一个法兰西人在去世前几个月写下"何为启蒙"，批评康德

---

① 康德：《永久和平论》，何兆武译，上海：上海人民出版社，2005，第38页。
② 康德：《永久和平论》，何兆武译，上海：上海人民出版社，2005，第38页。

的答案不够激进、不够彻底,并给出了自己的回答。

福柯生于1926年,在巴黎高等师范学院念书时曾患上严重的抑郁症,甚至一度企图自杀。1954年,年仅28岁的福柯就出版了他的第一本专著《精神病与人格》,其1960年出版的博士论文《疯癫与文明》长达900页。无疑,福柯是天赋极高、无比聪慧的智识人。同样无疑的是,福柯的学术研究从一开始就与自己的精神疾病密切相关。

作为智识人,关切自身、解释自身并没有什么特别之处。苏格拉底关切自身——所谓"认识你自己",认识自己身处的国家和时代,并为之做出解释和贡献;西塞罗关切自己身处时代的社会伦理发生了什么变化,在其作品中不断斥责恶行,倡导善德;孔子关切自身的修养以及自己周遭的礼仪习俗制度,教书育人以正视听。正是因为真正的智识人都是从关切自身出发著书立说,我们才能够借由他们的作品窥探他们作为人的品质,获悉他们灵魂的高低贵贱。正是因为智识人都从关切自身出发,我们才能够通过他们关注的主题察觉他们作为共同体成员的品质,比较他们的伦理道德差异。

作为哲学家,福柯不可能漏过欧洲伟大的哲学家康德。他翻译了康德的《实用人类学》,并附有长篇导言,此导言也是他申请博士学位的副论文。福柯曾在法兰西诸多大学教授过哲学,并终于在1970年迈进法兰西学院荣任思想史教授。在整个70年代,福柯积极地参与各种社会活动,是典型的公共知识分子。我们知道,法兰西著名的五月风暴在1968年爆发。

1983年1月福柯在法兰西学院的讲坛上讲到了康德的《回答这个问题:什么是启蒙?》,讲课内容构成了《何为启蒙》一文的前面部分。1984年,《何为启蒙》全文完成。

《何为启蒙》与康德伦理的中心问题其实差不多,都是在谈论"什么是哲学?做一个智慧的人意味着什么?"不同的只是,具体到福柯身处的时代,这两个问题被具体化为"什么是启蒙,什么是现代性?身在启蒙时代做一个智识人意味着什么?"

启蒙前的哲学关注现在与未来的关系,现代哲学则关注过去与现在的关系。福柯关注过去的康德与现在的哲学关系,也就是关注如何超越康德,比康德更成熟。在他眼里,康德还没有真正进入成年状态,他要更进一步进入真正的成熟,让理性更加自主。"在今天,批判的问题应当转变为更积极的问题:在对于我们来说是普遍的、必然的、不可避免的东西中,有哪些是个别的、偶然的、专断强制的成分。"这无疑是在批判康德的启蒙哲学还不够彻底,不够脱离传统。在福柯看来,人,尤其是哲人,要自己"建构我们自身并承认我们自己是我们所作、所想、所说的主体的各种事件而成为一种历史性的调查"[1]。

说到建构自身时，福柯提到了永恒：

> 这种自愿的、艰难的态度在于重新把握某种永恒的东西，它既不超越现实，也不在现时之后，而在现时之中……现代性是一种态度，它使人得以把握现时中的"英雄"的东西。现代性并不是一种对短暂的现在的敏感，而是一种使现在"英雄化"的意愿。[2]

写下这段的富含诗意、对敏感心灵极具诱惑和吸引力的文字之时，福柯已经身患艾滋病，一眼看得到自己生命的尽头。作为一个自恃极高且的确富有才气的哲人，他当然希望能活在"永恒的现时"之中，既摆脱大学时严重抑郁症的过去，也摆脱即将到来的死亡，成为现时"英雄化"的代表。

那么，福柯终其一生关切的是什么呢？他明确地说：

---

[1] 福柯：《何为启蒙》，顾嘉琛译，《福柯集》，上海：上海远东出版社，2004，第539页。
[2] 福柯：《何为启蒙》，顾嘉琛译，《福柯集》，上海：上海远东出版社，2004，第534页。

> 与20世纪中最糟的政治制度老调重弹什么新人的诺言相比，我宁愿选择20年来在有关我们的存在方式和思维方式、权力关系、两性关系以及我们观察精神病或疾病的方法等领域中所发生的那些十分确切的变化。[①]

作为进入了法兰西学院的著名哲人，福柯不像古典哲人那般关心哲学中永恒的严肃命题，也不像现代初期的哲人那般关心老掉牙的"政制问题"（也就是作为共同体的整体生活方式问题），更不像卢梭那般关心社会风尚和伦理道德问题，而是关心"权力关系""两性关系"和"精神病"等"确切"问题。因为这些问题，与他所解释的抛开一切传统的、道德的、伦理的、常识的限制，"自己构建自己"的自由有密切关联；因为这些问题，可以为他的偶然性存在、他的性取向、性生活以及因此而患上的致命疾病找到盾牌。

福柯所有的作品都致力于把真理的发展与自由的历史联系起来。真理有普遍性，古典哲人追寻真理，通过博雅教育获得自由，返身回到城邦审慎地追求城邦秩序，追求作为整体的共同体的更好生活。而福柯论证的

---

① 福柯：《何为启蒙》，第540页。

是个体的自由,他的自由。启蒙是一项事业,福柯的一生就是这项事业的体现,他自己建构自身,并将自己作为一项行为艺术展示给世人。

不管什么类型的智识人,艺术家、文学家、政治家,抑或是哲人,都有各自追求的知识类型,有不同的知识体系和结构,也有各自不同的生命关切、际遇或偶然性;但他们的共同之处是,作为人、作为曾蒙受国家养育和教育的人,都肩负着回馈国家和公民的公共责任。雅典法律正是以此为据彻底否定了苏格拉底越狱的合理性(《克力同》,50d1—51c4)。因此,国家智识人的个人道德品质和公共伦理品质,他们对待自己的个人关切与作为智识人的公共责任之间关系的态度,便会对共同体的文明品质产生重大影响。福柯为了给自己生命的偶然性寻求借口,不惜拉上整个社会公共伦理观作为祭品。

在福柯身后,后现代的滚滚大潮如期而至,不同品质的人、不同类型的人都加入了"自己构建自己"的狂欢之中。每一种欲望都得到平等的对待和宣泄,"高雅的教义"成为被"强加"给人的"比最严厉的宗教更加专制的教规",而花花公子的"身躯、行为举止、感情、激情以及生存变成艺术品!"这就是福柯教导的现代性之后的"人完成制作自身的任务"[1]，追随他的后现代智识人的品质可见一斑。

的确，福柯面临的是一个已经被伏尔泰、狄德罗、康德启蒙后的新时代，面对已经被启蒙、再也无法回到单纯性的民众，福柯给出的方案是彻底解放人。但这个彻底解放的实质是，摆脱一切伦理道德的羁绊，完全沉醉于自身的各种"粗俗的、尘世的、卑劣的"欲望，[2]不知羞耻地让这些欲望成为个人特点，还贴上标签自我标榜。

反观当年博丹，身处传统信仰遭到撕裂、国家统一遭到破坏的大混乱时期，在传统的法律体系和国家维存的根基面临彻底崩塌的时候，他担起了重建的重任。在《方法》中，他为民族国家的实定法构建指出了普遍历史这一基础，为混乱的最高权力争夺提供了立法主权这一理论依据。不管生前或身后人们如何揣测他的个人宗教信仰，他始终对外宣称自己笃信法兰西王室定下的天主教。不管使他险些丧命的圣巴托洛缪大屠杀是否真是王室下令所致，他始终坚持君主的命令就是法律，不可违抗。他深知，国家处于四分五裂的威胁之际，只有

---

[1] 福柯：《何为启蒙》，第536页。
[2] 福柯：《何为启蒙》，第536页。

君主有能力黏合国内各方，应对危局。自由国家统一安定、秩序井然，国民才有幸福可言，智识人才有书桌可铺。

博丹在顺应并尽力按照自己的理念推进时代变革的同时，仍然保留着对秩序和德性的尊重，致力于构建仍然尊重德性、适应新世界的秩序观。虽然在《方法》中他曾赞赏马基雅维利研究政治学的方式，但在大屠杀之后出版的《国是六书》中，他痛斥马基雅维利是教唆君主不尚德性的恶魔，在重申君主绝对权力对于国家统治、对于紧急状态的重要性时，也重申君主德性的重要性。

《方法》中倡导的以史为据、以史为鉴探索最适合民族国家的政治体制和法律体系的方式，虽然在现代自由民主制铺天盖地的呼声中逐渐被遗忘，但也有少数头脑冷静的西方智识人仍然心怀着那样的向往：

> 历史是人类 *psychē*（灵魂）的展开；历史书写是通过历史学家的 *psychē* 来重构这一展开。历史阐释的基础则是阐释客体与主体中真质（亦即 *psychē*）的同一；其目的则是参与到逾百千年的人

民之间的、关于他们本性与命运的对话。[①]

我们如今也面临着正在巨变的新世界,摇晃着这个企图抹平一切差异、达到所谓的平等的现代脑筋,我们应该怎样对待我们的历史和史家?我们应该如何与自身民族的本性与命运对话?我们是否也应该反思国家智识人的品质问题?博丹为法兰西当时身处的危局提供的方案,对我们如今面临的百年未有之变局提供了何种启示?

---

[①] 沃格林:《记忆》,朱成明译,上海:华东师范大学出版社,2017,"编者导言"第19页。

# 部分主要参考文献

Jean Bodin, *Methodus ad facilem historiarum cognitionem,* in Pierre Mesnard (ed.), *Oeuvres phihsophiques de Jean Bodin*, Paris, 1951

Jean Bodin, *Oratio de instituenda in republica in juventute ad Senatum Populumque Toulousatem,* in Pierre Mesnard (ed.), *Oeuvres phihsophiques de Jean Bodin*, Paris, 1951

Jean Bodin, *Juris Universi Distributio* in Pierre Mesnard (ed.), *Oeuvres phihsophiques de Jean Bodin*, Paris, 1951

Jean Bodin, *Colloquium Heptaplomeres de Rerum Sublimium Arcanis Abditis*, L. Noack ed., Schwerin, 1857

Jean Bodin, *Universae Naturae Theatrum*, Wechelianis apud Claudium Marnium, &. Haeredes Ioann. Aubrli.,1605

Jean Bodin, *The Six Bookes of a Commonweale*, Trans. Richard Knolles, London: Impensis G. Bishop, 1606

Jean Bodin, *Method for the easy comprehension of*

*History*, translated by Reynolds, B., New York: Columbia University Press, 1945

Jean Bodin, *Address to the Senate and people of Toulouse on Education of Youth in the Commonwealth*, trans. George Albert Moore, Chevy Chase, 1965

J. W. Allen, Jean Bodin, In *the Social and Political Ideas of Some Great Thinkers of the Sixteenth and Seventeenth Century*, ed. by F. J. C. Hearnshaw, London: Dawsons of Pall Mall, 1967

Herausgegeben von Horst Denzer ed. *Jean Bodin, Proceedings of the International Conference on Bodin*, Munich, 1970, Verlag C. H. Beck Munchen

John L. Brown, *The* Methodus ad facilem Historiarum Cognitionem *of J. Bodin. A Critical Study*, the Catholic University of America Press, Washington, 1939

J.H. Franklin, *Jean Bodin and the Sixteenth-Century Revolution in the Methodology of Law and History*, Columbia University Press, 1963

J.H. Franklin ed., *Jean Bodin*, Aldershot: Ashgate, 2006

J.H. Franklin, *J. Bodin and the Rise of Absolutist Theory*, Cambridge: Cambridge University Press, 1973

Rose Paul Lawrence, *Bodin and the Great God of

*Nature: The moral and religious universe of a Judaiser*, Geneve Librairie Droz, 1980

A. London Fell, *Origins of Legislative Sovereignty and the Legislative State Volume Three: Bodin's Humanistic Legal System and Rejection of Medieval Political Theology*, Oelegeschlager, Gunn & Hain, Publishers, Inc. Boston, Massachusetts, 1987

Howell A. Lloyd ed., *The Reception of Bodin*, Leiden, 2013

Richard Tuck, *The Sleeping Sovereign: The Invention of Modern Democracy*, Cambridge: Cambridge University Press, 2016

Howell A. Lloyd, *Jean Bodin, This Pre-eminent Man of France*, Oxford University Press, Oxford, 2017

瑟诺博斯，《法国史》，沈炼之译，北京：商务印书馆，1964年

萨尔沃·马斯泰罗内，《欧洲政治思想史》，黄华光译，社会科学文献出版社，1992年

琼斯，《剑桥插图法国史》，杨保筠、刘雪红译，北京：世界知识出版社，2004年

施米特，《宪法学说》，刘锋译，上海：上海人民出版社，2005年

梅里亚姆，《卢梭以来的主权学说史》，毕洪海译，北京：法律出版社，2006年

伯尔曼，《法律与革命》（第二卷），袁瑜琤、苗文龙译，北京：法律出版社，2008年

郭华榕著，《法国政治思想史》，北京：人民出版社，2010年

马基雅维利，《君主论 李维史论》，潘汉典、薛军译，长春：吉林出版集团有限责任公司，2011年

施特劳斯，《什么是政治哲学》，李世祥等译，北京：华夏出版社，2011年

柏拉图，《理想国》，王扬译注，北京：华夏出版社，2012年

布罗，《历史的历史：从远古到20世纪的历史书写》，黄煜文译，桂林：广西师范大学出版社，2012年

陈文海，《法国史》，北京：人民出版社，2014年

施米特，《政治的神学》，刘宗坤等译，上海：上海人民出版社，2014年

茹阿纳，《圣巴托洛缪大屠杀》，梁爽译，北京：北京大学出版社，2015年

伏尔泰，《巴黎高等法院史》，北京：商务印书馆，2015年

沃尔泽，《清教徒的革命：关于激进政治起源的

一项研究》，王东兴、张蓉译，北京：商务印书馆，2016年

娄林主编，《博丹论主权》，北京：华夏出版社，2016年。

沃格林，《文艺复兴与宗教改革》，孔新峰译，上海：华东师范大学出版社，2016年

加尔文，《基督教要义》，钱濯诚等译，北京：三联书店，2017年

康托洛维茨，《国王的两个身体》，徐震宇译，上海：华东师范大学出版社，2018年

沃格林，《新政治科学》，段保良译，北京：商务印书馆，2018年

沃格林，《革命与新科学》，谢华育译，上海：华东师范大学出版社，2018年

沃格林，《宗教与现代性的兴起》，霍伟岸译，上海：华东师范大学出版社，2019年

布赖萨赫，《西方史学史：古代、中世纪和近代》，黄艳红等译，北京：北京大学出版社，2019

刘小枫，《拥慧先驱：走向政治史学》，上海：华东师范大学出版社，2019年

博丹，《易于认识历史的方法》，朱琦译，上海：华东师范大学出版社，2020年

# 跋

## 壹

让·博丹这个名字，于我而言，最初并非在某本书中读到，更不要说了解他在西方思想史中的地位。知道其人、查阅其人、研究其人，皆只因恩师的一句话。癸巳年甲子月，恩师耳提面命：你读读博丹吧，文艺复兴晚期的法国人，尤其是他那本《易于认识历史的方法》。

我不是有慧根的聪明人，甚至不会纠结诸如以下问题：我一个学古典政治哲学的人为什么要读关于历史方法的书？为什么要读文艺复兴晚期作者的作品？于我来说，既然是师命，遵循便是，无需多问。恩师之学识眼界，我等愚钝之徒，恐怕终其一生连项背都望不到。那么，听从便是最佳选择。在恩师与其他师兄弟交谈之际，我匆忙打开手机查阅……我当时并未预料到，此人及其作品将伴随我接下去的很多年。

在进入博丹之前，史学对于孤陋寡闻的我来说，只是学科体系中的一个门类而已；当然，也是每个中学生的必修课之一。从博丹开始，史学真正向我打开了一扇门，无数扇门。史学的内涵、史学的混乱、史学的魅力、史学的意义、史学的目的，在我面前一一展开，让我越是深究，越发现史学之重，以至于如今站在讲台上我会给学生一再强调，史学是所有文科生的基础。在一个主要专业是各门外国语的高校里，面对学习各种语言的学生，我反反复复告诉他们，必须要了解这个国家的历史，才能理解这个国家的思想和传统，才能学好这个国家的语言。当然，我并不奢望每个学生都能明白我说的话，我自己念大学的时候，不也是浑浑噩噩吗？不也是上课时热血沸腾，下课后便诸事皆空吗？毕竟不是每个大学生都会成为国家智识人。

然而，史学更重要的意义绝非仅限于个人的学习、研究乃至命运，而更为重要的是之于国家的过去、现在和未来：所谓"生人之急务，国家之要道"，因而"动则左史书之，言则右史书之，彰善瘅恶，以树风声"。因而龚自珍先生疾呼："灭人之国，必先去其史；隳人之枋，败人之纲纪，必先去其史；绝人之才，湮塞人之教，必先去其史。夷人之祖宗，必先去其史。"看来，这些思想乃东西方思想家之共识。

## 贰

庚子年戊寅月，初稿成，举国战疾。

江汉重地"九省通衢"之武汉发现新型冠状病毒，传染性极强，官方一再强调，无事不得外出，校园已然呈半封闭状态，我们则史无前例地过了一个"不串门、无聚餐、没走亲访友"的春节。每隔几天甚至一周才全副武装地直奔超市，大规模采购之后回家全身洗沐消毒，期间则真真儿成为"何妨一下楼"主人。看到亲友们在社交媒体上谈到被关在家里不能外出的无聊、无奈甚至无助，自觉还好，每日的生活其实和平时无太大差别。儿子依旧每日磨磨唧唧地做作业、上网课，先生依旧在电脑手机网上消磨，我则依旧东忙西忙。一天的日子很快过去，连做饭的时间好像都是挤出来的。

一场疫情，暴露出各种魑魅魍魉，不仅在远方，而且在近周。每天通过网络了解到各种消息或是谣言，少之，则又有各种辟谣或是相关或是相反的消息，或愤怒、或感动、或无助。然而静下来一想，古来如此，一直如此。

儿子的老师布置了一个作文题目，提到壬午年SARS病毒造成的非典型肺炎以及此次新型冠状病毒造成的疾病，俨然有让他们思考以史为鉴问题的意味儿。然而，我们能从历史中吸取教训吗？西方大哲黑格尔那句"人类从历史中吸取到的唯一的教训，就是他们不会从历史中吸取任何教训"已经被网络用滥，似乎没有人深究一下黑格尔到底有没有说过这话，为什么说这话。闲着也是闲着，我遍翻手边黑格尔的著作，还请教了某些学人，终于找到了老黑的原话：

> 人们惯以历史上经验的教训，特别介绍给各君主、各政治家、各民族国家。**但是经验和历史所昭示我们的，却是各民族和各政府没有从历史方面学到什么，也没有依据历史上演绎出来的法则行事。**每个时代都有它特殊的环境，都具有一种个别的情况，使它的举动形式，不得不全由自己来考虑、自己来决定。①

上述段落中加黑的这句，大概就是网红句的源头。然而，结合黑格尔的上下文，他在这里想讲的问题，恰恰是人与人之间、民族与民族之间、国家与国家之间，是有根本差别的。因而，一个国家在遇到重大事件的时

---

① 黑格尔：《历史哲学》，王造时译，上海：上海书店出版社，2001，第6页。

候，无法仅仅从别人的过去经验中找到应对之策，甚至无法仅仅从自己过去的经验中找到应对之策。

那么，历史真的可以给我们提供明鉴吗？

人类历史中曾爆发过无数次流行疾病/疫情，每一次疾病的种类不同、传播方式不同，在不同的地方致死率也不同。然而有一点却相同，能够幸存的人/社区/国家都重视疾病、研究疾病、尊重生命，并积极冷静应对。他们最后总能想出不同的办法，战胜疾病，或是游刃有余地与疾病共存。正如孩子的老师出的题目，2002年的"非典"疫情已经提供了前车之鉴：经历过那场危机的人都有过每天上报体温、在电视上看各种数据，甚至被隔离的体验；因而此次也就更加重视、更加听从专家的建议。换句话说，历史提供明鉴，是给那些愿意将眼光转向她、重视她、研究她的人。因此，历史之镜映照出的不是具体的事件或现实，是人性，或者以古典政治哲人的术语来说，是人的灵魂，以及由治邦者的灵魂决定的政治体的灵魂。

## 叁

庚子年端午，二稿成。疫情已成全球蔓延之势，甚至会长期蔓延。各种研究表明，中国虽是最先官方警示大规模流行疾病爆发的国家，却不一定是疾病率先爆发地，更不是发源地。当然，这一切还有待更多的科学研究成果进一步确证。然而不争的事实是，中国是疾病应对最及时、疾病控制最好、感染率和致死率最低的国家，或谨慎一点，加上"之一"。

国家重视、统一调配、百姓遵从，纰漏、误解、错误、渎职、甚至腐败难免有之，属人之物本就没有完善，只能追求改善；属人的政治体本就有欲望亦有理智、有遗憾亦有成就。关键的问题是，政治体的治邦者是否关注普通人的性命，是"不惜一切代价抢救生命"还是"不惜一切代价恢复经济"。这不是一时一次的政治决策问题，而是政治体的灵魂问题，或者说，是意识形态问题。回想起出国访学时接收部门是某高校的"政府系"（Department of Government），每次跟洋人聊天，对方得知我所在部门，总是露出非常夸张的表情，"政治""政府"似乎逐渐成为"正常"国民不去触碰之物，不聊政治成为某种"社交正确"。当然，这与现代政治自身堕化无不关系。政治或许是肮脏的，政治也可以是朝向美好的；政府可以是低劣的，政府也可以是高贵的，至少可以是高效的。

在这个商业文明主宰的时代，没能到看到康德展望的世界永久和平，反而国与国之间各种类型的冲突层出不穷，动用政治力量干预商业贸易的案例也比比皆是。疫情在全世界横行时，弱肉强食、强国抢资源、囤积疫苗，弱国只能望物兴叹，无能为力的事每天都在以各种令人叹为观止的版本上演。现实比任何戏剧都更荒谬，更让人猝不及防。全世界自由民主指数排名最高的那些国家，正是疫情中感染人数和死亡人数最多的国家。

无论如何，历史终将铭记，历史终将证实。

重读沃格林《政治观念史稿》八卷本中关于16世纪大混乱也是大变革的梳理，关于20世纪西方各种智识迷狂的来源反思，以及他《新政治科学》中对于清教徒来龙去脉和各种全球性影响的分析，疫情期间出现的各种令人匪夷所思现象的原因，似乎都有了一些答案。

度端午，祛邪毒。

## 肆

时至今日，距初识博丹恰八年。博丹《易于认识历史的方法》已译出并出版，屡屡仍觉有需要改良之处，抱憾未能在出版前发现。此疏几经修改，终算可以定稿，当然，未尽之解仍良多。然历时八年之作，必有初步完成之时。

未尽之意,留与诸君共商。

是以为跋。

辛丑年处暑于歌乐山下

让 思 想 流 动 起 来

官方微博：@壹卷YeBook
官方豆瓣：壹卷YeBook
微信公众号：壹卷YeBook
媒体联系：yebook2019@163.com

壹卷工作室
微信公众号